그 동안 대부분의 한국 교회 성도들은 대중적인 설교나 일방적인 가르침에 의존해서 영적생활을 해왔다. 그러나 지금의 성도들은 점점 자신의 영적정체성에 대하여 의문을 제기하고 있으며, 개인적으로 영적성숙과 주관적 체험을 확인하고 싶어 한다. 이러한 변화와 요구에 발맞추어 봄비 후에 고개를 내미는 새싹처럼 여기저기에서 영적지도 운동과 영적지도자들이 등장하고 있다. 그리고 이러한 영적 운동을 건강하게 이끌어가도록 하는 데에, 시의적절하게 출간된 이 책이 적지 않게 도움을 줄 것이다. 이 책은 '영적지도자들을 위한 수퍼비전'이라는 주제를 주로 다루고 있지만, 이것을 다른 각도로 보면, 영적지도자를 양성하는 책으로도 손색이 없다. 이 책은 단순한 이론서가 아니고 다양한 사례들을 제시하고 있기 때문에, 누구나 쉽게 흥미를 느끼면서 이해할 수 있게 구성되어 있다. 한 저자만 쓴 것이 아니라, 각 방면에서 이론과 실제를 겸비한 전문가들의 섬세한 손길이 녹아있는 책이기에 더욱 신뢰가 간다. 영적지도를 가르치는 전문 교수들이나 영적지도를 이끌고 있는 전문적인 영적지도자들은 물론이거니와 단순히 영적지도에 관심이 있는 사람들에게도 매우 유용한 이 책을 기쁘게 추천한다.

**유해룡** 장로회신학대학교 영성학 교수

"당신을 위해 당신과 함께 하나님 앞에 서 있겠습니다." 영성지도자의 존재론적 고백이다. 영성지도자는 피지도자의 하나님께 이르는 신비로운 영적 여정을 동반한다. 이 거룩한 동반의 시간에 영성지도자는 피지도자를 위해 온전히 자신을 내어주어야 한다. 피지도자가 자신을 향한 하나님의 의사소통을 발견하도록 도와야 한다. 이를 위해선, 영성지도자는 내적 자유를 지녀야 한다. 내적 자유는 피지도자의 삶의 이야기 안에서 하나님의 임재를 발견하는 관상적 경청의 전제이다. 왜냐하면 관상적 경청은 자기를 비우고 피지도자의 삶의 이야기에 깨어 있는 주의집중을 해야 하기 때문이다. 그러나 영성지도자도 인간이다. 아무리 성숙한 영성지도자라도 반드시 연약한 점, 부자유한 점, 더 성장해야 할 점을 지닌다. 이러한 점들은 영성지도자의 관상적 경청에 장애물로 작용한다. 여기서 수퍼비전이 절대적으로 요구된다. 영성지도자는 수퍼비전을 통해 자신의 내적 문제를 인식하고 내적 자유를 얻어 피지도자를 더욱 잘 도울 수 있게 된다. 한국 개신교에서도 영성지도자들이 배출됨에 따라 영성지도 사역이 점차 확산되고 있다. 영성지도자를 양성하면서 영성지도자에게 필수인 수퍼비전을 가르칠 교재가 빈약하다는 점을 늘 아쉽게 여겼다. 때마침 북미주의 여러 쟁쟁한 수퍼바이저들의 실제적 경험이 담긴 글들을 모은 책이 번역 출판되어 반갑기 그지없다. 특별히 수년간 수퍼바이저로서 활동해온 전문가가 번역했다는 점은 이 책의 신뢰도를 더욱 높인다. 이 책은 수퍼비전에 관한 좋은 교재이며, 영성지도자와 수퍼바이저들의 필독서이다. 이 책을 통해 영성지도자가 동반할 수 있는 지평이 확장될 것을 확신하며, 영성지도자들과 수퍼바이저들의 정독과 연구를 적극적으로 권한다.

**최승기** 호남신학대학교 영성학 교수

영성지도의 원형은 성경에서 발견된다. 여호수아를 지도한 모세 그리고 사무엘을 지도한 엘리 등은 구약 성경의 대표적인 영성지도 이야기이며, 3년 동안 열두 제자와 함께 다니시며 삶과 말씀으로 지도하신 예수의 행적은 영성지도의 전형이라고 할 수 있다. 영성지도는 교회사를 통하여 줄곧 이어져왔으며, 최근에는 특히 영성에 대한 관심이 확대되면서 수많은 사람들이 그 필요를 느끼고 있다. 그러나 영성지도의 가장 심각한 문제는 누가 어떻게 영성지도를 할 것인가이다. 한 개인의 영성 생활의 역사, 영성적 경험, 그리고 영성적 추구의 성격 등은 각기 독특하기에, 그 개인의 독특성이 충분히 존중되는 가운데 하나님과의 관계 경험이 심화되고 확대되도록 돕는다는 것은 매우 어려운 과제이다. 지시적이고 일방적인 신앙 지도를 통해 많은 신앙인들이 오히려 경직된 영성 생활로 내몰리는 한국 교회의 상황에서, 성숙한 영성지도자를 양성하는 것은 매우 시급한 과제이다. 그런 면에서 이 책의 출간을 매우 기쁘게 반기며, 영성지도에 관심이 있는 많은 이들에게 지혜와 성찰의 샘물이 될 것이라고 확신한다. 이 책에는 지난 반세기 동안 현대 영성지도의 역사 속에서 축적된 폭넓은 지혜와 깊은 통찰들이 담겨 있으므로, 이 책을 통해 한 편으로 현대 영성지도의 방향과 방법들을 알 수 있는 동시에, 다른 한 편으로 영성지도자로서 성장하기 위한 구체적 지향점들을 배울 수 있을 것이다.

**홍영택** 감리교신학대학교 목회상담학 교수

영성지도자들을 위한 수퍼비전

# Supervision of Spiritual Directors
## : engaging in holy mystery
by Mary Rose Bumpus and Rebecca Bradburn Langer

영성지도자들을 위한
# 수퍼비전

메리 로즈 범퍼스 외 엮음 | 이강학 옮김

좋은씨앗

***Supervision of Spiritual Directors:***
*Engaging in Holy Mystery*

Copyright ⓒ 2005 Mary Rose Bumpus and Rebecca Bradburn Langer
Originally published in the U. S. A.
under the title *Supervision of Spiritual Directors*
by Morehouse Publishing,
445 Fifth Avenue, New York, NY 10016, U. S. A.

Translated and used by the permission of
Church Publishing Incorporated.

Korean Copyright ⓒ 2017 by Good Seed Publishing,
Seoul, Republic of Korea

All rights reserved.

## 영성지도자들을 위한 수퍼비전: 거룩한 신비에 참여하기

1판 1쇄 인쇄  2017년 11월 5일
1판 1쇄 발행  2017년 11월 10일

엮은이  메리 로즈 범퍼스, 레베카 브래드번 랭거
옮긴이  이강학
펴낸이  신은철
펴낸곳  좋은씨앗
출판등록  제4-385호(1999. 12. 21)
주소  서울시 서초구 바우뫼로 156(MJ 빌딩), 402호
영업부  전화 (02)2057-3041 / 팩스 (02)2057-3042
이메일  goodseed21@hanmail.net
페이스북  www.facebook.com/goodseedbook

ISBN 978-89-5874-287-6 03230

이 한국어판의 저작권은 Church Publishing Incorporated와 독점 계약한 도서출판 좋은씨앗에 있습니다. 신저작권 법에 의하여 한국 내에서 보호를 받는 저작물이므로 무단 전재와 무단 복제를 금합니다.

거룩한 신비에 참여할 수 있도록
처음으로 초대해 주신,
우리의 부모
윌버 & 에스더 네퍼 브래드번과
아드리안 & 마가릿 스튜어트 범퍼스에게

그리고
하나님의 말할 수 없는 경이를 가르쳐준
우리의 학생들에게

## 목차

한국어판 서문 레베카 브래드번 랭거   11

서론 메리 로즈 범퍼스/레베카 브래드번 랭거   13

### 1부   수퍼비전이란 무엇인가?

1장 수퍼비전: 자리에 없는 타자를 돕는 것   21

2장 너머를 보기: 수퍼비전 관계에 대한 관상적 접근   47

3장 명확성을 지니고 보기: 수퍼비전 작업 정의하기   77

### 2부   수퍼비전의 주제들

4장 초보 영성지도자들을 지지해주기: 댄스에 참여하기   109

5장 관계 안에 나타나는
    인격의 다양한 차원들과 수퍼비전 실습   143

6장 주어진 것과 선물:
    영성지도와 수퍼비전에서 성과 하나님의 에로스   177

7장 윤리적 예측으로 흔히 일어나는 곤경을 막기   223

| 3부 | **세계관과 수퍼비전** |
|---|---|
| | 8장 수퍼비전, 지평을 넓히기　261 |
| | 9장 수퍼비전에서 "공동 문화" 개념 사용하기　305 |
| | 10장 장애인들을 위한 영성지도　341 |

| 부록 A | 관상적 성찰 양식　375 |
|---|---|
| 부록 B | 관상적 성찰 양식을 위한 대화록 예시　380 |
| 부록 C | 관상적 성찰 양식에 관하여　384 |
| 부록 D | "주어진 것과 선물로서의 성"에 대한 성찰 질문　389 |

## 한국어판 서문

『영성지도자들을 위한 수퍼비전: 거룩한 신비에 참여하기』의 편집자이자 저자의 한 사람으로 이 책의 한국어판 서문을 쓰게 된 것을 감사하게 생각한다. 이강학 박사는 이 형성과 관련된 작업을 숙련된 기술 및 통찰과 더불어 수행해 왔다. 아울러 그가 이 작업을 통해, 미국의 영성지도자들이 수퍼바이저로 성장하는 방법을 이해할 뿐만 아니라, 한국인 영성지도자들이 한국 문화의 특수한 상황에서 수퍼비전의 원리를 심화 적용할 수 있는 방법을 잘 이해하도록 도울 것이라 신뢰한다.

2005년에, 메리 로즈 범퍼스와 내가 이 책을 편집할 때, 우리는 수퍼비전의 결정적인 중요성에 관한 대화에 활력을 불러일으키기를 희망했다. 우리가 느끼기에, 영성지도 실습을 힘 있게 하기 위해, 당신은 분명 수퍼비전에 긴밀히 참여할 필요가 있다. 수퍼비전은 영성지도 실습에 필수적이다. 왜냐하면 수퍼비전은 영성지도자가 "그 자리에 없는 타인"absent other, 즉 피지도자를 섬길 수 있도록 돕기 때문이다. 수퍼비전은 영성지도자에게 많은 선물을 제공한다. 그 중 몇 가지만 거론하면 다음과 같다.

- 영성지도자가 영성지도 실습 과정에서 피지도자에게 마음을 열도록 도전받는 지점을 알고 지혜를 발견하는 능력
- 영성지도자가 자신의 내적 움직임으로부터 나오는 것에 거룩한 확신을 지속적으로 나타낼 뿐만 아니라, 영성지도자가 피지도자의 이야기 안에서 '거룩하신 하나님을 발견하는' 더 많은 방법들을 탐색하도록 돕는, 수퍼바이저로서 신뢰할 수 있는 멘토
- 관련된 모든 이들, 즉 영성지도자, 수퍼바이저, 그리고 피지도자들이, 각자가 관계 안에서 양육 받고 성장할 수 있도록 도우시면서 현존하시는 신비로우신 하나님이라는 선물
- 성령과 협력하는 개방성을 심화하고 증진시키면서, 영성지도자와 수퍼바이저로서 성장할 수 있는 신성한 기회

당신이 이 책을 읽으면서 거룩하신 하나님과의 관계 및 수퍼바이저와 영성지도자로서의 정체성을 강화시킬 방법을 발견해 가기를 바라고 기도한다.

레베카 브레드번 랭거, 목사 및 박사

# 서론

영성지도 수퍼비전은 기독교 전통 안에서 실행되어 온 오래 된 과정이다. 영성 안내자들은 그들이 동반해 주고 있는 사람들과 관련된 문제들에 대하여 수 세기 동안 서로 긴밀한 대화와 편지를 비공식적으로 주고받아 왔다. 그러나, 우리가 아는 한, 오늘날 영성지도자들을 위한 '공식적인' 수퍼비전은 비교적 최근에 일어난 현상이다. 그것은 영성지도에 대한 갈망이 개신교와 로마가톨릭 전통 양측에서 대두된 지난 삼사십 년 사이에 일어났다. 자격을 갖춘 수퍼바이저들이 영성지도자들을 공식적으로 동반해 줄 것에 대한 요청이 크게 제기되면서, 영성지도 상황에서 수퍼비전의 성격과 수퍼비전 관계가 무엇인지에 대한 연구가 본격적으로 시작되었다.

이 책은 지금처럼 중요한 시기에 영성지도자들을 위한 수퍼비전 문제를 다룬 몇 안 되는 안내서이다. 이 작업을 개념화하고 편집하면서, 우리는 수퍼비전 사역에 참여해 온 이들과 최근에 그 주제에 관한 글을 쓴 이들에게 존경을 표하고 싶다. 동시에 우리는 수퍼비전 관계 및 과정에 대한 논의를 지금보다 더 확장시키고 독려하고 싶다. 우리는 수퍼비전과 영성지도에 은사가 있는 여러 사람들에게 수퍼비전에 대한 일반적인 이해와 함께 우리의 공통 관심사가 될 만한 특정 주제들에 대해 글을 써달라고 요청했다. 그렇게 해서 이 책에 담긴 다양한 목소리가 조화로운 합창으로 울려 퍼져 수퍼비전 사역에 참여하는 사람들의 정신, 마음, 그리고 상상력을 자극할 수 있길 바란다.

이 책은 세 부분으로 나뉜다. 1부에서는 "수퍼비전이란 무엇인가?"라는 질문을 세 가지 다른 관점에서 다룬다. 1장에서 메리 로즈 범퍼스 Mary Rose Bumpus는 수퍼비전이란 하나의 협력 작업 collaborative endeavor이며, "정중한 무지" respectful unknowing의 상태에 있는 "자리에 없는 피지도자" an absent directee를 돕는 데 주된 목적이 있다고 제안한다. 2장에서 제임스 니프시 James Neafsey는 수퍼비전이 "영성지도자의 깊은 영적 정체성"에 일차적인 관심을 둔다고 단언한다. 그는 수퍼바이저들이 관상적 접근이라는 방법을 사용하면, 영성지도자들이 지닌 주요 은사뿐만 아니라 (하나님의 시선 안에 있는 사람들이라는) 그들의 정체성을 "넘어서" 그리고 "통해서" 볼 수 있는 도움을 얻게 된다고 제안한다. 3장에서 레베카 브래드번 랭거 Rebecca Bradburn Langer는 수퍼비전 작업을 여덟 개의 중복 구조로 정의 내린다. 그녀는 수퍼비전을 위한 준비,

하나님과 자신에 대한 지식에 있어서 자라가기, 영성지도자들의 성장과 치유의 자리에 관심 기울이기, 그리고 "은혜로 위탁하기" 등과 같은 수퍼비전의 기본 수칙들을 설명한다. 이렇게 세 개의 장으로 구성된 1부 내용은 수퍼비전 실습에 대한 서로 다른 관점들을 제시하지만, 수퍼비전이란 거룩한 신비에 참여하는 것이라는 기본적인 가정을 모두 따른다.

2부에서는 특별히 중요하다고 생각하는 수퍼비전 주제들을 다룬다. 우리는 이 네 장들을 통해 수퍼바이저들이 그들이 다루는 주제들에 관한 실제적이고 이론적인 도움을 얻기를 바란다. 4장은 초보 지도자들 사이에서 흔히 제기되는 사안들에 초점을 맞춘다. 메리 로즈 범퍼스와 레베카 브래드번 랭거는 초보 지도자 지지하기, 하나님을 신뢰하도록 격려하기, "음미하기"와 "고통", 그리고 지도자들이 적절하게 자신을 드러내기 등을 포함한 다양한 영역들을 다룬다. 5장에서 마리아 타투 보웬 Maria Tattu Bowen 은 수퍼비전 관계와 실습에서 사용되는 자아의 다양한 차원들을 들여다본다. 그녀는 "우리 인생의 신체적 사실들/인간의 생리학적 요인들" physiological facts of our ongoing lives, 감정, 생각이 각각 어떻게 영성지도와 수퍼비전에서 하나님을 드러내는 것이 될 수 있는지 설명한다. 그녀는 또한 인간의 모든 것에 영향을 주고 욕망과 이미지 안에서 종종 나타나는 "동시에 포괄적으로 일어나는 경험들" encompassing, simultaneous experiences 의 예를 제시한다.

자아의 모든 차원들을 사용하는 것에 관한 글 다음에, 우리는 성

sexuality과 에로스라는 보다 특별한 주제를 다루려고 한다. 6장에서 사무엘 해밀턴-푸어 Samuel Hamilton-Poore는 지도자들과 수퍼바이저들이 영성지도와 수퍼비전 상황에서 인간의 성과 하나님의 에로스에 주의를 기울이도록 초청한다. 인간의 성과 하나님의 에로스는 영성지도와 수퍼비전이라는 영역에서 다루기 힘든 문제이기도 하지만 "주어진 것이자 선물"이기도 하다. 그는 성찰을 위한 질문들과 수련들을 제안한다. 7장에서 조셉 드리스킬 Joseph Driskill은, 수퍼비전 작업에서 마주치는 윤리적 딜레마들에 대한 성찰에 기초해 인간의 성에 관해 이야기한다. 드리스킬은 "흔히 일어나는 곤경"을 "윤리적 예측"으로 막도록 우리에게 권면한다. 그는 여러 사례를 들어가며 도덕적 딜레마에 관한 매우 의미 있는 조언들을 제시한다. 그리고 수퍼비전에서 그런 문제들을 어떻게 다룰 것인지에 대해 상식에 기초한 지혜를 제공한다.

 3부는 영성지도자와 수퍼바이저의 세계관을 확장시키기 위해 마련했다. 이 마지막 장들에서는 영성지도자들을 위한 수퍼비전에서 일어나는 움직임을 다룬다. 그것을 통해 우리가 수퍼비전을 실습하는 사회적 문화적 상황들을 철저히 고려하고, 우리의 영성지도자들과 피지도자들의 언어를 배우며, 하나님의 임재에 대한 우리의 비전을 확장시키도록 도전하려 한다. 8장에서 엘리자베스 리버트 Elizabeth Liebert는 수퍼비전 상황에서 수퍼바이저, 지도자, 그리고 피지도자들의 지평을 확장시키는 방법에 관해 논의한다. 그녀는 "경험의 원" experience circle을 시각적으로 묘사하는데, 이는 하나님을 경험하는 우리 자아의 차원뿐만 아니라, 거룩한 신비의 능력과 임재를 마주하게 되는 삶의 영역들을 나타낸다. 이 장에서는 수퍼바이저들이 하나님의 임재를 모든 것 가운데서 — 개인의 내면에서, 상호 관계 속에서, 체계와 구조를 통하여, 그리고 자연 안에서 — 보도록 도전한다. 한 영역에서 나온 실마리들은 다른 영역으로 연결되어 우리가 수퍼비전과 영성지도에서 하나님의 은혜의 동시성 simultaneity을 탐색하고 발견하도록 도와 준다.

클레오 몰리나 Cleo Molina와 허치 헤이니 Hutch Haney도 수퍼바이저들에게 도전을 준다. 9장에서 그들은 영성지도 상황에서 수퍼바이저, 지도자, 그리고 피지도자들에게 영향을 주는 문화적 가정들과 가치들을 더 잘 이해해야 한다고 요청한다. 이를 위해 그들은 수퍼바이저들과 그들이 섬기는 지도자들에게 공동 문화 지도 그리기 co-cultural mapping 과정에 참여하길 권한다. 이 과정을 통해 우리는 문화적 가정과 가치들을 드러내고 서로 다른 유산에 대해 의미 있으나 위협적이지 않은 방식으로 대화를 나눌 수 있다.

10장에서 수잔 필립스 Susan Phillips는 장애인들을 대상으로 사역하는 지도자들을 수퍼비전하는 것에 대해 설명한다. 필립스는 "세상의 시각으로는 정상이 아니라고 간주되는 사람들에 대한 (기독교의 두드러진) 헌신"이라는 맥락 안에서 자신의 논지를 펼친다. 그녀는 현대 사회의 풍경을 고찰하는데, 그 사회의 풍경이란 것이 "다름 difference의 표지를 지닌 개개인의 특성"을 점점 더 강조하고 있으나 그에 비해 "치료의 지향점이 돌봄이라는 자리를 벗어나고 있다"고 본다. 그녀는 수퍼바이저들과 지도자들이 "다름을 지닌 사람들의 곁에 있기" 위해 예수의 삶과 수난이라는 관점에서 접근해야 한다고 도전한다.

이 책은 중간자적 입장에서 고안되고 기록되었다. 이 책에서 제안하는 아이디어는 모두 우리 주변에서 자주 접하는 것이다. 우리는 이 책이 수퍼비전이라는 주제에 관한 처음도, 마지막도 아니라고 여긴다. 오히려 이 책이 더 깊이 있는 성찰, 대화, 그리고 지평의 확장을 자극하길 바란다. 우리는 또한 이 책에서 논의된 내용들이 조만간 구체적으로 실현되길 소망한다. 궁극적으로 우리는 이 책을 통해 하나님의 통치 속으로 더 충만히 들어가고, 수퍼비전 대화 속에서 성령의 임재와 능력을 발견하며, 모든 것 안에 계신 성육신의 하나님을 영화롭게 하길, 즉 모든 수퍼비전의 궁극적인 목적이 이루어지길 바란다.

메리 로즈 범퍼스,

레베카 브래드번 랭거,

편집자들

# 1부
## 수퍼비전이란 무엇인가?

# 1장.
## 수퍼비전: 자리에 없는 타자를 돕는 것

메리 로즈 범퍼스

나는 서른 살에 영성지도를 시작했다. 그 당시의 나는 지도자가 되기엔 너무 어리고 어리석었다. 그러나 누군가 나에게 자신의 영성지도자가 되어달라고 부탁했고 (그것은 내가 이 사역으로 부르심을 받았다는 "확실한" 표지였다), 나는 좋다고 대답했다. 나의 첫 번째 피지도자는 가까운 신학대학 학생이었고 현명한 영적 추구자였다. 그가 나에게 처음 한 말은 이랬다. "나는 예수가 하나님의 아들이라는 것을 믿지 않아요." 나는 이 대담한 말에 놀랐고, 어떻게 답변해야 할지 몰라 침묵하고 말았다. 나에겐 다행히 훌륭한 수퍼바이저가 있었고, 그는 나에게 이렇게 조언해 주었다. "그러니까 그 젊은이에게 하나님과 비교해 예수님을 어떻게 보고 있는지, 예수님을 그런 시각으로 보는 게 어떤 의미인지, 그리고 그에게 하나님의 이미지는 어떤지 물어 보세요." 나는 통찰력 있는 그의 조언에 큰 도움을 얻었다. 그 결과, 그 학생과 나는 하나님 안에서 그의 인생에 대한 의미 있는 대화를 형성해 가기 시작했다.

나의 두 번째 피지도자는 여든 살 여성이었다. 그녀는 자신이 경험한 하나님에 대해서도, 자신의 내적 삶에 대해서도 별로 이야기하지 않았다. 나는 그녀가 이런 대화에 참여하도록 여러 번 이끌어 보았지만, 그녀는 별 반응을 보이지 않았다. 나는 우리가 과연 영성지도라는 기술에 참여할 수 있을지 혼란스러웠다. 한 가지 분명하게 느껴지는 사실은 있었다. 그녀가 외롭다는 것이었다. 어느 날 우리는 우리 사이에 공통점이 있음을 발견했다. 바로 음악을 사랑할 뿐만 아니라 피아노를 연주하고 노래할 때 무척 즐거워한다는 것이었다. 그 후에 우리는 매우 다른 분위기의 영성지도를 시작했다. 연주하고 노래하고 웃고 함께 기뻐하는 것은 우리 만남의 리듬이 되었다. 우리는 내적인 삶이나 하나님에 관해 많은 이야기를 나누지는 않았다. 때때로 나는 우리 만남이 영성지도라고 할 수 있을지 의문이 들었다. 그러나 나는 우리가 서로 곁에 머물러 있는 역량 면에서 성장했다고 믿는다. 또 우리 만남의 결과로 각자 삶을 직면하는 역량 또한 성장했다고 믿는다.[1] 나의 수퍼바이저는 이 여성과 함께 있어주는 나의 방식을 격려해 주었다. 그녀는 우리 두 사람 모두 하나님을 향한 시

---

1. 우리가 바라는 것은, 영성지도 관계가 하나님과의 친밀성뿐만 아니라, 영성지도자와 피지도자 사이의 친밀성을 발전시켜주고 나아가 삶을 발전시켜주는 것이다.

야가 넓어졌다고 말해 주었다. 비록 우리가 직접 그것에 대해 말하지는 않았지만 말이다.

영성지도를 위해 이 여성과 신학생을 만나는 동안, 나는 영성지도 기술을 공부하고 있었다. 남부 가톨릭 교구의 신부들과 수녀들 열 명이 함께했다. 수업의 일환으로 그룹의 각 구성원들은 다른 한 사람을 위한 영성지도자가 되었고, 강사와 함께 그룹의 다른 구성원들은 그들을 관찰하면서 배우는 시간을 가졌다. 내 차례가 되었을 때, 나는 나보다 스무 살 많은 존 메리라는 수녀의 영성지도자 역할을 하게 되었다. 초보자로서 전체 그룹 앞에서 영성지도를 하려니 긴장이 많이 됐지만, 다른 한편 존 메리가 들려주는 이야기의 수용자가 되는 것은 특권이라고 느꼈다. 우리의 만남은 일상적인 대화로 시작하여, 존 메리에게 의미 있는 일들에 대한 대화로 나아갔다. 이십 분 가량 대화하는 가운데, 존 메리가 다음과 같이 말했다. "있잖아요, 나는 하나님을 신뢰하지 않아요." 그것은 신성하면서 통렬한 순간이자 심오한 계시의 순간이었다. 나는 침묵했다. 그녀도 더 이상 말하지 않았고 우리의 침묵은 한동안 이어졌다.

나는 놀라고 혼란스러워서 어떻게 반응해야 할지 몰랐다. 결국 나는 존 메리와 그룹 전체를 향해, 반응하는 데 있어 내가 부족했으며 도움이 필요하다고 말해야 했다. 그룹 촉진자facilitator는 혹시 누가 좋은 의견이 있는지 물었다. 제시된 유일한 의견은 내가 존 메리와 기도해야 한다는 것이었다. 직관적으로 나는 이것이 "옳지 않다"고 느꼈다. 그러나 다른 대안이 떠오르지 않아 나는 존 메리를 위해 큰 소리로 기도했다. 기도를 마치고 그녀는 고마워했지만, 우리가 곤경에 빠졌다는 것을 서로 분명히 느낄 수 있었다.

나를 슬프게 하지만 또한 영성지도와 수퍼비전에 대한 성찰에 도움을 준 기억으로서, 이 25년 전의 경험을 돌아볼 때면, 지금 같으면 응당 내가 했어야 할, 그리고 할 법한 여러 반응들이 떠오른다. 나는 존 메리에게 혹시 그녀가 신뢰하는 사람이 있는지 물어볼 수 있었다. 그렇다면 여기서 신뢰가 어떤 의미인지 이야기를 나눌 수 있었을 것이다. 또는 존 메리와 함께 하나님에 대한 신뢰가 종종 부족해지는 우리의 인간성에 대해 이야기를 나눌 수 있었다. 또는 그녀가 하나님과의 관계를 어떤 식으로 맺어가기 원하는지 물어볼 수도 있었다. 그룹으로 모인 자리에서 진심을 이야기한 그녀의 용기와 능력을 짚어줄 수도 있었다. 많은 것들이 마음에 떠오른다. 그 순간, 존 메리의 인격, 우리의 공통된 인간성, 그리고 성령의 임재는 내가 특정한 반응을 하도록 안내해 주었을 것이다.

요약하면, 나는 이 경험을 수퍼비전을 위해 지지그룹에 가져갔으나 별다른 소득이 없었다. 나는 또한 이 경험을 한 사람의 수퍼바이저에게 가져갈 수도 있었다. 그때나 지금이나 수퍼비전에서 중요한 지혜는 이것이다. 수퍼비전 대화는 피지도자에 대한 나의 내적 반응에 초점을 두어야 한다는 것이다. 나는 왜 존 메리가 하나님에 대한 신뢰를 잃었다고 고백했을 때 놀라고 혼란스러워했을까? 그 대화는 어쩌면 나에게도 유익한 열매를 맺게 해줄 수 있었다. 그러나 나는 그 대화가 다음과 같은 근본적인 질문에 답을 주지 못하지 않았나 싶다. "어떻게 하면 하나님과 함께하는 '자신만의' 여정 가운데 있는 '존 메리'를 최선으로 섬길 수 있을까?"

## 수퍼비전: 자리에 없는 타자를 돕는 것

수퍼비전은 궁극적으로 자리에 없는 타자<sup>他者</sup>의 안녕을 증진시키는 동료들 사이의 대화이다.[2] 수퍼비전에 대한 이런 설명은 그 강조점을, 수퍼비전 대화에는 참여하지 않은 피지도자의 안녕에 두고 있다. 수퍼비전은 인간의 신체적이거나 심리적인 영역을 배제하지는 않지만, 특별히 '영적' 안녕에 초점을 맞춘다. 물론 신체적 또는 심리적인 영역은 영적인 것으로부터 완전히 분리될 수 없다. 수퍼비전은 또한 '지도자와 피지도자의 관계'에 초점을 맞춘다. 이 관계가 피지도자의 목표와 안녕에 직접적인 영향을 끼칠 뿐만 아니라 지도가 이루어지는 그 회기 session 는 성령을 경험하는 자리가 되기 때문이다. 수퍼비전의 일차적 기능이 그 자리에 없는 타자, 즉 피지도자의 영적 안녕을

---

2. 나는 Eric Greenleaf, Ph. D에게 빚을 졌다. 우리는 영성지도자를 위한 수퍼비전 목표에 대해 내가 현재 이해하고 있는 바를 놓고 많은 대화를 나누었다. Greenleaf는 *The Problem of Evil* (Phoenix: Zeig, Tucker & Theisen, Inc., 2000)의 저자이다. 이 책은 사람들의 삶에 악이 휩쓸고 간 후 무엇을 할 수 있는지에 대해 논의한 작품이다.

증진시키는 것임을 강조한다고 해서, 수퍼비전에 대해 이런 관점으로만 접근해야 한다고 제안하는 것은 아니다.³ 그러나 수퍼비전 대화의 본질로서 지도자의 내적 삶에 우선적으로 초점을 맞추는 모델들에 대해서는 좀더 많은 질문과 대화가 필요하다.

나는 수퍼비전에 관한 또 다른 관점을 제안하려 한다. 그 방식은 지도자의 내적 삶에 크게 초점을 맞추고 있지 않다. 영성지도자는 자신의 영성지도자 또는 심리치료사와 이 문제에 대해 이야기를 나눌 수 있다. 지도자의 내적 세계에 초점을 맞추게 되면 지도자와 피지도자 사이에 생긴 문제가 한 쪽 또는 다른 쪽의 내적 작업에 의해 풀릴 수 있다고 생각하기 쉽다. 그러나 그렇지 않은 경우가 종종 있으며, 이는 우리 영적 여정의 많은 부분을 차지하는 사회적 상황을 과소평가하는 것이다. 수퍼비전에서 지도자들의 내적 삶에 초점을 맞추는 모델들은 대체로 정신분석학에 기반을 둔 자기 계발 자료들에서 나온 것이다. 고도의 전문성을 갖춘 정신분석가들의 손에서, 정신분석은 인간 성장과 변화의 중요한 자료가 될 수 있다. 이 분야에서 고도로 훈련받지 못한 우리는 정신분석에 기반을 둔 개념들을 자신의 현재 문화적 용법 안에서 이해하고 사용하려는 경향이 있다.

---

3. Maureen Conroy가 영성지도 수퍼비전을 "우물 속을 들여다보는" 과정이라고 설명한 훌륭한 책을 보라. 내가 믿기로 이 책은 이 특정한 관점을 만날 수 있는 가장 훌륭한 책이다. Maureen Conroy, George Aschenbrenner 서문, *Looking into the Well: Supervision of Spiritual Directors* (Chicago: Loyola University Press, 1995).

이는 그 개념들이 보통 부정적인 방식으로, 즉 지도자 또는 피지도자 묘사에 해로운 방식으로 사용될 수 있음을 의미한다. 나 스스로도 이런 위험에 빠진 적이 있다. 다음에 나오는 두 수퍼바이저 사이의 가상 대화는 이런 위험을 극명하게 보여준다.

**수퍼바이저 I**: 내가 수퍼비전을 담당하는 사람 중 한 명이 오늘 나를 찾아왔어요. 그가 영성지도를 해주는 사람과 매우 힘든 시간을 보내고 있거든요. 수(피지도자)가 톰(지도자)과 갖는 회기에 이 주제 저 주제를 오가면서 많은 말을 쏟아놓았나 봐요. 톰은 당황스러워서 말을 끊을 수 없었죠. 어느새 한 시간 반이 지나가버렸고, 수는 갈 때가 되었대요. 톰은 괴로웠어요. 그는 수와의 회기를 정시에 끝낼 수 없었고 수가 계속 말하는데 어떻게 대처해야 할지 몰랐다고 해요.

**수퍼바이저 II**: 그래서 당신은 어떻게 했나요?

**수퍼바이저 I**: 글쎄요, 톰과 나는 수에 대해 전에 대화를 나눈 적이 있어요. 수는 서른 살이고 가정에서 학대받은 경험이 있으며, 대화할 때 강박적이고 대단히 자기애가 강합니다. 그녀는 어린 시절에 경험한 학대의 심각성을 부인하며 그 고통에 대해 다루기를 거부합니다. 톰은 단호하게 선을 긋지 못하고 한계를 정하는 데에도 어려움을 겪고 있죠. 게다가 상대를 배려하여 좀더 사려 깊게 대화하지 못하는 수에게 화가 나 있어요. 톰과 나는 그의 분노의 뿌리에 대해 토론하면서 대화를 시작했습니다. (그렇게 대화는 지속된다.)

이들의 대화를 살펴보면, 수와 톰 두 사람에 대해 실제적으로 알게 되기보다는 부정적인 이미지, 아니 캐리커처를 갖게 될 수밖에 없다. 그들은 누구인가? 서로와의 관계는 어떠한가? 각 사람 안에 그리고 그 둘의 관계에서 성령은 어디에 임재해 역사하고 계시는가? 나는 이 대화를 이끌어가는 우리 시대의 근본적인 사회적, 문화적 가정assumptions에 대해 의문을 품고 있다.

톰은 그들의 회기가 한 시간 반이나 지속되는 데 신경을 쓰고 있는가? 아니면 정해진 시간 규칙을 일부러 거스르고 있는가? 하나님께서는 수가 그녀의 어린 시절 학대 받은 고통을 들여다보도록 초청하고 계시는가? 아니면 온전함에 이르는 치유와 성장 과정에 꼭 필요하다고 수퍼바이저가 믿는 것일 뿐인가? 톰이 수를 계속 감당할 수 있을까? 톰이 수가 말하는 중간에 끼어들거나 천천히 말하라고 요구하면 어떻게 될까? 수는 톰에게서 어떤 식의 도움이 필요한 것일까? 수가 추구하는 영적 목표는 무엇인가? 수는 자신의 대화 스타일을 편안해 할까? 톰이 자신의 자존감을 유지하면서 수가 하나님 눈에 비친 자기의 모습 그대로를 회복하도록 돕기 위해서는 어떻게 행동하거나 말해야 할까?

### 가정과 신념

수퍼비전이 자리에 없는 타자의 안녕을 증진시키는 대화라는 개

넘은 이 대화를 지속하는 데 필수적인 특정한 가정과 신념 위에 기초해 있다. 나는 이 사역으로 부르심을 받은 모든 영성지도자들이 피지도자들을 도와 그들의 영적 목표나 갈망을 깨닫게 해주길 원한다고 믿는다. 영적 목표나 갈망에는 하나님과의 관계에서 성장하기, 특정한 결정을 앞두고 분별하기, 다른 사람과의 관계 바로잡기, 일상에서 하나님의 임재 경험하기, 기도하는 법 배우기, 또는 보다 큰 정의와 긍휼의 삶 살기 등이 있다. 피지도자의 영적 갈망 즉, 하나님이 주신 "필수적인 불만족"[4]이 무엇이든 간에, 영성지도자들은 피지도자들의 이 같은 노력을 지원하길 원한다. 이런 갈망은 칭찬할 만하고 영성지도자들의 소명에 있어 근본적인 것이다.

뿐만 아니라 영성지도자로서 나는 나 자신도 나다워지면서, 나의 피지도자가 자신의 영적 목표를 깨닫는 과정에서 본래 자기다워지도록 어떻게 도울 수 있는지 알고 싶다. 나는 내가 아닌 다른 누군가가 되어야 할 필요 없이 이런 일을 하기 원한다. 보다 적절히 표현하면 이렇다. 어떻게 하면 우리 수퍼바이저들은 영성지도자들과 함께 (자리에 없는) 피지도자들의 영적 안녕을 위해 사역하면서도, 영성지도자들에게 하나님 눈에 비친 자기 모습이 아닌 다른 사람이 되도록 요구하지 않을 수 있을까?

---

4. Philip Sheldrake, *Befriending Our Desires* (1994; Toronto: Novalis, 2001), 초판 58쪽.

이런 갈망은, 각각의 영성지도자는 서로 다르다는 나의 신념에 뿌리를 두고 있다. 각 영성지도자들은 자신의 고유한 인격으로부터 흘러나오는 영성지도를 한다. 우리의 피지도자들은 이 사실에 동의하면서, 이 부분에 있어 때로 우리보다 더 현명한 태도를 보인다. 피지도자들은 그들이 좋아하는 지도자들을 찾아 나선다. 그들에게 편안한 사람, 그들의 영적 여정을 도와줄 거라 믿는 사람을 영성지도자로 선택한다. 피지도자들은 비록 누군가를 영성지도자로 선택한 이유에 대해 분명히 표현하지 못할 때라도, 스스로에 대한 감각과 다른 사람들에 대한 감각에 있어 매우 예리할 때가 종종 있다.

한번은 누군가 영성지도를 받기 위해 날 찾아온 적이 있다. 그는 소그룹에서 나를 두 번 만난 적이 있다고 했고, 일대일 대화는 그날이 처음이었다. 그는 이렇게 말했다. "당신에게 내 영성지도자가 되어 달라고 부탁하고 싶습니다." 나는 이 말에 놀라서 더 이야기해 주기를 요청했다. 그는 이렇게 말했다, "당신이 내 영성지도자가 되어 주면 좋겠다고 생각한 건, 당신이야말로 내 허튼소리, 회피, 망상에 대해 '그것은 말도 안 돼!'라고 주저 없이 말해 줄 사람이기 때문입니다." 이 사람은 내가 얼마나 "예의 바른 남부 여성"인지 전혀 알지 못했다(내가 그의 표현에 이의를 제기한 것은 아니었다. 나는 그러지 않았다). 나는 가능한 한 부드럽게 말했다. "당신이 바라는 게 그런 거라면, 나는 당신이 찾는 적임자가 아니라고 생각합니다." 나로서는 이 때가 요청하는 사람에게는 깊은 배려의 순간이자, 나 자신에게는 자유와 자기 인식의 순간이었다. 일주일 후, 소그룹에서 여러 번 만남을 가진 후, 그 사람이 다시 찾아왔다. 이번에 그는 이렇게 말했다. "우리가 지난번에 이야기할 때 내가 원한 것은 옳지 않았습니다. 당신이 다른 사람들과 실습할 때, 당신이 어떤 사람인지 그리고 어떤 방식으로 일하는지 지켜보았는데, 그것은 사실 내가 나의 영성지도자에게 원하던 것이었습니다."

피지도자들은 자신과 잘 맞을 것이라고 생각되는 영성지도자에게 접근한다. 지도자들도 같은 방식으로 수퍼바이저들에게 접근한다. 그리고 우리 모두는 자신의 인격에서 우러나오는 영성지도와 수퍼비전을 하게 된다. 수퍼비전 사역에서, 우리는 우리의 내외적 감각을 활용해 지도자와 그의 피지도자, 그리고 그들의 하나님과의 관계, 하나님 안에서의 관계를 인식하고 경험한다. 우리는 우리의 상식, 바른 판단력, 개인적이고 공동체적인 경험, 이 분야에 대한 전문성, 그리고 전통에 대한 지식 등을 사용한다. 우리는 생명, 자유, 긍휼, 정의, 고통의 연대, 하나님 앞에서 향상된 자기 정체성, 진리 안에 서는 능력, 초대, 위로, 새롭게 선포된 말 등과 같은 표지들에 우리 마음을 조율해 지도자를 격려하고 자리에 없는 피지도자의 안녕을 증진시키고자 한다. 그리고 우리는 이 수퍼비전 사역을 우리 개인의 은사, 강점과 한계, 그리고 사회적이고 문화적인 상황이라는 범위 안에서 감당한다.

수퍼비전 관계에서 수퍼바이저들과 함께 있을 때, 영성지도자들은 영성지도 관계에서처럼 자기다워지도록 초청받는다. 그렇다고 해서 피지도자에게 해로운 방식으로까지 자기다워지도록 허락하려는 것은 아니다. 완전히 그 반대이다! 그러나 우리는 영성지도 관계에서 우리가 할 수 있는 것만 할 수 있다. 달리 말해, 피지도자들 그리고 수퍼바이저들과 함께 작업할 때, 우리는 하나님 눈에 비친 자신의 모습을 유지하면서 우리가 할 수 있는 것을 해야 한다.

### 차이에 따른 수퍼비전

피지도자들이 자신의 갈망에 관해 지도자들에게 말해 주듯, 영성지도자들은 우리 수퍼바이저들에게 자신의 목표와 갈망에 관해 말해 준다. 즉, 스스로에 대해 배우고 싶은 게 무엇인지, 피지도자들의 자기다워지려는 노력에 어떻게 반응하고 함께 씨름하고 있는지, 그리고 우리 수퍼바이저들로부터는 무엇을 배우고 싶은지 등이 있다. 나는 우리가 차이에 따른 수퍼비전 supervision by difference을 하고 있다고 믿는다. 이는 우리 일상의 삶과 관계에서 인식하고 행동하는 방식과 다르지 않다. 이를테면, 나는 저녁식사를 위해 누군가의 집에 간 적이 있다. 나는 부엌에 들어가서 물어보았다. "내가 무엇을 도와줄까요?" 짐 같으면 가게에 가서 필요한 것을 사달라고 반응할 것이다. 우리 어머니 같으면, "부엌에서 나가 있는 게 도와주는 거야"라고 말했을 것이다. 테레사라면 "여기 앉아서 나하고 와인이나 한 잔 해요. 나는 혼자 요리하는 거 싫어요"라고 말할 것이다. 또는 내 동생이라면, "내가 샐러드를 만드는 동안, 감자 좀 으깨줘"라고 말할 것이다.

수퍼비전 상황에서 우리는 우리가 수퍼비전을 해주는 사람들로 하여금 이 작업에 대한 그들의 목표와 갈망에 대해 말할 기회를 주어야 한다. 이것이 실제로 의미하는 바는 수퍼비전을 해주는 각각의 사람들과 각각 다른 방법으로 수퍼비전을 해야 한다는 것이다. 그리고 수퍼비전 사역을 담당하는 사람들과 이야기를 나누면서 그들이 만나는 각각의 지도자들에 따라 수퍼비전 과정을 어떻게 접근하고 있는지 들어보면 그 방법이 얼마나 다양한지 놀라게 된다.

### 수퍼비전 모델들

심리치료, 상담, 그리고 목회적 돌봄 같은 영역에 다양한 수퍼비전 모델들이 존재한다.[5] 오번대학교 심리학 교수인 앨런 K. 헤스는 Allen K. Hess 여섯 가지 심리치료 수퍼비전 모델들을 다음과 같이 소개한다.

---

5. 다양한 심리치료 이론들이 개발되면서, 다양한 수퍼비전 모델들도 고안되고 지지를 받았다. 다음 책을 보라. C. Edward Watkins Jr., ed., *Handbook of Psychotherapy Supervision* (New York: John Wiley & Sons, Inc., 1997). 이 책과 더불어 심리치료 수퍼비전을 다루는 여러 책들은 정신분석, 변증법적 행동 치료, 합리적인 감정 행동 치료, 인지 치료, 내담자 중심 치료, 게슈탈트 치료 등 수퍼비전에 관한 여러 장들을 포함하고 있다. 각각의 수퍼비전 모델은 치료사가 사용하는 특정한 치료 방법이 지닌 가정과 동력에 기반을 두고 있다.

강사, 교사, 사례 협의<sup>case conference</sup>, 동등한 동료<sup>Collegial-Peer</sup>, 모니터, 그리고 치료사. 그가 인용한 K. 왓슨<sup>K. Watson</sup>이 제시한 유형도 이와 비슷하다. 수퍼비전 그룹, 사례 협의, 개별지도, 동료 그룹, 2인 1조<sup>Tandem</sup>, 그리고 팀.[6] 수퍼비전 관계 자체의 특징에 초점을 맞춘 모델이나 단계를 제안한 실습 전문가나 이론가들도 있다. 시작, 기술 개발, 강화, 그리고 수퍼바이지<sup>supervisee</sup>를 위한 상호의존; 시작, 탐색, 그리고 수퍼바이저를 위한 수퍼바이저 정체성 확증.[7]

이런 모델들은 특정 이론에 따른 가정들을 보여준다. 우리가 가진 가정들은 종종 인간의 학습법에 대한 여러 믿음에 기반하고 있다. 때때로 우리의 근본적인 신념은 그저 우리 마음에 가깝거나 친근한 개념에 기반하기도 한다. 심리분석을 지향하는 영성지도 수퍼바이저

---

6. 이 글을 보라, Allen K. Hess, "Training Models and the Nature of Psychotherapy Supervision," in *Psychotherapy Supervision: Theory, Research, and Practice, Wiley Series on Personality Processes*, Allen K. Hess 편 (New York: John Wiley & Sons, 1980), 15-25. 또한 Elizabeth Liebert가 심리역동 모델을 목회 써클 수퍼비전 모델(a pastoral circle model of supervision)과 비교해서 그 가정, 차이점, 가능성에 대해 서술한 다음 글을 보라, "Accompaniment in Ministry: Supervision as Spiritual Formation," *Journal of Supervision and Training in Ministry* 18 (1997): 20-31.
7. 이 유형론은 Allen K. Hess가 다음의 글에서 제안했다. "Growth in Supervision: Stages of Supervisee and Supervisor Development" in *Supervision and Training: Models, Dilemmas, and Challenges*, Florence W. Kaslow 편 (New York/London: The Haworth Press, 1986), 51-68. 또한 Janet Ruffing이 수퍼비전 관계의 세 가지 단계에 대해 서술한 글을 보라, "Building the Alliance, The Working Alliance, and Concluding the Alliance," in "An Integrated Model of Supervision in Training Spiritual Directors," *Presence* 9, no. 1 (February 2003): 24-30.

는 피지도자에 대한 영성지도자의 지도 동기를 들여다보고 그 다음 영성지도에 대한 분석과 해석을 내놓을 것이다. "내담자 중심"의 접근법을 취하는 영성지도 수퍼바이저는 유익하다고 생각하는 특정한 경청 반응법을 권장하고 가르칠 것이다.[8] 현대 영성지도 수퍼비전에서 행하고 있는 많은 것들은 의식적이든 무의식적이든 정신치료 모델에 기반을 두고 있다. 영성지도 수퍼비전에서 각 모델들은 또한 인간이 하나님의 지도하심 안에서 어떻게 변화되는지에 대한 우리의 신념에 맞춰간다.

나는 앞서 영성지도자들을 위한 수퍼비전의 밑바탕에 있다고 생각하는 이론적 가정과 신념 몇 가지를 이야기했다. 차이에 따른 수퍼비전을 믿기 때문에, 나는 수퍼바이저들에게 제시할 특정 수퍼비전 모델을 갖고 있지 않다. 대신, 나는 그 자리에 없는 피지도자를 돕는 데 초점을 둔 세 가지 시나리오를 제시하고 싶다. 각각의 상황에서 나는 뭔가 다르게 행동하거나 또는 다른 방식으로 곁에 있었다. 각각의 만남 가운데 성령은 그 자리에 없는 피지도자, 그의 영성지도자, 그리고 그들과 하나님과의 관계를 위해 임재하시며 "동시에" 역사하고 계신 듯했다.

---

8. Hess가 심리치료와 상담 수퍼비전에서 이 현상에 대해 묘사한 것을 보라. "Growth in Supervision," 51-52.

## 놀이와 상상 안에서 이루어지는 하나님의 역사: 행함으로 배우기

나는 십여 년 정도 영성지도자들을 위한 수퍼바이저 역할을 감당해 왔다. 영성지도 기술 프로그램의 전임(前任) 관리자로서, 나는 지도자들과 피지도자들 사이에 이루어진 대화 기록들을 수없이 읽었다. 지도자들이 털어놓는 피지도자들의 인상 깊었던 점 등 여러 이야기들을 들어보았다. 지도자들이 영성지도 대화를 하며 느꼈던 내적, 외적 반응을 주의 깊게 듣기도 했다. 무엇보다 중요한 것은, 지도자들이 피지도자의 삶에서 그리고 영성지도 회기 동안 성령의 임재와 일하심을 분별하려 할 때 내가 그 지도자들과 함께 있었다는 점이다. 그 과정으로부터 내가 깨달은 사실은 자유, 통찰, 그리고 변형의 순간들은 종종 상상 속에서 놀이를 하는 방식을 통해 일어나며, 그 순간들을 통해 지도자와 수퍼바이저 모두가 무엇이 필요한지 알게 된다는 것이다.

한번은 동료 스태프가 찾아와 어느 학생 영성지도자에 대해 이야기한 적이 있었다.[9] 그는 나에게 제인은 강한 사람이며 다른 사람들이 그녀의 힘 때문에 위축된다고 말했다. 내가 아는 제인은 개방적이고 솔직하며 원만한 사고의 소유자이기도 하고 온화한 성격의 사람

---

9. 이 이야기는 당시 영성지도자 훈련생의 허락을 받고 실었다. 이름은 모두 가명이다.

이었다. 다음 날 나는 제인을 만나서 수퍼비전을 위한 영성지도 때 무슨 대화를 나눴는지 알아보았다. 제인이 기억해 낸 피지도자 클레어와 나눈 대화의 한 부분은 이랬다.

제인 : 나는 요즘 상상 속에서 하나님을 경험하는 것, 그리고 상상 속에서 예수님을 향해 나아가는 것에 대해 배우고 있어요. 나와 함께 해 볼래요?

클레어 : 예, 해보고 싶어요.

제인 : 눈을 감으세요. 긴장을 풀고 편안하게 앉으세요.…심호흡을 몇 번 합니다.…이제 당신이 산책길을 따라 아름다운 나무들 사이로 걸어가고 있다고 상상합시다.

클레어 : 좋아요.

제인 : 왼쪽으로는 강이 있어요. 당신의 발자국 소리와 함께 물소리가 들려오네요.

클레어 : 어… 어… 있잖아요, 이거 썩 내키지 않는 걸요?

제인 : 계속해 봅시다. 도움이 될 거라고 생각해요.

클레어 : 좋아요. 그렇지만 잘 모르겠어요.

제인 : 다시 산책길로 돌아가 봅시다. 아름다운 나무들, 그리고 정겨운 물소리…이제 위쪽에 동굴이 보여요. 그곳에 들어가서 주위를 둘러봅니다.…당신은 그 동굴 끝에 있는 불빛에 이끌려 갑니다. 거기에 예수님이 서서 당신을 기다리고 있어요.…예수님은 어떻게 생겼

고 무슨 말씀을 당신에게 하시나요?

클레어 : 예수님이 어떻게 생겼는지 잘 모르겠어요. 예수님은 보이지 않고, 나에게 아무 말씀도 하지 않으세요.…전혀 진짜처럼 느껴지지 않는데요.

제인 : 그러면 이런 식으로 해볼까요.…

클레어 : (말을 끊으면서) 나는 일에 대해 이야기하고 싶어요. 당신도 얼마 전 내 상사가 어떻게 했는지 알죠.

제인은 클레어가 대화의 주제를 직장생활 영역으로 바꾸었으며 계속해서 이 주제에 대해 말했다는 사실을 인지하고 있었다. 제인이 나에게 물었다. "클레어는 왜 계속해서 나에게 저항할까요? 피지도자가 이처럼 당신에게 저항하는 경우라면 당신은 어떻게 하나요?"

이 상황에서 가장 먼저 내 관심을 끈 것은 그 자리에 없는 피지도자의 자유와 피지도자에게 붙인 "저항"이라는 딱지였다. 두 번째로 내 관심을 끈 것은, 클레어가 그토록 불확실해 하는 길을 걷도록 제인이 고집한다는 점이었다. 후자에 대해서는 긴 시간 동안 인식하고 분석하며 탐색할 수도 있었을 것이다. 그러나 우리는 이 문제에 대해 토론하지 않았다.

우리는 영성지도 회기에서 상상을 적절히 사용하는 문제에 대해 대화를 시작했다. 우리는 피지도자의 경험을 이끌어내는 것과 피지도자 자신이 경험한 것의 의미를 탐색하는 것 사이에 존재하는 차이에 대해 이야기했다. 그 다음에 놀라운 일이 일어났고 그것은 전적인 선물이었다. 나는 나도 모르게 제인에게 이렇게 말했다. "여기서 다른 것을 시도해 봅시다." 제인은 동의했고, 그 다음 일어난 일은 다음과 같다.

메리 로즈 : 제인, 나에게 하이파이브를 하려는 것처럼 팔과 손을 들어 올린다고 생각해 보세요.
제인 : 좋아요.
메리 로즈 : (제인으로부터 팔 길이만큼 떨어져서 비슷한 동작으로 내 손을 들어 올리면서) 이제 손을 가져다가 할 수 있는 한 세게 내 손을 밀어 보세요.
제인 : (그녀의 손으로 내 손을 밀면서) 좋아요.
메리 로즈 : (되밀면서) 더 세게 밀 수 있는지 해보세요.
제인 : 좋아요.

제인은 더 세게 밀었고 나 또한 그렇게 했다. 이렇게 30초 정도 있은 후, 나는 손에 힘을 뺐다. 제인의 손에서도 즉시 힘이 빠졌다. 우리 두 사람의 손은 열린 상태로 그 안에 작은 공간을 품고서 곡선이 되었는데, 꽃의 바깥 꽃잎처럼, 무엇이든지 선물로 주어지는 것을 받을 준비를 한 모양이 되었다. 우리는 잠시 침묵했다. 그저 깨닫고 경험하고 있었다. 마지막으로 내가 말했다. "이제 알겠죠? 다음에 당신의 피지도자가 그렇게 당신에게 저항한다고 느끼면, 힘을 빼고 당신의 피지도자가 어디로 가고 싶어 하는지 보세요."

말없이 앉아 있는 제인의 얼굴에서 눈물이 흐르기 시작했다. 그녀는 그날 일찍이 피지도자로서 "저항감"을 경험했다고 말했다. 소그룹 모임에서 훈련 중인 지도자가 그녀에게 그녀 자신에 관한 어떤 것을 진실이 아닌데도 믿도록 강요했고, 그들 사이에 상당한 줄다리기도 있었다고 했다. 제인이 자신의 이야기를 마쳤을 때, 방은 침묵으로 가득 찼다. 제인은 자신의 피지도자인 클레어의 입장이 어떤 것인지 잘 알게 되었고 더 말할 필요가 없었다. 우리는 행함으로 배웠다. 우리는 상상과 놀이 안에 있는 강력한 성령의 임재를 통해 배웠다. 머지않아 제인은 피지도자인 클레어와 함께 있으면서 자기다움을 유지한 채 어떻게 행동해야 할지 알게 될 것이다.

**천천히 일하시는 하나님: 인내하며 기다리기 그리고 배움을 위한 준비**

수퍼비전을 진행하다 보면 기적으로 가득 찬 것 같은 순간들이 있다. 그러나 대부분은 그렇지 않다. 천천히, 꾸준히 일하시는 하나님을 신뢰하며 인내하고 기다리며 주의를 집중해야 한다.

존은 매우 유능한 영성지도자이다.[10] 그는 장로교회 목사이자 능력 있는 행정가이며 뛰어난 설교자이다. 존은 교회 공동체와 그 구성원들을 열심히 돌보면서 여러 해 동안 영성지도를 해왔다. 존을 만나는 일은 언제나 큰 기쁨이고 그는 누구라도 인정하는 좋은 영성지도자이다. 그가 영성지도 시간에 나눈 대화록을 보면 그에게 경청하는 능력과 성령의 임재를 인식하는 능력이 있음을 알 수 있다.

존은 여러 해 동안 영성지도자로 섬기다가 수퍼비전을 받으러 날 찾아왔다. 처음에 그는 다소 두려워했다. 그는 누군가 영성지도자로서 자신의 사역에 대해 말해 주는 것을 듣는다든가, 격려하고 지지해 주는 말을 받아들이기가 어렵다고 했다. 수퍼비전 시간에 존과 나는 그의 영성지도 대화록을 읽었다. 존은 지도자가 한 말을 읽었고 나는 피지도자가 한 말을 읽었다. 먼저 대화록을 한 번 읽고 존이 우리 사역을 통해 이루고 싶은 갈망에 대해 대화를 나눈 후, 대화록을 두 번째로 읽었다. 이 때에는 내가 피지도자 역할을 담당한다. 우리는 가상이지만 영성지도 대화 상황을 다시 재연해 보았다. 만약 존이 다른 방식으로 행동하거나 말했다면 좋았겠다 싶은 부분, 강조하고 싶은 부분, 놓쳤던 것인데 앞으로 다루고 싶은 부분, 또는 함께 축하하고 싶은 부분을 발견할 때면 나에게 말해 주었다. 나는 존을

---

10. 내가 영성지도 사역에 관해 대화를 나누었던 많은 영성지도자들의 이야기를 합성한 내용이다.

격려하고 지지해 주었으며, 그는 확신 가운데 성장했다.

함께 작업한 지 일 년쯤 되었을 때, 나는 존에게 그가 뛰어난 경청자이고, 요약을 잘하며, 피지도자의 삶에 드러나는 하나님의 임재를 발견하고 확인하는 은사가 있다고 말해 주었다. 그는 사랑, 진리, 정의, 그리고 말씀에 대한 신실함을 지키기 위해 분투하는 삶에 대해 사람들과 대화를 나누는 데 능숙했다. 내가 또 한 가지 알게 된 사실은 존이 피지도자에게 반응할 때 자기개방 self-disclosure 을 거의 하지 않는다는 점이었다. 이 때문에 존은 큰 고통이나 기쁨 가운데 있는 사람과 함께 있어주는 일에는 어려움을 겪었다. 우리는 영성지도 관계에서 자기개방의 중요성에 대해 대화를 나누었다. 그러나 다음 몇 달 동안에도 존의 수퍼비전 대화록에는 별 변화가 보이지 않았다.

2년 후 한 수퍼비전 만남 중에, 존은 적절한 자기개방이 거의 없는 대화에 대해 이야기하다가 겁에 질린 목소리로 이렇게 말했다. "나는 친밀감이 두렵습니다. 그리고 내가 이런 감정을 느낄 때 피지도자들에게 어떻게 해야 할지 잘 모르겠습니다." 나는 즉시 존에게 대답했다. "친밀함은 나에게도 한때 두려운 것이었어요. 그렇지만 피지도자들에게 그들과 그들의 이야기에 대해 내가 느낀 점을 말해 주기 시작하자 곧 편안해지더군요. 그 뒤로는 괜찮아졌습니다. 당신도 괜찮아질 거라고 생각해요." 존은 잠시 주저하더니, 의자에 기대어 앉으며 말했다. "당신이 이 말을 2년 전에 해주었더라면 좋았을 텐데요." (나는 "이럴수가!"라고 속으로 생각했다.)

우리 모두는 삶, 일, 관계, 그리고 하나님이 일하시는 방식들에 관해 분명히 배울 것들이 있다. 피지도자들과 마찬가지로, 지도자들과 수퍼바이저들 역시 적절한 때가 되면 이런 것들을 배우게 된다. 수퍼비전 상황에서 우리는 종종 천천히 일하시는 하나님을 인내하며 기다리고 신뢰하는 것이 필요하다.

**협력관계와 정중한 무지: 하나님의 감추어진 신비 안에 함께 머물기**

수퍼비전은 협력 작업 collegial affair 이다. 사실 수퍼바이저와 수퍼바이지라는 단어들로 인해 이런 현실을 제대로 보지 못하기가 쉽다. 수퍼비전 관계에는 의미 있고도 정중하며 상호적인 스토리텔링과 개방이, 즉 자리에 없는 피지도자에게 유익한 스토리텔링과 개방이 포함된다.

얼마 전, 짐이라는 영성지도자가 수퍼비전 대화를 나누기 위해 나에게 온 적이 있다. 짐은 여러 해 동안 영성지도를 위해 만나온 여성, 수잔에 대해 고민하고 있었다. 수잔은 로마가톨릭 평신도였다. 성령 충만한 분별 상황에서 수잔은 로마가톨릭 전통 안에서 안수 받은 사역자가 되라는 부르심을 확인받았다. 수잔은 훌륭한 로마가톨릭 신학교에서 목회학 석사 학위를 받았지만, 안수를 받을 수 없었다. 짐은 가톨릭 교회에서 일어나고 있는 일에 마음 아파했다. 그는 수잔의 부르심이 진정성 있는 것이라고 느꼈지만 더 이상 할 수 있는 것이 없다는 사실도 확신했다. 그는 그와 수잔이 동일한 침체와 어려움에 고착되어 있다고 느꼈다.

수퍼바이저로서 나는 짐의 문제에 대한 답을 몰랐지만, 그와 비슷한 이야기를 정중하게 들려주었다. 짐에게 나는 진 마리라는 한 수녀에 대해 말해 주기 시작했다. 진 마리는 성직에 대한 진정한 부르심을 받았다. 그녀 역시 우수한 가톨릭 신학교에서 목회학 석사 학위를 받았다. 나는 짐에게 나 또한 교회 구조와 정치에 실망스럽다고 말했다. 그런 후에 나는 진 마리가 어떻게 분별 과정을 계속 이어갔는지 이야기해 주었다. 졸업 후, 진 마리는 그녀를 부제(로마 가톨릭 교회에서 사제로 안수 받기 직전 단계)로 받아주는 교회를 찾았다. 그녀는 신학교 교수들과 신자들 그리고 친구들로부터 추천서를 모았다. 그녀는 교구의 주교에게 편지를 쓰고, 추천서를 보내고, 안수를 받게 해 달라고 요청했다. 주교는 결국 그녀의 요청을 거절했다. 그러나 그녀가 교회의 수많은 사람들에게 보여준 공적이고 예언적인 증언은 대단한 것이었다.

이 사건에 대해 이야기를 나눈 후, 톰과 나는 잠시 아무 말 없이 앉아 있었다. 얼마 후 톰이 말했다. "당신 역시 교회에 실망했다는 말을 들으니 다행스럽네요.… 수잔과 나는 졸업 후 목회학 석사 학위를 어떻게 사용할지 여러 번 대화를 나누었습니다. 그러나 우리는 안수를 받기 위해 취해야 할 다음 단계가 있을지에 대해서는 질문해 본 적이 없습니다. 수잔이 어떻게 반응할지, 하나님께서 어디로 인도하실지 잘 모르겠지만, 그녀가 믿음, 소망, 사랑 안에서 여정을 계속해 나갈 때 어떻게 그녀를 도와주어야 할지 조금 알게 된 것 같아요."

수퍼비전은 협력적인 과정이다. 수퍼바이저 입장에서 스토리텔링과 적절한 자기개방은 지도자들과 그 자리에 없는 피지도자들에게 도움이 된다. 수퍼바이저들은 다른 사람들, 즉 지도자들과 그 자리에 없는 피지도자들의 영적 삶에 관한 전문가가 아니다. 그들은 지도자와 피지도자의 관계를 충분히 알지 못한다. 또 영성지도자들이 피지도자들에게 어떻게 행동하고 말해야 하는지 알 수 없다. 그러나 수퍼바이저들은 "어떻게 알아야 하는지"는 알고 있다. 수퍼바이저들은 다양한 분별 과정을 동원해 지도자들을 도울 수 있다. 그들은 지도자들과 그들의 피지도자들이 자신의 영적 경험들을 말하도록 도울 수 있다. 그들은 지도자들과 피지도자들의 고유하고 신비스러운 인간성과 하나님께 인도 받는 삶을 지지해 줄 수 있다.

궁극적으로 수퍼비전은 우리에게 정중한 무지, 즉 하나님의 감추어진 신비 안에 기꺼이 머무르려고 하는 의지를 요구한다. 그것은 쉬운 자리가 아니다. 그것은 수퍼비전을 해주는 사람들을 향한 기도와 상당한 분별력과 하나님의 생명에 대한 끊임없는 신뢰를 요구한다. 성령의 인도를 따라가다 보면, 수퍼바이지에게 방법을 가르쳐줄 때인지, 인내심을 갖고 기다려야 할 때인지, 지지해 주어야 할 때인지, 다른 방향으로 밀고 가야 할 때인지, 이야기를 해줘야 할 때인지, 나를 개방해야 할 때인지 분별하게 될 것이다. 마지막으로 우리가 수퍼비전에 들어가는 것은 다른 사람들, 즉 하나님의 인도하심을 따라 나아가고 있는 (그 자리에 없는) 사람들을 돕기 위해서이다.

## 2장

# 너머를 보기: 수퍼비전 관계에 대한 관상적 접근

제임스 니프시

수퍼바이저와 영성지도자 관계에서 핵심은 무엇일까? 성공적인 수퍼비전이란 어떤 것일까? 이런 질문을 던질 때면 여러 아이디어와 이미지들이 떠오르는데, 그 중에서도 폴 스코트 Paul Scott 의 소설, 『침묵의 탑』 The Towers of Silence 에 나오는 한 문장이 반복해서 마음에 떠오른다. 그 소설의 등장인물로 바바라라고 하는 은퇴한 선교사가 나오는데, 그녀는 친구 사라에게 감사하는 마음을 다음과 같이 표현하고 있다.

그녀는 내 늙고 바보 같은 얼굴을 바라보았다. 그것은 마치 나를 꿰뚫어 보는 것 같았다. 그녀는 내 안에 있던 황폐함 그 아래를 들여다보고, 무의미하고 끝없는 수다의 뒤편에 귀 기울이며, 절망의 밑바닥까지 볼 뿐만 아니라 그 끔찍한 것 너머 내 안에 실제로 존재하는 어떤 것을 보았다. 그것은 하나님 안에서 내가 발견한 기쁨이었다. 그녀 또한 살아오면서 발견했을 그 기쁨과 사실상 같은 것이었다.¹

이 구절을 읽자 결혼과 우정 관계에서, 그리고 영성지도와 수퍼비전 관계에서 관상적 방식으로 다른 이들을 보고 나를 보여주었던 소중한 기억들이 떠올랐다. 이 기억들은 변형의 순간, 즉 표면적인 외양 아래 있던 신비가 그 모습을 드러내는 거룩한 순간들을 의미한다. 사라가 바바라를 관상적인 시각으로 응시했던 날에 대한 그녀의 묘사는 또한 나의 갈망을 일깨웠다. 나의 수퍼바이저가 나를 이런 시각vision으로 바라봐주길 기대하는 마음, 그리고 이런 깊고도 긍정적인 시각을 나의 수퍼비전 실습에 가져가고 싶은 마음이 내 안에도 있음을 분명히 깨달았다. 스코트의 소설에 묘사된 공감적이고 관상적인 시각은 성공적인 수퍼비전의 핵심이다. 그런 시각은 단순히 의지나 기술 습득만으로 얻을 수 없다. 바바라가 묘사한 종류의 시각은 하나의 선물이자 순전한 은혜로 주어진다. 비록 이런 시각을 의지를 통해 불러일으킬 수 없을지라도, 나는 이 선물을 갈망하고 추구할 수 있으며 내게도 주어질 때 기쁘게 맞이할 수 있다.

---

1. Paul Scott, *The Towers of Silence* (New York: Avon Books, 1979), 175; 다음 책에 인용됨, Alan Jones, *Exploring Spiritual Direction: An Essay on Christian Friendship* (New York: Seabury Press, 1982), 26.

### 위에서 바라보기 그리고 너머를 보기

수퍼비전 관계에서 시각의 중요성은 수퍼비전이라는 단어 자체에 담겨 있다. 이 합성어는 어근인 'vision'과 접두사 'super'로 이루어져 있는데, 'vision'은 "시각"sight이란 뜻이고, 'super'는 "~이상, ~위에, ~너머로, 특히 높은 수준까지"라는 뜻이다. 따라서 '수퍼비전'super-vision은 문자적으로 'over-sight'를 뜻하는데, '수퍼바이즈'supervise의 사전적 정의는 다음과 같다. "어떤 일을 실행 또는 수행하는 동안 (그 과정, 일, 일하는 사람 등을) 위에서 바라보는 것."

이 정의는 수퍼비전의 한 모델을 제시해 주는데, 이 모델에서 수퍼바이저는 위에서, 즉 더 많은 지식, 경험 또는 기술을 가진 사람의 관점에서 다른 사람이 하는 일을 바라본다. 영성지도 상황에서 수퍼바이저의 업무는 영성지도자가 한 일을 바라보고 영성지도자가 영성지도 관계 안에서 보다 현명하고 보다 기술적으로 실행하도록 돕는 것이다. 이런 모델에서 영성지도자가 수퍼바이저에게 기대하는 것은 수퍼바이저가 더 높은 관점으로 문제 해결에 도움을 주고, 실수를 짚어주며, 좋은 실행을 긍정해 주고, 정보와 충고를 제공해 주며, 영성지도의 질을 향상시킬 수 있도록 도움이 되는 비결과 기술을 제안해 주는 것이다.

수퍼비전에 대한 이런 이해는 사업과 전문직 환경에서는 보편적이다. 그리고 많은 영성지도자들은 이런 관점을 명시적으로나 암시적으로 수퍼비전 과정에 가져온다. 하지만 비록 영성지도 수퍼비전이 실행 감독, 정보 공유, 특정 문제에 대한 충고, 그리고 문제 해결 방식 제공 등을 포함할 수 있으며 실제로 그렇다 하더라도, 나는 이 모델이 수퍼비전 관계의 핵심을 다룬다고 믿지 않는다.

접두사 'super'는 "~이상, ~위에"를 의미할 뿐만 아니라 "~너머로, 특히 높은 수준까지"를 의미한다. 이 대안적 의미는 수퍼비전의 또 다른 모델을 제시해 주는데, 이는 일상적 외양 너머를 보는 것 또는 높은 수준의 시각으로 바라보는 것을 포함한다. 예를 들어 사라의 시각에 대한 바바라의 묘사는 외양을 통해 그리고 그 너머를 바라보는, 특히 높고 깊은 방식으로 바라보는 사라의 역량에 초점을 맞추고 있다. "그녀는 내 늙고 바보 같은 얼굴을 바라보았다. 그것은 마치 나를 '꿰뚫어보는 것' 같았다. 그녀는 내 안에 있던 황폐함 '그 아래를 들여다보고', 무의미하고 끝없는 수다의 '뒤편에 귀 기울이며', 절망의 '밑바닥까지 볼 뿐만' 아니라 그 끔찍한 것 '너머' 내 안에 실제로 존재하는 어떤 것을 보았다.…"

여기에는 실행 과정을 위에서 바라본다는 의미보다 더 깊은 뜻이 포함되어 있다. 사라의 시각은 신체적 외양, 외적 행위, 그리고 심지어는 절망의 밑바닥까지도 꿰뚫어본다. 궁극적으로, 사라는 바바라의 영적 중심부, 즉 그녀가 하나님 안에서 기쁨을 경험하는 자리를 본다. 사라의 영적인 시각은 바바라에게 있는 여러 수준의 경험들을 배제하거나 무시하지 않는다. 그녀는 바바라의 얼굴에서 세월의 흔적을 보고, 그녀의 고유한 인격을 그 모든 은사, 약점, 그리고 근본적인 공허감과 함께 인식한다. 바바라에게 있는 모든 차원의 경험들이 관상적 시각으로 받아들여짐으로써, 그녀의 특별한 자질들 역시 하나님 눈에 비치는 그녀의 정체성이라는 영적 지평 안에서 이해된다.

"너머를 보는" Seeing beyond 역량이 수퍼비전의 핵심 사안이라면, 수퍼비전의 우선적인 초점은 행동 수준에서 작업이 옳았는지 아니었는지가 아니라, 영성지도자의 영적 정체성, 즉 하나님 안에서 그가 어떤 사람인가에 있게 될 것이다. 수퍼바이저의 역할은 옳고 그름이라는 명시적 표준대로 영성지도자의 행위를 판단하는 것이라기보다는, 영성지도자의 핵심에 있는 고유한 하나님 이미지를 바라보는 것이다. 이렇듯 개방적이며 광범위한 영적 지평 안에 있을 때, 수퍼바이저는 주어진 순간, 실행과 기술 같은 이슈들을 포함해 주의를 요하는 지도자의 경험 수준에 집중할 수 있다.

심층 심리학자에게 필수적인 시각에 관해 이라 프로고프 Ira Progoff 가 묘사한 내용은 수퍼비전에서 "너머를 보는 것"이 의미하는 바가 무엇인지 더 잘 설명해 준다.

인격의 표면에서 우리가 발견하는 혼란과 갈등들은 자칫 병리학 증상으로 잘못 해석되기 쉽다. 이것들을 넘어, 현존하지만 인간의 심층에 잠재되어 있는 것을 느껴야 한다. 이것들을 꿰뚫어, 거기 있으나 아직 자신을 드러내지 않은 곳에 도달해야 한다.…아직 보이지 않을

지라도 다른 사람 안에 있는 의미 있는 삶의 씨앗에 도달해 그것을 긍정할 필요가 있다. 이는 그것이 근본적으로 사랑의 태도인 까닭이다.…아직 눈에 덮인 구근에서도 튤립의 아름다움을 느끼는 사람은 튤립을 진정 사랑하는 사람이다.[2]

사라가 바바라의 신경증적 수다를 인식하고 그 아래 깔려 있는 절망을 본 것처럼, 프로고프는 인격의 표면적 수준에 나타나는 혼란과 갈등을 인정한다. 그러나 이 혼란을 임상적인 눈으로 보고 분석하는 것에 대해 경고한다. 대신에 그는 심층 심리학자에게 관상적 눈으로 보기를, 사라가 바바라 안에 실제로 있는 "대단한 것"을 볼 때 했던 것처럼 그 사람의 내적 아름다움을 느끼기를 독려한다. 프로고프는 너머를 보는 것이 근본적으로 사랑의 태도이며, 이를 통해 한 인격의 깊은 자아가 지닌 선과 아름다움을 직관할 수 있다고 강조한다. 너머를 보고 느끼는 것은 자아를 불러내 실현되도록 돕는다.

**너머를 보는 시각을 설명해 주는 복음서 이야기**

마가복음 10장 17-22절에서 예수가 부자 청년을 만난 이야기는

---

2. Ira Progoff, *The Symbolic and the Real* (New York: McGraw-Hill Book Company, 1963), 62.

한 인간의 깊은 내면을 향해 너머를 보는 것의 성경적인 예를 제공해 준다. 한 부자 청년이 영생을 얻으려면 무엇을 해야 하는지 알고 싶어 예수에게 접근한다. 그 남자는 예수를 "선한 선생님"이라고 부르는데, 그 말은 더 높은 관점, 더 많은 경험과 지혜를 지닌 전문가, 즉 그가 목표에 도달하기 위해 무엇을 해야 하는지 말해 줄 수 있는 사람을 의미한다. 예수는 이 역할과 요청 자체를 불편해 하는 것처럼 보인다. 예수는 개인적 자산으로서의 선으로부터, 선의 궁극적 원천인 하나님께로 청년의 관심을 돌린다. 그런 후 예수는 그 청년에게 계명을 준수하도록 권면한다.

지금까지 대화는 올바른 행위라는 표면적 수준 그리고 스승과 제자라는 통속적인 사회 역할에 머물러 있었다. 그러나 그 청년이 어릴 때부터 계명을 지켜왔다고 주장하자, 예수는 더 깊은 수준의 관계를 위한 기회를 감지한 것 같다. 마가는 이렇게 기록한다, "예수께서 그를 보시고 사랑하사 이르시되…"(10:21).[3] 그런 다음 예수는 그 청년에게 이전의 삶을 버리고, 재산을 모두 팔아 가난한 사람에게 나눠준 후 자신의 제자들 무리에 들어오라고 초청한다. 그 청년은 적어도 그 순간에는 그 초청을 받아들일 수 없거나 그럴 의지가 없었다. 대가가 너무 비쌌다. 그는 슬픈 기색을 띠고 떠나갔다.

---

3. 개역개정판에서 인용.

이 이야기는 수퍼비전 과정의 관상적 성격에 대한 실마리를 제공한다. 그 부자 청년처럼 영성지도자들은 종종 "선한 선생님"으로부터 "무엇을 해야 하는지" 답이나 충고를 듣기 위해 수퍼비전에 참여한다. 아마도 그들은 훌륭한 영성지도 계명을 실천하려 노력했지만 영성지도에는 단순히 올바른 것을 행하고 말하는 것 이상의 것이 있음을 감지했을 것이다. 영성지도자들이 수퍼비전을 받으러 올 때, 수퍼바이저들은 선택에 직면한다. 수퍼바이저들은 선한 선생이 되어, 실행 과정을 감독하고 올바르거나 올바르지 않은 실행에 대해 조언해 줄 수도 있다. 아니면 영성지도자들의 온전함과 영적 자유까지 꿰뚫어보고 그 수준에서 그들과 대면하는 위험을 감수할 수도 있다.

관계의 수준에서 변화를 주도하는 사람이 항상 수퍼바이저인 것은 아니다. 종종 영성지도자 쪽에서 먼저 순간적으로 깊이 있게 들어갈 때가 있다. 그럴 때 수퍼바이저는 좀 더 진실하고 창의적인 만남을 위해 통속적인 지혜와 잘 정의된 역할의 안전함을 내버려야 한다. 만약 영성지도자와 수퍼바이저 둘 다 위험을 감수한다면 어떤 일이 일어날까? 누구도 알 수 없지만, 성경의 이 이야기에서는 대가와 잠재적 보상, 둘 다 높을 것이라고 제시한다. 너머를 보는 시각에 기초한 수퍼비전은 훌륭한 영성지도 계명들과 전문적인 윤리에 의해 모양과 형식을 갖추겠지만, 또한 부르심이 있을 때에는 독특하고도 예측불가능한 길을 따르는 데 열려 있기도 하다.

이 모델에서 수퍼비전의 과제는 실행의 명시적 규범에 의해서가 아니라 영성지도자 내면의 영적 자기성 selfhood 에서 발생하는 씨앗의 요구에 의해 설정된다. 수퍼비전 관계에서는 여전히 실행과 사람, 율법과 은혜, 형성과 변형 사이의 창조적 긴장을 유지할 필요가 있다. 수퍼비전 관계에서는 물론 객관적으로 해야 할 일과 해서는 안 될 일을 배우기도 한다. 하지만 수퍼비전 관계에 최선의 상태일 때 수퍼바이저와 영성지도자는 모두 깊은 직관적 깨달음에 이르고 은혜의 놀라운 초대에 굴복하게 된다. 나의 경험으로는, 수퍼비전에서 가장 강력한 변형의 순간은 영성지도자와 수퍼바이저 둘 다 사회적 역할과 명시적 규범을 넘어선 깊이에서 만났을 때 일어났다.

## 수퍼비전과 기본적 정체성의 분별

표면적 외양을 넘어 자신이나 상대방의 깊은 곳에 있는, 파악하기 어려운 영적 정체성을 보는 것은 영적분별의 가장 기본적인 작업이다. 분별은 대체로 내적 움직임의 기원이 하나님인지 아니면 자기 자아, 문화적 조건, 또는 악한 영과 같은 다른 요소인지 알기 위해 구별하거나 가려내는 과정으로 정의된다. 분별은 또한 하나님의 뜻과 가장 일치해 보이는 쪽을 선택하기 위해 선택 가능한 행동들을 헤아려 보는 과정을 일컫기도 한다.

그러나 내적 움직임이나 외적 선택을 분별하기 전에, 사람은 신뢰할 만한 시금석, 즉 분별의 근본적인 기준으로 사용할 수 있는, 하나님 안에서의 진정한 정체성에 대한 감각을 지니고 있어야 한다. 웬디 라이트_Wendy Wright_는 이렇게 말한다. "[분별은] 단순히 악하거나, 자기에게 몰입되어 있거나, 파괴적인 것을 거부하는 것이 아니다. 그것은 기본 정체성에 대한 것이다. 그것은 우리 자신이 궁극적으로 어떤 존재가 되어야 하는지 아는 것과 관련이 있다."[4] 이 핵심 정체성은 정적이지 않다. 그것은 세상 속에서 역동적인 표현을 추구하며, 암묵적으로 부르심과 선교에 대한 감각을 담고 있다. 예를 들어 예수가 부자 청년의 영적 핵심을 꿰뚫어보고 그를 사랑했을 때, 그 청년은 예수가 명시적으로 부르심을 표현하기도 전에, 예수의 눈빛 속에서 발견한 새로운 자기가 되도록 이미 도전받았다. 그 청년의 슬픔은 자신의 기본적인 영적 정체성을 실현하라는 부르심을 따르기를 거절한 데서 올라왔다.

기본 정체성 분별과 내적 움직임 및 외적 행동 방침의 분별 사이에는 유기적인 관계가 있다. 정체성과 행위의 관계는 예수의 세례 및 시험 이야기에서 확인할 수 있다. 세례를 받을 때, 예수는 요단강 계시의 순간에 자신이 하나님의 아들이라는 기본 정체성을 분별한다. 그는 자기의 핵심 정체성에 대한 하나님의 깊은 사랑과 기쁨을 경험한다. 세례 후에 이어지는 광야 시험에서, 예수는 세상에서 담당할

---

4. Wendy Wright, "Passing Angels: The Art of Spiritual Discernment," *Weavings*, Vol. 10, no. 6(1995): 10.

행위와 역할을 향한 내적 움직임이라는 관점에서 자신의 정체성이 내포하고 있는 것들을 드러내기 시작한다. 사탄은 예수가 세례 때 경험한 하나님 중심적인 자기 인식의 관점에서 시험의 틀을 짠다. "네가 만일 하나님의 아들이어든, 이 돌들에게 명하여 떡이 되게 하라…내게 [엎드려] 절하면…여기서 뛰어내리라"(눅 4:1-13).[5] 예수는 이런 행동 방침들이 그가 세례 때 경험한 하나님의 아들이라는 기본 정체성과 일치하지 않는다고 여겨 거절한다.

예수가 세례 받고 시험 받은 이야기는 영성지도자들을 위한 수퍼비전에서 두 가지 중요한 과업을 제시해 준다. 먼저 수퍼바이저들은 영성지도자들이 하나님 안에서 자신의 기본 정체성을 보고 경험할 수 있도록 돕는다. 둘째, 수퍼바이저들은 영성지도자들이 영성지도 실습 상황에서 정체성의 진정한 표현과 진정하지 않은 표현을 구별하도록 돕는다.

### 은사: 영성지도자가 지닌 기본 정체성의 표현

누군가가 지닌 고유한 영적 정체성을 다른 사람과의 관계에서 역동적으로 표현하는 것을 은사 charism 라고 하는데, 이 단어는 그리스어

---

5. 저자의 의역.

'charis'에서 왔으며 "호의"favor 또는 "선물"을 의미한다. 존 호기John Haughey에 따르면, 은사란 "한 사람이 다른 사람 또는 공동체에 대해 관심을 갖는 특정한 방식이다. 그것은 한 사람이 다른 사람들을 사랑하는 특정한 방식이다."[6] 그러므로 은사는 그것을 받은 사람들이 공동체 안에서 하나님의 사랑과 은혜를 독특하고도 독창적으로 드러내게 해주는 영적 선물이다. 이는 은사가 단순히 특별한 형태의 행위라는 의미가 아니다. "은사를 받은 사람은 은혜로 버무려진 덕, 성격적 특징, 유전형질, 재주 등과 함께 재능들이 어우러진 망과 같다. 이 모든 것은 성령에 의해 고양되는데, 성령이 이 모든 것들을 묶어 독특한sui generis 재능이 되게 한다."[7]

여기에서 '고양되다'sublated라는 단어는 재능, 재주, 그리고 특성들이 새로운 수준으로 높아지는 것을 의미한다. 즉 타고난 모든 속성을 잃지 않으면서도 보다 폭넓은 영적 상황에서 더욱 충만히 실현되는 것이다. 예를 들어, 활발한 기질을 타고난 사람은 그 기질이 성령으로 고양되면 영적 기쁨의 은사로 이어질 수 있다. 예리한 지성과 훌륭한 판단력을 선물로 받은 사람은 그 타고난 재능이 영적 분별력이라는 은사로 고양될 수 있다. 누군가 하나님을 경험할 때 타고난

---

6. John Haughey, *Revisiting the Idea of Vocation* (Washington D.C.: The Catholic University of American Press, 2004), 14.
7. 같은 책, 12.

기질, 즉 재능이나 재주는 보다 특별한 영적 효력을 발휘하게 된다. 그럴 때 하나님께서는 독특하고도 독창적인 방식으로 그 사람 안에 현존하시게 된다.

영성지도는 그 자체가 은사이지만, 이 넓은 범주 안에는 그 재능을 표현하는 많은 개별적인 방식들이 있다. 내가 아는 숙련된 영성지도자들의 은사들을 고찰해 볼 때, 각자가 영성지도라는 보편적 부르심에 응답했지만, 그 부르심을 제각기 독특하고도 개인적인 방식으로 표현한다는 점을 발견하게 된다. 어떤 사람은 통찰력, 분별력, 그리고 명료한 언어표현력을 보여준다. 또 어떤 사람은 동정심과 돌봄에 대한 감각을 드러낸다. 또 진실을 직설적으로 그리고 사랑으로 말하는 도발적인 스타일의 사람도 있다. 이런 은사들은 의심할 바 없이 어린 시절부터 이 영성지도자들 안에 있던 독특한 성격적 특징과 긴밀히 연결되어 있다. 그러나 그들이 지닌 타고난 자질은 어른이 되어 하나님과의 관계 안으로 통합된다. 그들은 하나님이 그들의 특별한 성격적 자질 안에서 또는 그것을 통하여 현존한다고 느낀다. 진정한 자기가 됨으로써, 그들은 하나님의 현존을 중재하며, 피지도자들이 하나님 안에서 독특한 자기를 발견하고 추구하도록 격려한다.

### 수퍼비전: 영성지도자의 은사 이끌어내기

수퍼비전의 근본 과업들 중 하나는 지도자의 특별한 은사를 인식하고, 긍정해 주며, 이끌어내는 것이다. 예를 들어 수퍼바이저는 영성지도자가 자신의 개인적인 강점, 특별한 재능, 그리고 인격적 자질들을 알아차리고 깊이 생각해 보도록 격려할 수 있다. 또한 수퍼바이저는 영성지도자가 영성지도 관계에서 가장 큰 기쁨, 열정, 자유, 또는 편안함을 느끼는 곳이 어디인지 탐색하도록 초청할 수 있다. 내가 앞서 했던 것처럼 수퍼바이저나 영성지도자가 간결한 언어로 은사들을 명명하는 것은 필수적이지도, 어쩌면 가능하지도 않다. 더 중요한 것은, 영성지도자들이 비록 명쾌하고 독특한 방식으로 그 의미를 밝힐 수 없을지라도, 진정한 자기로부터 흘러나오는 삶을 살고 말하는 때가 언제인지에 대한 느낌을 갖는 것이다.

얼마 전 한 수퍼비전 회기에서 어떤 영성지도자가 영성지도가 무엇인지 마침내 이해하게 되었다면서 설명한 적이 있다. 그는 자신의 새로운 통찰을 아이가 자전거 타는 법을 배우는 것과 비교했다. 자전거 위에서 균형 잡는 법을 경험을 통해 터득하는 것과 같이, 그는 특정한 영성지도 회기에서 개인적 경험을 통해 하나님께 기대는 법과 성령의 자발적 인도를 신뢰하는 법을 배웠다. 그 순간까지 그의 영성지도 방식을 특징짓던 미묘한 자의식과 실습에 대한 불안감은 완전히 사라진 것 같았다. 그는 이제 자기 자신에게 더 편안해졌다. 동정심을 품은 경청 compassionate listening 과 직관적 인식이라는 타고난 재능은 이제 더 자유롭고 자발적인 방식으로 성령에 순종했다.

이 영성지도자가 깨달은 것이 무엇인지 정확히 말할 수는 없지만,

그가 자신의 은사를, 영성지도 상황에서 자기답게 있으면서 다른 사람을 사랑하는 자신만의 방법을 경험했음이 분명하다. 그는 눈에 띄게 더 편안해지고, 겸손해지고, 감사가 넘치고, 확신이 생겼다. 이 경험은 하나의 시금석이 되어 그가 자신의 진정한 은사로부터 살고 행동했는지 아니면 불안과 자의식에 미묘한 방식으로 지배당했는지 분별하도록 도와주었다.

## 은사 계발

한 사람의 은사는 한 개인의 기본적인 영적 정체성뿐만 아니라, 깊은 심리적, 유전적 뿌리와도 얽혀 있다. 그러므로 은사 자체는 본질적으로 거듭해서 변하는 것은 아니다. 그럼에도 불구하고, 은사는 변화하는 외적 상황에 의해 주어진 요구와 기회와 상호작용하면서 그 자체의 내적 역동에 따라 자라고 발전한다. 『고해신부』The Father Confessor에서 헤르만 헤세 Hermann Hesse는 두 사막 교부들의 은사가 어떻게 평생에 걸쳐 계발되었는지 이야기한다.[8]

두 교부 중 하나인 요셉 파물루스 Joseph Famulus, 'Famulus'는 라틴어로 "하인"이라는

---

8. Hermann Hesse, Magister Ludi(The Glass Bead Game)(New York: Bantam, 1982), 454-483. "The Father Confessor"는 Magister Ludi의 끝에 나오는 세 개의 짧은 이야기들 중 하나이다.

뜻는 삼십 세 때 사막으로 갔다. 여러 해에 걸친 기도와 금식의 여정에서, 요셉은 경청이라는 독특한 은사를 발견하고 계발시켰다.

요셉 안에…잠자던 은사는 해가 지나고 그의 머리칼이 회색으로 바뀌면서 천천히 꽃을 피우기 시작했다. 그것은 경청이라는 선물이었다. 한 은둔처에서 온 형제나, 영혼의 괴로움을 안고 세상에서 온 사람이 요셉에게 와서 자신의 행위와 고통, 유혹과 실수에 대해 말하거나, 자기 삶의 이야기, 선한 삶을 위한 몸부림, 그리고 잇따른 실패를 털어놓거나, 상실, 고통, 슬픔에 대해 말할 때마다 요셉은 어떻게 경청해야 하는지, 어떻게 자신의 귀와 마음을 열어 상대방의 고통과 불안을 자기 안으로 모아들여 간직해야 할지 알았다. 그렇게 해서 그 참회자는 비워지고 고요해진 마음으로 돌아갔다. 여러 해에 걸쳐 서서히 이 기능이 그를 사로잡았고 그를 도구 즉 사람들이 신뢰하는 귀로 삼았다.[9]

요셉의 명성은 널리 퍼졌고, 점점 더 많은 순례자와 참회자들이 그가 지닌 동정심을 품은 경청 은사에 이끌려 찾아왔다.

헤세는 요셉이 디온 푸길 Dion Pugil, 라틴어로 "권투선수"라는 뜻이라는 이름을 가

---

9. 같은 책, 455-456.

진, 전혀 다른 은사를 받은 위대한 은수자와 때때로 함께 언급된다고 기록한다.

> 디온은 그를 찾아온 사람들의 말에 의존하지 않고 그들의 영혼을 읽을 수 있는 축복을 받았다. 그는 종종 참회자가 아직 고백하지 않은 죄를 퉁명스럽게 책망하여, 머뭇거리던 그를 흠칫 놀라게 만들곤 했다.…디온 교부는 또한 죄를 범한 영혼들의 상담자이자 위대한 판사, 책벌하는 사람이자 교정하는 사람이었다. 그는 고해성사와 견책을 주고 순례를 하게 했으며, 결혼을 집례하고, 원수들이 화해하게 하고, 주교의 권위를 즐겁게 수행했다.[10]

이 두 사람의 은사는 스펙트럼의 정반대에 있었다. 종 요셉은 온유하며 지시하지 않는 영성지도 모델을 수행하면서, 참회자에 반응할 때 침묵, 경청, 인내, 동정심 등을 강조했다. 다른 한편, 권투선수 디온은 지시적, 대결적인 모델을 수행했다. 그는 예리한 분별감각을 선물로 받았으며 그에게 고백하는 사람들에게 정직과 책임을 요구했다. 그들의 스타일이 근본적으로 달랐음에도 불구하고, 두 수도승은 거룩함으로 인해 존경 받았고 참회자들은 열심히 그들을 찾았다.

---

10. 같은 책, 457.

여러 해 목회를 한 후에, 디온과 요셉은 동시에 영적 위기의 순간을 맞았다. 그들의 특별한 은사가 지닌 한계와 그림자가 점점 더 분명히 드러날 때, 둘 다 부르심을 의심하기 시작했다. 의심이 깊어져 절망이 되자, 각각 조언을 듣기 위해 집을 떠나 다른 사람을 찾아갔다. 그들의 은둔처 중간에 있는 오아시스에서 요셉은 연로한 수도승을 만나 자기 여행의 목적을 설명하는데 자기가 말하고 있는 상대가 디온임은 알아채지 못한다. 디온은 자신 역시 절망의 지점에 이르렀다고 요셉에게 말한다면, 그 젊은 수도승은 분명 길을 잃게 되리라고 깨닫는다.

디온은 자신의 정체를 요셉에게 드러내고 그의 고백을 듣지만, 정작 자신의 절망적인 몸부림은 감추기로 결심한다. 그런 후에 그는 요셉을 자신의 은둔처로 초대해 일상적인 업무와 참회자를 환대하는 일을 돕도록 한다. 디온은 차차 요셉이 거룩한 경청 사역을 다시 하도록 이끈다. 여러 해가 지난 후, 자기가 죽기 직전에 디온은 자신의 비밀을 요셉에게 고백한다. 이 즈음에, 두 사람은 내면의 어두움과 씨름하면서 서로의 관계를 통해 변화되었다. 디온은 참회자들의 죄를 퉁명스럽게 책벌하기보다는 눈에 띌 정도로 온유하게 때로는 인내하면서 경청한다. 요셉은 이제 자신이 어떤 참회자들을 가혹하게 판단하는 것을 은밀하게 즐겼음을 고통스럽게 인식한다. 이 괴로운 생각과 느낌에 대해 디온과 대화를 나누며 요셉은 점점 더 큰 자기 지식과 자유에 다다른다. 각각의 수도승은 자신의 천부적인 강점을 보완할 자질을 계발하는 방법뿐만 아니라, 특별한 은사의 한계와 그 림자를 직면하는 방법을 천천히 서로에게 배운다.

헤세의 이야기는 영성지도자의 은사가 거듭해서 자라고 성숙해 가는, 살아있는 것임을 분명히 보여준다. 자신의 은사를 발견하고 자신의 강점을 실행하는 것은 평생에 걸쳐 자기 부르심을 펼쳐내는 첫 번째 국면이다. 이어지는 국면에서는 자기 강점의 한계와 자기 약점의 특징을 고통스럽게 깨닫는 것이다. 영성지도자는 마침내 자신의 불만족에 이끌려 안락 지대를 떠나 발전과 회복을 위한 미답지로의 긴 여정을 시작할 수 있다. 마지막으로, 자신의 그림자와 지속적이면서 생명을 주는 관계를 발전시키는 중요한 과업이 남아 있다. 거기에서 수퍼바이저의 역할은 단순히 영성지도자들이 자기 은사를 발견하고 긍정하는 것 이상을 포함한다. 수퍼바이저는 영성지도자들이 자기가 받은 선물의 한계와 그림자를 직면하도록 도전해야 한다. 이런 종류의 자기 지식이 영성지도자의 개인적 삶과 영성지도 실습에 통합되는 것이 수퍼비전 변형 과정의 핵심이다.

### 수퍼비전 과정

그렇다면 실제로 수퍼비전의 변형 과정이란 어떤 것일까? "너머를 보기"의 관상적 자세는 수퍼비전 회기에서 어떻게 드러날까? 아래 소개된 가상의 수퍼비전 대화는 앞서 제시된 아이디어들의 기초를 세우는 데 도움이 될 것이다. 이 회기에서 권투선수 디온은 종 조셉과 가진 첫 영성지도 회기에 대한 반응을 수퍼바이저와 의논한다.

디온 : 당장 말할 게 있어요. 나는 정말 당황스러웠다고요! 새로운 피지도자가 있는데, "조셉"이라고 불러요. 그는 그냥 쥐처럼 앉아 있었어요. 거의 한 마디도 하지 않았죠. 그와 하는 영성지도에서 나는 무력감을 느껴요. 우린 둘 다 시간을 허비하는 것처럼 느껴져요.

수퍼바이저 : 디온, 당신의 당혹감과 분노가 느껴지네요. 무슨 일이 있었는지 더 이야기해 보세요.

디온 : 그게 다예요. 일이랄 게 없었어요. 내가 질문을 합니다. 그는 앉아 있죠…생각하면서…진짜 조용히요. 그러다 그가 한두 마디를 꺼내요. 그리고 다시 침묵. 나는 도무지 이 친구 입을 열 수가 없다니까요!

수퍼바이저 : 우선 당신 안에서 무슨 일이 일어났는지 살펴봅시다. 당신은 분명 이 일에 매우 강한 반응을 보이고 있군요.

디온: 네, 맞아요, 화가 나요. 나 혼자 모든 것을 다 하고 있어요. 마치 이 회기를 진행하는 게 모두 내 책임인 것처럼. 이건 마치 내 인생 이야기 같아요. 내가 주도권을 잡고 인도해 주길 기대하는 수동적이고 무능한 사람들에게 둘러싸인 기분이죠. 조셉은 저를 둘러싼 수동적인 사람들 중 가장 마지막에 만난 사람일 뿐이에요. 솔직히 나는 정말 지쳤어요. 정말 지쳤어요.

수퍼바이저 : 그래서 화가 나는군요…조셉에게뿐만 아니라 평생 당신이 맡았던 역할에, 당신이 살아온 이야기에. 화가 날뿐만 아니라 지쳤군요, 정말 지쳤군요.

디온 : 맞아요…주도권을 잡고 일을 진행시키는 강한 사람의 역할에 붙들려 난 닳아빠지고 노쇠해지고 말았어요. 나는 항상 그런 위치에 놓이는 게 화가 나요. 흥미도 없고요. 조셉은 단지 그 모든 것을 촉발시켰을 뿐이라고 생각해요.

수퍼바이저 : 분노의 감정과 흥미의 상실을 촉발시켰다?

디온 : 네, 다른 사람들이 아직도 내가 항상 주도권 잡기를 기대한다는 데서 오는 분노 말이에요.

디온은 조셉의 수동성과 침묵 때문에 분노와 당혹감에 가득 차 수퍼비전을 받으러 왔다. 수퍼바이저는 디온이 자신의 내면에 무슨 일이 일어나는지를 다시 들여다보도록 부드럽게 안내한다. 그는 디온이 자신의 분노와 함께 머물도록 청하고 그것을 단순히 조셉에게 투사하지 않게 한다. 수퍼바이저는 판단하지 않고 분노를 인식하며 그것 너머를 바라본다. 그는 끄집어내야 할 것이 더 있음을 감지하고 디온에게 더 탐색해 보도록 초청한다. 디온은 자신의 분노가 단순히 조셉을 향한 것이 아니라 자기 삶을 형성한 옥죄는 이야기를 향해 있음을 재빠르게 알아챈다. 디온은 자기 주변에 있는 수동적이고 무능력한 사람들이 주도권을 잡는 걸 기피하거나 아예 책임지려 하지 않는 것이 그럴 능력이 없기 때문이며, 자신이 그런 강하고 독립적인 리더 역할을 해야 한다고 믿는다. 수퍼바이저는 디온에게 그의 인생 이야기와 그 안에서 맡아온 역할에 대한 불만족과 피로감뿐만 아니라, 그의 분노와 당혹감을 다시 반영해 준다. 대화가 계속되면서, 그는 디온에게 불만족스러운 경험을 더 깊이 탐색해 보도록 초청한다.

**수퍼바이저 :** 당신의 불만족에 대해 이야기해 보세요.

**디온 :** 흐음.…(이제 더 천천히 말한다) 글쎄요, 전처럼 그렇게 신경 쓰이는 것 같지는 않네요. 전에는 강하고 유능하며 존경받고…심지어는 두려워하는 대상이 되는 것이 정말 중요한 것 같았어요. 그러나 내가 말했던 것처럼, 그런 느낌은 약해지고 있어요. 점점 더 부담스러운, 마치 내가 항상 지고 다녀야 하는 무거운 짐처럼 느껴져요.

**수퍼바이저 :** 당신이 말할 때 그 무게를 느낄 수 있어요. 강하고 유능하며 존경받는 사람이 되는 짐을 내버린다면 어떤 느낌이 들까요?

**디온 :** (잠시 침묵한 후) 안도감이 든다고 말하려 했지만, 실제로 내면에 올라오는 것은 두려움이었어요…그러나 그 두려움이 어떤 것인지는 알 수 없어요.

**수퍼바이저 :** 시간을 충분히 가지세요. 거기 머물러 보세요. 그 두려움 뒤에 무엇이 또 올라오는지 보세요.

**디온 :** (잠시 멈춘 후) 잘 모르겠어요…그래서 더 무서운 것이지요. 강한 사람이 되는 것을 내려놓으면, 나는 어떤 사람이 되어야 할지 모

르겠어요. 짐을 내려놓고 싶지만…그렇게 하면 나는 어떤 사람이 될까요? 나는 무엇을 하게 될까요? 그 "무지"를 직면할 때, 두려움이 나를 감싸는 것 같아요.

수퍼바이저 : 그 두려움의 중심에 무엇이 있나요? 거기에 머물면서 무엇이 올라오는지 보세요…

디온 : (잠시 침묵 가운데 기다린 후) 세상에! 올라온 것은 조셉의 이미지예요! 책임지는 사람이 되길 내려놓으면 조셉 같은 사람이 될까 두려워요. 나는 약하고 수동적인 사람으로 비쳐질 거예요. 아니면 내가 나 자신을 그런 사람으로 볼 거예요…그러면 나는…글쎄요…비열하다는 낱말이 떠오르네요. 난 이것으로부터 도망치고 싶어요. 바라보는 것조차 두렵죠. 아마도 이것이 내가 조셉한테 그토록 화가 난 이유인 것 같아요.

이 부분에서 디온은 자신의 불만족과 그것이 발생시킨 양가감정ambivalence에 대해 관상적으로 탐색하기 시작한다. 그는 늘 강하고 유능해야 한다는 짐을 내려놓기 원하지만, 내려놓음이 내면에서 열어젖힐 미지의 것을 두려워한다. 그가 이 불편한 느낌과 함께 머물 때, 약하고 수동적이고 비열하게 보이는 것에 대한 그의 두려움을 상징하는 조셉의 이미지가 출현한다. 디온은 자기 안에 있는 이 느낌들을 탐색하는 데 대한 양가감정과 영성지도 회기에서 조셉에 대한 자기 반응의 강렬함 사이를 연관 짓기 시작한다. 그의 수퍼바이저는 이런

느낌과 통찰이 올라올 때 판단하지 말고 열린 마음으로 대하라고
격려한다.

**수퍼바이저**: 조셉은 내면에 있는 연약함과 수동성이라는 무섭고 비열한 장소를 대표하는 이미지이군요. 당신이 이런 감정에 얼마나 공간을 허락할 수 있는지 봅시다. 그로부터 도망치기를 멈추고 실제로 그 감정을 받아들일 수 있을지 보자고요.

**디온**: (일 분 정도 침묵한 후) 그 두려움 아래서 깊은 피로와 슬픔을 느낍니다. 나 자신에게 오랫동안 강요하고, 강요하고, 강요했던 것 같아요. 정말이지 지쳤어요.…그리고 그렇게 오랫동안 계속 달리고 강요해 온 것이 슬퍼요. 그렇지만 그 슬픔이 꼭 나쁜 것이 아닙니다.…거기에 부드럽고 유약한 감정도 있어요. 그 감정을 받아들이고 나니, 내면이 어느 정도 부드럽게 되는 것을 느껴요. 그리고 평안이 느껴져요.…그렇게 두렵지는 않아요. 나는 항상 이런 느낌에 연약함 또는 수동성이라는 딱지를 붙였거든요. 그런데 그것들이 실제로는 전혀 부정적이지 않네요. 나름대로 충만함이 있네요.…그리고 만족스럽게…느껴지는 달콤함도 있고요.

**수퍼바이저**: 만족스러운 충만함, 달콤함과 평화죠.…

**디온**: 맞아요.…내가 어떤 거룩한 것, 어떤 신성한 것에 접촉하는 것 같아요. 생각해 보면 그것은 항상 나의 두려움과 피로의 다른 편에서 기다리면서 거기 있었어요!

*수퍼바이저* : 두려움의 바로 다른 편에 있는 거룩하고 신성한 것….

*디온* : 맞아요.…거룩한 것. 하나님이 이 곳에 계세요.…그런데 지금까지 전혀 몰랐네요.…이것이 모든 것을 변화시키는군요.

*수퍼바이저* : 모든 것을 변화시킨다고요? 어떻게 말인가요?

*디온* : 나는 이미 조셉을 다른 시선으로 보고 있어요. 그는 내가 지금 막 경험한 것에 대해 뭔가 아는 것 같아요. 그는 하나님의 온유한 얼굴을 경험했던 것 같아요. 나에게는 새로운 일이었지만 말이죠. 나는 나 자신의 한 부분에 그렇게 했듯, 그에게 수동적이고 의존적이라는 딱지를 붙였어요. 그러나 아마도 그것은 전혀 그의 모습이 아닐 것 같아요. 나는 그에게서 배울 것이 있어요. 그의 침묵을 약간 더 참을 수 있을 것 같아요. 다음에는 더 존중하는 마음으로…아니 경외감마저 품고 조셉을 대하고 싶어요. 뭔가 깊고 거룩하고 신비로운 일이 일어나고 있어요.

*수퍼바이저* : "다음"에 대해 이야기합시다. 이런 깨달음을 조셉과 하는 다음 회기에 어떻게 통합시킬 수 있을지 생각해 볼까요?

디온이 실제로 자신이 두려워했던 연약함과 수동성을 경험할 때, 그의 감정들은 변형되기 시작한다. 그의 피로와 슬픔은 온유함과 취약함으로 부드럽게 변한다. 이런 느낌을 자기 마음에 받아들일 때, 그는 평화와 충만함 그리고 달콤함을 경험한다. 그는 깊은 영적 핵심과 접촉하기 시작한다. 거기에서 신성함과 존경하는 사랑의 감정이 자발적으로 넘쳐나기 시작한다. 디온은 자신의 깊은 두려움과 어두움을 통과해 실제로 자기 안에 있는 "놀라운 것"으로 나아간다. 그것은 그의 천부적인 강점과 단호함에 깊이를 더해 주고 보완해 주는 온유함과 동정심이다. 내면에 있는 인간적이고도 거룩한 자질들과 접촉하면서, 그는 조셉과의 관계를 전혀 새로운 방식으로 본다. 수퍼바이저의 도움으로 디온은 자신의 조건화 된 성격 너머 신성한 핵심을 본다. 그는 이제 열린 마음으로 피상적인 꼬리표 너머 조셉의 신성한 핵심도 본다. 인지와 경험에 전반적인 변화가 일어난다. 판단과 경직성이 있었던 곳에 이제 존경심, 겸손, 그리고 개방성이 존재한다. 이 새로운 관점 안에서 수퍼바이저는 조이에게 앞으로 반응할 방법들을 고민해 보도록 초청한다.

이 이야기에는 많은 수퍼비전 만남에서 일어날 수 있는 과정을 압축해 놓았다. 여기에서 묘사한 기본적인 변화가 실제로 뿌리내리기 위해서는 비슷한 대화가 다양한 상황에서 여러 차례 일어나야 한다. 또한 모든 회기가 중요한 돌파구를 제공하거나, 지각과 정체성에 있어서 강렬한 경험적 변화를 보장하지는 않을 것이다.

어떤 회기는 지각의 변형을 실제적으로 내포하는 데 초점을 맞출 수 있다. 영성지도자와 수퍼바이저는 영성지도자가 마주하는 선택의 문제 즉 언제 말하고 침묵할지, 자기 경험을 나눌지 말지, 어디에 주의를 기울일지, 또는 어떻게 도발적인 질문을 할지에 대해 의논할 수 있다. 그러나 위의 가상 대화는 수퍼비전에 대한 관상적 접근의 핵심 초점인 자발적 전개 과정을 예로 든 것이다.

## 게스트하우스로서의 수퍼비전

수피 Sufi 신비가인 루미 Rumi의 시 "게스트하우스"에 등장하는 여러 은유들은 앞서 묘사한 "너머를 보기" 모델로 이해되는 수퍼비전의 관상적인 정신과 역동적인 과정을 포착하고 있다.[11] 첫 줄에 나오는 "인간됨" being human을 "수퍼비전"으로 대체하면, 수퍼비전의 관상적 접근에 대한 풍성하고 도발적인 묘사를 읽을 수 있다.

° 게스트하우스

인간됨은 게스트하우스이다.
매일 아침 새롭게 도착하는 이들.

기쁨, 침체, 비열함,
순간적인 깨달음이 찾아온다,
기대하지 않았던 방문객처럼.

---

11. *Rumi, The Essential Rumi*, translated by Coleman Barks with John Moyne, A. J. Arberry, Reynold Nicholson 공역 (HarperSanFrancisco, 1995), 109.

그 모두를 맞아들이고 즐거워하라!
비록 그들이 한 무리의 슬픔이더라도.
당신의 집을 맹렬히 휩쓸고 지나가고
가구를 다 치워버릴지라도.
그래도 매 손님을 귀하게 대접하라.
그가 당신을 깨끗하게 해
새로운 기쁨을 주리니.

그 어두운 생각, 그 수치, 그 적의,
문에서 웃으며 그들을 만나라.
그리고 안으로 모셔라.

누가 들어오든 감사하라,
각 손님들은
저 너머에서 보냄 받은 안내자이니.

게스트하우스의 은유는 수퍼비전 관계를 안전한 피난처로 여길 수 있게 한다. 그 피난처 안에서 영성지도자와 수퍼바이저는 영성지도자의 즉각적인 경험이 순간순간 드러나는 것을 환영한다. 우리는 수퍼바이저가 조건화된 인격이라는 상대적으로 익숙한 영역과 "너머"라는 미지의 영역 사이에 있는 "문 앞에" 영성지도자와 함께 서 있는 그림을 상상할 수 있다. 그들은 "새롭게 도착하는 이들"에게 주의를 집중해 기쁨, 슬픔, 우울, 수치, 비열함, 적의 등을 자연스럽게 경험한다. 예상된 방문객들은 아니지만, 이들이 연이어 찾아오는 데서 의미와 방향에 대한 실마리를 얻을 수 있다. 그것은 마치 의식하는 기능을 지닌 정신보다 오히려 현명한 또 다른 지성과 더 깊은 차원의 목적이 작동하는 것도 같다. 루미가 말한 것처럼, "각 손님들은 저 너머에서 보냄 받은 안내자"이다.

디온과 그의 수퍼바이저는 두려움, 유약함, 슬픔, 피로, 온유, 평화라는 예상치 못한 방문객들을 맞아들였다. 각각의 감정은 디온의 집을 휩쓸며 낡은 가정과 기대라는 가구들을 치워버리고, 다음에 일어날 감정이나 통찰을 위한 공간을 만들었다. 디온과 그의 수퍼바이저는 무슨 일이 일어나고 있는지 긴장하며 파악하려 하지 않았다. 그렇게 하면 단계적으로 꾸준히 도착하는 경험의 흐름을 방해할 수 있기 때문이다. 저 너머에서 오는 예상치 못한 안내자의 행렬이 가져오는 그 지혜는 오직 회상$^{retrospect}$ 안에서만 분명해진다.

수퍼바이저와 지도자의 자세는 어떤 생각이나 감정이 올라오더라도 환대하는 것이어야 한다. 루미는 "누가 들어오든 감사할 것", "그 모두를 맞아들이고 즐거워할 것", 그리고 "매번 손님을 귀하게 대접할 것"을 권한다. 어두운 생각, 수치, 그리고 적의가 나타날 때조차, 루미는 "문에서 웃으며 그들을 만나고, 안으로 모시라"고 우리에게 이야기한다. 이렇게 말하기는 쉬워도 행하기는 어렵다. 요동치는 생각과 감정이 깊은 자아상을 위협할 때, 그들을 감사와 유머로 맞아들이기란 쉽지 않다. 아마 처음에는 두려움과 공포가 올라올 것이다. 그럴 때에는, 예상치 못한 손님들을 온전함이라는 넓은 관점에서 맞아들이는 법을 이미 배운 수퍼바이저의 눈을 통해 보면 매우 도움이 된다. 이는 바바라가 사라의 눈을 들여다보며 자기 자신이 있는 그대로 사랑 받고 용납되었음을 알았을 때, 사라의 시선이 그 친구에게 보여준 것이었다. 사라의 시선을 통해 바바라는 자기 안에 있는 깊은 기쁨뿐만 아니라, 절망에서 나오는 어두운 생각들을 인정할 수 있게 되었다. 최상의 수퍼비전 관계는 영성지도자의 경험 전체를 환영하는 게스트하우스를 제공해 준다. 그 관계는 영성지도자가 표면적인 외양 너머 심층에서 작용하는 신비를 바라보도록 도와준다.

## 3장°
## 명확성을 지니고 보기: 수퍼비전 작업 정의하기

레베카 브래드번 랭거

수퍼바이저로 사역하면서 저마다 갖고 있는 여러 가정들<sup>assumptions</sup>이 무언의 안내자 역할을 하기도 한다. 그 가정들을 말로 정리해 보는 것은 영성지도자로서의 사역에 대해 분명한 감각을 가지는 지름길이 된다. 2002년에 샌프란시스코신학교 기독교 영성 프로그램에서 후원한 수퍼비전 워크숍을 준비하면서 나는 동료들과 함께 수퍼바이저들을 위한 별도의 워크숍을 진행했다.

다음은 내가 메리 로즈 범퍼스, 조안 커리와 함께 수퍼비전 작업의 기초로 정리해 본 기본 가정들이다.

- 하나님은 영성지도 회기에서 가장 중요한 동인이다. 그러므로 수퍼바이저와 수퍼바이지의 목표는 하나님의 움직임에 주목하

는 것이다.
- 수퍼바이저는 지도자와 함께 각자에게 주어진 과제와 은사를 발견하면서 "고유한 하나님의 형상으로 자라기"를 추구한다.
- 수퍼바이저는 하나님 안에서 자기다워짐을 통해 수퍼바이지에게 도움을 준다.
- 하나님은 수퍼바이저와 수퍼바이지 둘 다 있는 그대로 사랑하신다.
- 만남의 의제를 결정하는 것은 수퍼바이지와 하나님의 영이며, 의제는 인간 경험, 욕망, 감정, 저항, 갈망 등에 근거를 두고 있다.
- 그 과정은 관상적이다.

수퍼비전에 관해 당신이 갖고 있는 가정들은 수퍼비전 과정의 기초를 이루기 때문에, 수퍼비전을 향한 부르심에 대한 가정들을 잘 살펴보아야 한다.

수퍼바이저 훈련을 받을 때, 나는 수퍼비전을 잘 해내는 방법에 대해서만 마음이 집중되어 있었다. 어떻게 하면 수퍼비전 회기에서 하늘이 열리고 수퍼바이지가 기적적으로 변화될 수 있을까? 나는 과대평가하고 있었다. 나는 "그들"에게만 초점을 맞추고 "나"에게는 거의 초점을 맞추지 않았다. 나는 수퍼비전을 "변화 에이전트"로 보았을 뿐, 지도자들을 있는 그대로 포용하는 방식으로 여기지 않았다. 나는 내가 이미 사랑받은 존재라는 사실에 기초를 두지 않고, 특정 회기에서 놓친 것이 무엇인지 파악하기에 급급했다. 각 회기에서 하나님의 움직임을 놓쳐버린 요인을 파악해 수퍼비전 기술을 개선시킬 수도 있겠지만, 그 전에 무엇보다 우리는 하나님의 사랑을 받는 사람임을 알아야 한다. 여기서 한 가지 떠오르는 질문이 있다. 수퍼비전은 우리의 행위와 관련된 것인가 아니면 우리의 존재와 관련된 것인가?

내가 처음 수퍼비전을 경험한 것은, 동료 수퍼비전이 이루어지던 한 그룹의 리더십에 던져지다시피 했을 때였다. 그 당시 나는 수퍼비전을 직접 경험해 본 적이 없었고 어디에 초점을 맞추어야 할지 몰랐다. 나는 확신이 없었고, 두려웠으며, 내 한계를 넘는 일이라고 느꼈다. 그 첫 경험 이후로, 나는 내가 수퍼비전에 소질이 있다고 인정하기 힘들었다. 수퍼바이저로서는 말할 것도 없고, 영성지도자로서 진정한 자유를 경험한 것은 지도를 시작하고 이십 년이 지난 최근에 와서다. 기질상 의심이 많은 탓에, 내 안에 수퍼바이저가 될 자질을 발견하고 수퍼비전을 가르치도록 격려해 주는 동료들이 필요했다.

내가 동료들의 도전을 받아들인 것은, 모험해 보라는 목소리 뒤에 종종 하나님이 계시다는 것을 알고 있었기 때문이다. 게다가 나는 영성지도자이자 수퍼바이저로서 지속적인 자기 성장, 기술 습득, 그리고 자기 확신에 대한 끊임없는 열망을 갖고 있다. 나는 지도자요 수퍼바이저일 뿐만 아니라 특별히 하나님의 딸로서, 하나님께서 나에게 원하시는 모든 존재가 되고 싶다. 그래서 나는 수퍼비전이란 내가 무엇을 하느냐가 아니라 내가 어떤 존재인가와 관련된 것이라고 믿는다. 나는 나 자신의 기초를 하나님의 영원한 사랑과 애정에 두려 한다. 그리고 거기에서 비롯되는 수퍼비전을 하려고 한다. 아마도 당신이 이 책을 읽고 있는 이유 역시 그것이리라.

### 수퍼비전 과업

수퍼비전에서 당신이 무엇을 다루려 하는지 분명히 이해하고 성찰할 때, 비로소 당신은 이 목표들을 향해 자신이 잘 성장하고 있는지 평가할 수 있다. 수퍼비전 과업에서 명확성 clarity을 얻기 위해 중요한 영역들은 다음과 같다.

- 수퍼비전 역할 속에 협의를 어떻게 잘 녹여낼지에 대한 이해.
- 수퍼바이지들이 그들의 시간에 탐색하고자 하는 것에 대한 분명한 초점과 더불어, 수퍼비전 과업에 대한 자기만의 명확한 정의.
- 수퍼바이저로서 자기 준비, 그리고 수퍼비전을 위해 찾아올 사람을 위한 공간 유지에 대한 세심한 주의.
- 수퍼비전 실습을 유지하고 뿌리 내리기 위한 기본 수칙.
- 수퍼바이지뿐만 아니라 나의 성장과 치유가 가능한 영역들에 대한 주의.
- 수퍼비전이 아닌 부분에 대한 명확한 표현.

- 수퍼비전 훈련 기술의 한 부분으로서 은혜로운 위탁, 그리고 외부 전문가의 지원 없이는 수퍼바이지와 수퍼비전을 진행할 수 없을 때를 분별하는 명확성.
- 하나님 안에 지속적으로 근거를 두기, 그리고 수퍼바이지 안에서 일하시는 하나님의 영에 초점 맞추기, 또 수퍼바이지 안에서, 그리고 수퍼바이저로서의 자기 역할 안에서 드러나는 하나님의 신비 축하하기.

### 협의

협의 consultation 에서 초점은 수퍼바이지에서 피지도자에게로 옮겨 간다. 협의란 "수퍼바이지를 도와 수퍼비전 과정을 향상시켜 줄 특정 기술을 발전시키도록 하는 논의"이기도 하지만, 한 마디로 "피지도자의 이야기에 초점을 맞추는 모든 것"이라고 할 수 있다. 예를 들어 수퍼바이지는 이렇게 질문할 수 있다. "멀리 이사 가는 사람과 갖는 마지막 영성지도 회기를 어떤 식으로 진행하면 좋을까요? 우리가 그동안 함께 해온 시간을 평가하고 기념하고 싶거든요." 수퍼바이저는 수퍼비전 회기들을 성찰하는 방법을 제안하기 위해 이런 질문을 던질 수 있다. "지난 회기들을 돌아보면서 특별히 음미해 보고 싶은 때가 있다면 이야기해 주세요. 도전이 되었던 시간에 대해 이야기해도 좋고요."

지도자들을 돕고 그들의 영성지도 시간의 신성함을 평가하기 위해 수퍼바이저가 사용하는 "도구상자"toolbox는 여러 상황에 접근하는 다양한 방법을 배움으로써 더욱 향상된다. 협의를 위한 전형적인 질문들은 다음과 같다. "영성지도 회기는 얼마나 오래 갖는 게 적절할까요?" "피지도자가 연달아 세 회기를 빠지면 어떻게 해야 할까요?" 숙련된 사람과 대화를 나누다 보면 수퍼바이지는 확신과 새로운 관점을 얻게 된다. 협의는 수퍼비전에서 매우 귀중한 부분인데, 특히 내가 "도구상자"라고 부르는 것을 만드는 데 도움이 된다. 도구상자란 하나의 주제를 탐색하는 데 가능한 여러 방법들을 모아놓은 것이다. 협의는 또한 수퍼바이지들이 특정 영성지도 회기에서 그들 자신의 목소리를 내도록 격려하고 지지한다. 이 주제에 대해 더 알기 원하면, 모린 콘로이Maureen Conroy가 수퍼비전에 대해 쓴 고전적인 책, 『우물 들여다보기』Looking into the Well[1]에서 협의에 대해 요약한 부분을 보면 된다.

### 기도하면서 준비하기 그리고 책임감 갖기

수퍼비전은 우리가 섬기는 사람들뿐만 아니라, 크게는 신앙 공동

---

1. Maureen Conroy, *Looking into the Well: Supervision of Spiritual Direction* (Chicago: Loyola Press, 1995), 156-157.

체를 책임감 있게 대하는 행위이다. 우리는 그곳에 혼자 서 있는 것이 아니라, 우리가 함께 살고 함께 일하는 사람들과 연결되어 있다. 수퍼바이저로서 우리는 수퍼비전 기술을 어떻게 증진시키느냐에 대해 윤리적으로, 도덕적으로 책임이 있다.

수퍼비전은 되는 대로 이루어지는 것이 아니다. 영성 분야에서 내가 자주 듣는 교훈 중 하나는 이것이다. "당신은 직접 있어본 적이 없는 곳에는 갈 수 없다." 다시 말해, 우리는 다른 누군가를 인도하기 전에 자기만의 기도와 실습 영역을 개척해 들어가야 한다. 우리 자신의 성장은 우리가 섬기는 이들의 성장에 반영될 것이다.

책임감 있는 수퍼바이저가 되려면, 우리는 믿음과 자기성찰을 통한 영적 여정에 참여하고 있어야 한다. 매일 매순간 하나님의 임재를 연습하는 것과 밀접히 관련되어 있는 정의 실천, 기도, 그리고 성경 묵상 같은 훈련들을 포함한 개인적인 영성생활 규칙은 우리의 영적 안녕을 위한 얼개를 구성한다. 무엇이 우리의 영적 안녕을 방해하는가? 수퍼바이저들에게 가장 큰 위험은 다른 사람들이 현존하는 가운데 우리 삶을 성찰해 보지 않고서 스스로 신뢰할 만하고 정직하다고 믿는 것이다. 우리는 다음과 같은 질문들을 통해 스스로 자기 성장을 가늠해 볼 수 있다. 나는 영성지도자 및 수퍼바이저와 함께 믿음의 여정에 적절히 참여하고 있는가? 기도가 나의 매일 영성훈련의 한 부분이 되고 있는가? 나는 진실로 내가 하나님으로부터 영원히 용서받고 축복받고 사랑받는 하나님의 아들 또는 딸임을 믿는가?

나는 고독과 피정을 위한 시간을 따로 내어서 내 삶 속에 있는 하나님의 음성을 듣고 있는가?

    수퍼비전에 참여하는 기쁨은 부분적으로 개인적 성장이라는 은총을 경험하는 데 있다. "하늘의 사냥개" hound of heaven 이신 하나님은 사랑으로 우리를 끝까지 추적하신다. 하나님은 우리 안에서, 그리고 자기를 기꺼이 열어 보이고 싶어 하는 우리의 열망 안에서 즐거워하신다. 우리가 더 충분히 우리의 은사와 은총 그리고 우리의 결점까지 포용할 때 우리의 세상은 변화된다. 이런 개인적인 영적 준비야말로 우리가 수퍼비전 과정에 성실하기 위해 수퍼바이지에게 제공하는 선물이다.

    개인적인 영적 준비와 더불어, 수퍼바이저들은 수퍼비전을 위해 안전하고 따뜻한 공간을 만들어야 한다. 우리에게는 일상의 분주함을 가라앉혀주고, 집중이 잘 되도록 도와주는 공간이 필요하다. 그 공간은 어수선하지 않아야 하고, 분심을 일으킬 만한 물건이 없어야 하며, 몇 점의 예술 작품이나 자연에서 가져온 것, 또는 초 한 개 정도만 있으면 된다. 그 공간에서는 환대를 느낄 수 있어야 한다. 또한 수퍼바이지들이 일상의 분주함을 뒤로 하고 하나님 앞에 그리고 자신이 가져온 경험 앞에 머무르는 데 도움이 되어야 한다.

## 엄격한 비밀 보장

　수퍼비전은 넓고, 여유 있으며, 안전한 공간을 제공하는데, 수퍼비전이 계속 이런 방식으로 진행되려면 비밀보장이 필수적이다. 수퍼바이지는 아마도 양가감정과 혼란스런 마음으로 그 공간에 들어설 것이다. 수퍼바이저들이 마련한 믿음직한 공간에서, 수퍼바이지들은 피지도자와의 경험을 돌아보며 자기 내면에 일어난 일을 안전하게 전할 수 있다.

　비밀보장은 신뢰의 기반이다. 신뢰감을 갖고 말하고 듣게 되는 것이야말로 자유를 향한 첫걸음이다. 그것은 또한 수퍼바이지들이 회기 동안 그들을 당황하게 만든 문제들을 해결할 공간을 마련해 준다. 자비와 동정심을 갖고 경청해 주며 무슨 말이든 받아주지만, 그 비밀을 엄격하게 지키는 사람을 만나는 것은 진정 선물이다. 수퍼바이저-수퍼바이지 관계에서 깊은 친밀감은 때로 정직하고도 신뢰가 있는 나눔이라는 선물로 인해 자라난다.

　수퍼바이지가 살거나 사역하는 곳에 영성지도자들이나 수퍼바이저들이 어떤 식으로든 연관되어 함께 지내고 있다면, 엄격한 비밀보장을 제공하기란 쉽지 않다. 작은 공동체에서는 누가 누구를 만나는지 사람들이 알기 쉽다. 우리가 그들에 대한 개인적인 정보를 조금이라도 다른 사람에게 말한다면 이는 우리가 섬기는 사람들에게 정의롭지 못한 처사다. 비밀보장을 유지할 최선의 방법을 놓고 진지하게 고려해야 한다. 어떤 상황에서는 수퍼바이지들에게 그들이 사는 곳에서 멀리 떨어진 곳에 살아서, 자기 공동체 사람들과 잘 모르는 수퍼바이저를 만나라고 권면해 줄 수도 있다. 수퍼바이지들은 자신의 지역에서 한 시간 정도 거리가 있는 곳으로 갈 수도 있는데, 이는 비밀보장의 중요성을 존중하는 방법이다.

### 하나님과 자기에 대한 지식에서 자라가기

사람들이 자기 자신을 깊이 알게 되면, 놀라운 변형 transformations이 일어난다. 이는 수퍼바이지들이 자기가 무슨 말을 털어놓든 수퍼바이저가 충격을 받지 않을 것임을 알 때 종종 일어난다. 자신에 관한 어떤 진실을 말해도 되고 숨김없이 받아들여질 수 있다는 것이다. 우리는 종종 스스로에 대한 최악의 심문자이기 때문에, 우리가 잔뜩 움켜쥐고 있던 것들을 큰 소리로 말할 때 진정한 자유를 얻을 수 있다. 장 깔뱅은 『기독교 강요』 1장에서 하나님 지식과 연관된 자기 지식에 관해 썼다. "우리가 소유한 지혜, 즉 진실하고 건전한 지혜는 거의 모두가 두 부분으로 이루어져 있다. 하나님을 아는 지식과 우리 자신을 아는 지식. 그러나 두 가지 지식이 갖가지 끈으로 서로 연결되어 있어서, 어떤 것이 먼저이며 어떤 것이 결과로 따라오는 것인지 분별하기 쉽지 않다."[2]

우리 자신에 대해 알게 될 때, 우리는 우리를 창조하신 하나님에 대해 알게 된다. 수퍼비전은 수퍼바이저가 수퍼바이지와 함께 하나님의 사랑을 받는 자로서 수퍼바이지가 어떤 존재인지 탐색하는 통로이다.

나는 랍비 주시야Rabbi Zusya에 관한 이야기를 좋아한다. 그 이야기는 여러 버전이 있지만 모두 우리의 신성함, 즉 우리가 하나님이 창조하신 "독특한 존재"라는 것에 대해 동일한 선포를 하고 있다.[3] 현명하면서 선한 사람인 랍비 주시야는 나이가 들면서 한 가지 고민을 친구들에게 털어놓는다. 주시야는 자신이 하나님 앞에 갈 날이 얼마 남지 않았음을 알았다. 그는 하나님께 이런 질문을 받게 될까 걱정했다. "왜 너는 모세처럼 살지 않았는가?" 또는 "왜 너는 여호수아처럼 살지 못했는가?" 그러나 친구들은 그가 하나님 앞에 갈 때 하나님께서 하실 유일한 질문은 "왜 너는 주시야답게 살지 않았는가?"일 거라고 말해 준다.

우리도 마찬가지이다. 우리의 부르심은 각자 하나님께서 부르시는 존재가 되는 것이다. 즉 자기만의 방식으로 독특한 은혜를 입은

---

2. John Calvin, *Institutes of Christian Religion*, John T. McNeill 편, Ford Lewis Battles 역 (Philadelphia: The Westminster Press, 1960), 35.
3. Abraham Buber, *Tales of the Hasidim* (New York: Schocken Books, 1975), 251.

존재가 되는 것이다. 수퍼바이저로서 누군가 자신의 참 자아가 지닌 힘과 아름다움을 더 깊이 인식하도록 돕는 일은 얼마나 흥분되는 일인가! 하나님의 신비가 그렇듯, 우리는 역으로 자기 지식을 얻게 된다.

한 아시아 출신 수퍼바이지는 교회 소그룹과 함께 그룹 영성지도 회기를 하는 도중, 이 같은 자기 지식을 갖게 되었다. 그는 그 회기에서 무엇인가 빠져 있다는 느낌이 들었다. 곰곰이 생각하다 그에게 분명해진 사실이 하나 있었다. 그것은 지금이야말로 강사가 제안한 과정을 따르기보다는 자신의 문화유산을 더 직접적으로 동원해야 할 때라는 것이었다. 그는 "빠진 무엇"이 자신의 문화유산을 포용해야 할 필요성임을 이해했다. 그는 영성지도를 할 때, 자신의 자아 전체, 문화유산, 그리고 모든 것을 동원하기를 열망했다. 이 발견을 통해 그는 영성지도자로서의 자신의 역할에 관한 새로운 진리와 함께 밝은 마음으로 문 밖으로 나설 수 있었다.

## 유머와 겸손

내가 가진 큰 특권 가운데 하나는, 영성지도를 배우는 학생들과 수퍼비전을 하고 있다는 것이다. 이 관계에서 필수적인 것이 있는데 바로 유머라는 선물이다. 나는 일을 하다 종종, 수퍼비전이 진행되고 있는 방에서 여러 차례 웃음소리를 듣는다. 이는 상황을 가볍게 하는 능력과 사람의 인간됨을 향해 웃어주는 심오한 선$^{goodness}$, 둘 다에 관해 이야기해 준다. 유머는 영성지도자로서 우리 사역을 방해하거나 우리 존재의 목을 조르는 것들을 흘려보내도록 도와준다. 그것은 또한 하나님께 속한 부분들에 대한 우리의 과도한 책임감을 줄여준다. 우리 자신의 인간됨을 받아들이는 능력은 우리를 자유롭게 해 주고, 그 결과 우리 약점들은 변형된 삶의 한 부분이 된다.

유머와 웃음은 미리 처방할 수 있는 것이 아니다. 그것들은 자연스럽게 일어나며, 종종 역설적이거나, 양면적이거나, 애매모호하거나, 꾸밈없는 진실에 대한 놀라운 반응으로 일어나기도 한다. 그럼에도 불구하고 수퍼바이저들은 적절히 쾌활한 분위기를 조성할 수 있다. 자신이 가끔 저지르는 실수담을 언급하며 웃는다든가, 자신이 처했던 우스웠던 상황을 이야기해 준다든가, 우리 모두 경험하는 불완전함과 한계를 인식하도록 도와준다든지 하는 방식으로 말이다. 유머와 겸손은 같은 것은 아니지만, 그 둘은 서로 깊이 연관되어 있다.

겸손$^{humility}$이란 라틴어 'humus'에서 왔는데, 이는 "우리 발 아래 있는 땅"을 가리킨다. 영어에서 그것은 "있는 그대로의 자기 자신에 대해 갖고 있는 지식"을 가리킨다. 그렇다면 겸손은 자기가 누구인지, 어디에 있는지 진실로 알고 있는 사람을 떠오르게 한다. 수퍼비전에서 수퍼바이지들이 자신에 대해 더 큰 인식에 이르게 될 때, 그들은 겸손이라는 선물을 받게 된다.

5년가량 영성지도를 해온 한 지도자는 영성지도 회기를 진행할 때 조언해 주고 싶은 욕구가 생기는 것을 점점 더 인식하게 된다고 말했다. 그는 이 깨달음에 대해 수퍼바이저에게 이렇게 말했다. "그렇다면 이렇게 기다리지 못하는 태도 저변에 무엇이 있을까요? 무엇보다 영적 오만이 있을 수 있겠죠. 그 피지도자를 향한 나의 관심은 도와주려는 나의 열망에서 나옵니다. 그들의 고통이 오랫동안 지속될 때, 내가 듣게 되는 메시지는 내가 그들을 적절하게 때 맞춰 도와주지 못했다는 것입니다. 이는 내가 그들의 고통을 개인적으로 떠맡고 있는 것은, 내가 도움이 되고 유능해서라고 나 스스로 생각하고 있음을 증명해 줍니다. 거기가 바로 오만이 침투하는 자리이고, 그 결과 나는 그들 문제의 핵심에 반응하기보다는 나 자신의 문제에 반응하게 됩니다. 이것은 어려운 문제이지요. 믿음 안에서 영성지도자로서 나의 기술들(그리고 그 한계들)을 인식해, 지도가 이루어지는 공간에서 자유를 누려야 합니다. (겸손함 가운데) 신실한 확신이 없으면, 나 혼자 모든 것을 다 하는 위험에 빠지게 됩니다."[4]

### 성장과 치유가 필요한 부분에 주의 기울이기

하나님은 사람들의 삶에서 항상 무언가 새로운 일을 일으키신다.

---

4. 이 부분을 사용할 수 있게 허락해 준 DASD 졸업생 David Evans에게 감사한다.

수퍼바이저들은 수퍼바이지가 언급하는 특별한 말들에 집중해야 한다. 어떤 형태의 반응이나 감정은 더 탐색해 볼 필요가 있다는 신호일 수 있다.

- 나는 대화가 지루해졌다.
- 나는 과도하게 눈물을 흘린다. 또는 일체의 감정을 못 느낀다.
- 나는 피지도자의 이야기에 화가 나거나 불안해진다.
- 나는 성적으로 흥분이 된다.
- 나는 매우 졸립거나 대화에 계속 집중할 수 없다.
- 나는 주제에 맞지 않는 경험이 자꾸 떠오른다.
- 나는 매우 기뻐서 축하하고 싶다.
- 내가 들은 내용에 내 몸이 특별히 강하게 반응한다.
- 내가 들은 내용에 피지도자보다 내가 더 오랫동안 음미하고 싶어진다.
- 나는 피지도자의 삶과 이야기에 과도한 관심을 갖게 된다.
- 나는 '부모 역할'을 하거나 충고하고 싶은 강한 충동을 느낀다.

이것이 조심스러운 관찰을 요하는 발언의 최종 리스트는 결코 아닙니다. 하지만 이 같은 발언들은 수퍼바이저에게 더 관상적인 주의가 필요한 영역을 일깨워주고 있다. 예를 들어 샘은 피지도자와의 회기 내내 자신의 눈이 눈물로 가득 차 있었다는 것을 깨달았다.[5] 무슨 일이 일어나고 있는지 그는 이해할 수 없었다. 그의 수퍼바이저와 이 점을 탐색해 보면서 그는 피지도자가 자기 어머니의 죽음에 대해 계속 언급하고 있었음을 알게 되었다. 샘의 어머니는 임종을 맞이하고 있었다. 샘이 자기 어머니가 천천히 기력을 잃어가고 있는 것을 지켜 보았기 때문에, 이것이 그 안에 깊은 슬픔을 일으켰던 것이다. 샘은 자신의 개인적인 슬픔이 어떻게 영성지도에 영향을 끼치는지 더 잘 인식할 필요가 있음을 깨달았다.

## 수퍼비전 관계에서의 권력

권력의 불균형은 수퍼비전에 내재되어 있으며, 그 권력을 수퍼바이저가 남용할 가능성이 존재한다. 수퍼바이저로서 우리는 우리가 받은 교육, 우리의 나이와 경험과 지위 같은 것들의 결과로 권력을 갖게 된다. 때때로 우리는 학생에게 합격 또는 불합격이라는 성적을 주는 위치에 있기도 한다. 수퍼비전을 해주는 우리는 우리가 만나는 사람들의 권리를 침해하지 않도록 매우 주의해야 한다. 수퍼바이저로서 우리는 반드시 비밀을 유지해야 하는 정보에 은밀히 관여하게

---

5. 이 글에 나오는 사람들의 이름은 모두 가명이다. 기록된 정보들은 수퍼비전 참가자들에게서 허락을 받은 후 제공되었다.

된다. 우리는 성적인 또는 윤리적인 경계를 넘어서는 결코 안 된다. 우리의 경계는 분명하고 깨끗하게 유지되어야 한다. 수퍼바이지들과의 관계에서 상호성을 원할지라도 거기에는 권력의 불균형이 여전히 존재한다. 그리고 수퍼바이저는 이 권력관계에서 책임을 져야 하는 편에 서 있다. 국제 영성지도자 협회[6]의 윤리적 행동 지침에 요약되어 있는 높은 기준들을 준수하는 것이 우리의 의무이다.

### 회기 전, 회기 중 그리고 회기 후

수퍼바이저와 수퍼바이지는 둘 다 수퍼비전 회기를 위해 진지하게 구체적인 준비를 해야 한다. 샌프란시스코신학교에서 우리는 수퍼바이지들로 하여금 관상적 성찰 양식 Contemplative Reflection Form, CRF 을 토대로 성찰하게 하고, 특정 양식으로 된 대화록 verbatim dialogue 을 작성하게 하는 것이 도움이 된다는 것을 발견했다(완성된 형태의 CRF는 부록 A를, 대화록 샘플은 부록 B를, CRF 설명은 부록 C를 보라). 이 양식들은 수퍼바이지들이 자신의 감정과 생각, 몸의 반응, 그리고 피지도자들에게서 관찰되는 몸의 반응을 알아차릴 수 있게 해준다. 수퍼바이지들은 이 양식들을 수퍼비전 대화가 있기 일주일 전에 그들의 수퍼바이저

---

6. *Guidelines for Ethical Conduct* (Spiritual Directors International, 1999).

들에게 보낸다.

수퍼바이저들은 또한 회기에 잘 준비된 상태로 와야 한다. 수퍼바이저들은 회기가 시작되기 전에 충분한 시간을 갖고 마음을 모아야 하며, 환대의 공간을 마련함으로써 수퍼바이지의 삶에 일어나는 진실이 하나님의 은혜의 빛과 조우할 수 있게 해야 한다. 이 빛 안에서 성령은 일하고 계시는 하나님의 능력과 위대하심을 드러낼 수 있다. 수퍼바이저로서 우리는 회기에 올 때 온전한 정신으로 생동감 있게 깨어 있어야 한다. 이레네우스는 말했다. "하나님의 영광은 충만하게 살아 있는 인간이며, 인간의 삶은 하나님의 비전이다."[7] 수퍼비전의 영광은 충만하게 살아 있는 수퍼바이저이다. 그는 앞에 놓여 있는 진실을 은혜롭게 포용하기 위해 자신의 전 존재를—몸과 마음과 영혼을—사용할 준비가 되어 있다.

수퍼바이저로서 우리는 수퍼비전 회기를 준비하기 위해 미리 대화록과 관상적 성찰 양식을 읽는다. 대화록을 거룩한 텍스트라 생각하며 읽고, 기도하는 마음으로 어느 부분이 당신의 주의를 끄는지 눈여겨보라. 그것은 마치 렉시오 디비나 $^{lectio\ divina}$ 과정과도 같다. 자신에게 질문해 보라. 이 대화록에서 희미하게 빛을 내는 부분이 어디인가? 탐색해 볼 필요가 있다고 여겨지는 감정들, 생각들, 또는 몸의 반

---

7. Irenaeus, *Adversus haereses* IV, 20, 7(SC 100): 648.

응들은 무엇인가? 수퍼바이지들에게서 명확성이 필요한 부분은 무엇인가? 수퍼바이저가 수퍼바이지를 맞이할 준비를 하는 동안 성령께서는 수퍼바이지를 위해 일하고 계신다.

수퍼비전의 실제 회기는 침묵 또는 기도로 시작하라. 그런 다음 수퍼바이지에게 대화록에 기록된 내용을 보며 이 순간 깨닫게 된 점이 무엇인지 물어보라. 수퍼바이저와 수퍼바이지가 각자 역할을 나눠 대화록을 크게 읽어보면 도움이 된다. 처음에 깨달았던 점 이상으로 더 탐색해 볼 것이 있는가? 탐색과 조사를 진행하기 위해 수퍼바이지는 회기의 초점을 명확히 밝혔는가? (부록 A의 질문 7을 보라.) 수퍼비전의 초점은 수퍼바이지들이 자기 삶의 어떤 영역에서 무엇을 가져오든 탐색하여 하나님께서 어디에서 활동하시는지 또는 부재하시는지 알아차리는 데 있다. 초점을 분명하게 찾는 것이 가장 큰 과제일 때가 종종 있다. 회기 중에 수퍼바이지들은 대화록을 다시 살펴보면서, 어느 부분에서 강한 반응이나 감정이 느껴지는지, 가장 당혹스러운지, 어느 부분에서 개인적 정서가 결여되었다고 느끼는지 확인해 볼 수 있다. 이 과정을 통해 수퍼비전 대화를 위한 초점을 찾는 것이다. 초점을 맞출 주제가 무엇인지 명확히 하기 위해 시간을 투자하는 것은 그럴 만한 가치가 있다.

수퍼비전 대화 가운데 수퍼바이저는 수퍼바이지와 동행하면서 특별한 기쁨, 평화, 그리고 자유를 축하해 줄 특권이 있다. 당신의 마음이 온통 수퍼바이지나 그의 영성지도 과정에 "잘못된 점은 무엇인가"에만 집중한다면, 당신은 많은 수퍼비전 회기들에 내재되어 있는 충만한 은혜를 쉽게 지나쳐버릴 위험이 있다. 한번은 수퍼바이지가 피지도자가 이야기할 때 느꼈던 강한 신체적 행복감을 초점 주제로 가져왔다. 우리가 이것을 더 깊이 조사해 갈수록, 그는 이것이 하나님께 특별히 가까이 갔을 때 그가 느끼던 것과 동일한 감각이라는 것을 깨달았다. 그는 영성지도자로서 자신이 피지도자와 함께 "하나님의 임재 안에 앉아" 있었는데도, 피지도자와 함께 그 순간을 음미하고 기뻐할 기회를 놓쳤음을 깨달았다.

수퍼바이지를 분석하려 한다면, 당신은 목표를 빗나간 것이다. 물론 분석은 자연스러운 경향이다. 왜냐하면 우리는 너 나 할 것 없이 분석하길 좋아하는 시대에 살고 있기 때문이다. 그러나 우리 목표는 수퍼바이지들과 함께 관상적 태도로 앉아, 그들이 영성지도 회기를 회상하며 그것이 어떤 영향을 끼쳤는지 생각해 보면서, 그들과 그들의 피지도자 안에 있는 하나님의 움직임을 알아차리는 것이다. 해리라는 이름의 수퍼바이지는 자신의 피지도자가 특정한 자기 이야기로 반복해서 돌아갈 때마다 지도자로서 인내심이 사라진다는 것을 느꼈다. 해리는 평소 인내심이 많은 사람으로 인정받고 있기에, 그의 그런 반응은 납득이 가지 않았다. 수퍼비전에서 우리는 오랫동안 기도하는 마음으로 있으면서 이 인내심 부족이 그에게 무슨 의미인지 알아차리려고 했다. 곧 깨닫게 된 것은, 해리가 자신의 삶에서 많은 것들에 인내하지 못한다는 것, 그리고 자신의 이야기가 피지도자의 삶을 반영하고 있다는 것이었다.

샐리라는 이름의 지도자가 만난 한 피지도자는 평화로운 장소에 대한 이야기를 하고 또 하곤 했다. 샐리는 그 피지도자가 자신의 내면에 "갈망"이라고 부르는 깊은 구덩이가 있다고 말한 것에 대해 보고했다. 우리가 이 점을 함께 돌아보는 동안, 샐리는 자기 안에도 그 장소에 가고 싶어 하는 깊은 갈망이 있음을 발견했다. 샐리는 이혼 절차를 밟는 중이었으며 그리스도의 평화로운 임재가 필요하다고 처절하게 느끼고 있었다.

우리에게 오는 사람들은 해결되어야 할 문제들이 아니다. 그들은 헤아리고 기뻐해야 할 신비로 찾아온다. 수퍼바이지들이 우리에게 제공하는 자발적 유약함이라는 선물은 결코 가볍게 여겨져서는 안 된다. 누구든지 자기 내면을 휘젓는 어떤 것을, 그것이 포용할 만한 것이든 무시할 만한 것이든 관계없이, 있는 그대로 내어놓는 데에는 많은 힘이 든다. 내면을 휘젓는 것이 무엇인지 이름을 붙이는 데에도 큰 위험이 따른다. 수퍼비전 과정은 온유하되 진실해야 하며, 수치심을 주지 않는 방식으로 친절하게 제공되어야 한다. 영성지도자를 위한 수퍼비전은, 순간 일어나는 일을 생각하고 음미할 시간을 주면서, 관상적 방식으로 이루어져야 한다. 시편 기자는 이런 고요한 주의집중에 대해 이렇게 말하고 있다. "실로 내가 내 영혼으로 고요하고 평온하게 하기를 젖 뗀 아이가 그의 어머니 품에 있음 같게 하였나니"(131:2상).

# 수퍼비전이 아닌 것

수퍼비전의 다양한 측면을 분명히 이해하는 데서 나아가, 수퍼비전이 아닌 것들을 인식하는 것도 중요하다.

### 수퍼비전은 과장된 칭찬이 아니다

수퍼비전은 부서뜨리는 것이라기보다는 세우는 것이다. 고린도전서 13장의 본문은 우리가 수퍼바이지에게 주의를 기울이며 대화를 나눌 때 필요한 분위기를 적절하게 제시해 준다. 수퍼비전을 하는 사람들에게는 이런 사랑의 태도가 가장 중요하다. 소리 나는 구리나 울리는 꽹과리가 되어서는 안 된다. 수퍼바이저들은 과장된 칭찬을 해서는 안 된다. 반대로, 하나님이 제일운동자$^{prime\ mover}$이시므로, 수퍼바이저의 목표는 하나님을 닮은, 애정어린, 그리고 세심하게 주의를 기울이는 영으로 충만해지는 것이다. 수퍼바이저 편에서 조금의 괴롭힘도 있어서는 안 되며 오직 겸손하고 열려 있는 섬김의 모습만 필요하다.

### 조언해 주려는 생각은 잊어라

수퍼바이저가 가장 피하기 어려운 것 중 하나는 문제를 해결해 주려는 태도이다. 사람들은 답을 구하러 오기 때문에, 자연스레 수퍼바이저들은 도움을 주고 싶어 한다. 수퍼비전을 받으러 오는 사람들은 하나님의 뜻을 행하길 갈망하고, 때때로 그들은 수퍼바이저가 빠른 해결책이 제공되는 통로가 되어주길 기대한다. 운 좋게도(또는 불운하게도), 우리는 그런 통로가 아니다. 그렇다고 우리가 어떤 문제에 대해 분별하기 원하는 사람과 함께(그리고 그 사람을 위해) 기도해서는 안 된다는 의미는 아니다. 우리는 문제나 사람을 고치려고 시도하지 않아야 한다. 우리는 문제에 접근하는 여러 방안들 중에서, 영성지도자로서 그들이 어떤 사람이며 피지도자들은 어떤 사람인지 고려하면서, 어떤 것이 실행하기 가장 적당한 방안인지 기도하며 분별하도록 도와줄 수 있다.

수퍼비전 회기 말미에는, 수퍼바이지로 하여금 그들의 피지도자들과 어떤 방식으로 새롭게 영성지도를 하기 원하는지 그리고 하나님의 영이 영성지도자인 그들 내면의 어디에서 활동하신다고 이해하는지 설명해 보도록 하면 도움이 된다. 이것들은 수퍼바이저가 아닌 수퍼바이지가 결정하고 분별해야 할 문제들임을 유의하라. 영성지도자가 자기 안에 확신을 계발할 뿐만 아니라, 더 나아가 회기들 가운데 활동하시는 하나님의 능력에서 오는 영향을 인식하는 데에는 시간이 필요하다.

### 수퍼비전은 통제가 아니다

수퍼비전 과정은 누구든, 무엇이든 통제하는 것과 관련되어 있지 않다. 우리에겐 다른 사람을 위한 해답이 없음을 받아들이는 겸손이 필요하다. 누구나 그렇듯 수퍼바이저들도 자기만의 편견과 가정들을 지니고 있다. 신학에 대해, 인간 존재에 대해, 어떻게 세상이 돌아가며 어떻게 돌아가야 하는지에 대해, 그리고 어떻게 영성지도가 이루어져야 하는지에 대해 편견과 가정들을 갖고 있다. 우리는 우리 각자의 편견과 가정들을 이해할 필요가 있다. 그래야 그것들이 길을 가로막지 않는다. 우리가 선호하는 하나님의 이미지는 무엇인가? 다른 사람의 신념 체계를 포용하지 못하게 방해할 만한 신념들에 집착하고 있지는 않은가? 각자의 마음속 편견과 가정들을 이해하게 되면, 우리는 수퍼바이지들을 위해 그것들을 활용할 수도 있고 또는 그것들이 길을 가로막지 않도록 흘려보낼 수도 있다.

수퍼바이저는 또한 수퍼바이지가 자신의 신념 체계, 가정들, 편견들을 탐색해 보고, 그들에게 올바른 것은 무엇이며 피지도자들에게 도움이 될 만한 것이 무엇인지 분별할 수 있는 공간을 제공해야 한다. 우리는 다른 사람을 위해 옳은 것이 무엇인지 잘 모른다. 예를 들어, 한 수퍼바이저는 영성지도자가 성소수자들에게 더 개방적이거나, 신학적으로 좀더 보수적이거나, 또는 하나님에 대한 여성적인 이미지를 갖기를 기대할 수 있다. 그러나 수퍼바이지가 갖고 있는 이해는 하나님께서 인도하시는 대로 점진적으로 변화될 것이다. 하나님에 대한 이미지나 이해를 둘러싼 성장은 내부로부터 이루어질 필요가 있다. 외부로부터, 아무리 수퍼바이저라 하더라도, 압력을 행사해서는 안 된다.

### 항상 기분 좋게만 대하는 것이 아니다

수퍼비전 과정은 항상 기분 좋게만 대하는 것이 아니다. 그렇다고 친절하거나 따뜻하게 대하지 말라는 의미가 아니다. 수퍼비전은 수퍼바이지가 모든 영역에서 더 큰 자유로 나아가도록 돕는 것이기 때문에, 비록 흠잡기에 몰두해선 안 되지만, 우리가 깨닫게 된 것들에 대해 솔직하고 개방적이어야 한다. "사랑 안에서 진리를 말하라"라는 성경 구절을 기억하라. 때때로 이것은 수퍼바이저들에게 어려운 문제가 될 것이다. 우리는 사랑 받기를, 도움이 되기를 바란다. 그래서 누군가 피하려 하거나, 힘들어 하거나, 그저 놓치고 있는 것을 다시 불러오는 것이 어려울 수 있다. 우리는 우리가 섬기는 사람들에게 솔직하고 직설적인 필요가 있다.

### 수퍼비전은 치료가 아니다

수퍼비전은 수퍼바이지를 위한 치료나 상담 회기가 아니다. 그렇게 되면 초점은 특정 문제나 상황을 해결하는 데 맞춰지게 된다. 수퍼바이저들은 수퍼바이지를 언제 치료사에게 위탁해야 할지 알 필요가 있다. 수퍼비전 관계 안에서 위탁해야 할 때는 언제인가? 몇 가지 징후가 있는데, 한 달에 한 번 회기를 갖는 사람이 갈수록 더욱 침체에 빠지는 것 같은 때가 그렇다. 그런 사람은 상담가에게 위탁해야 한다. 나는 항상 적어도 두 명의 상담가 명함을 가까이 두고 있는데, 그들은 내가 개인적으로 잘 알며 일을 잘 할 수 있는 사람들이다.

나는 도움이 필요한 경우 이렇게 말해 준다. "진, 나는 지난 몇 달 동안 당신이 점점 더 침체되어 가는 것을 알게 되었어요. 당신이 상담가를 만나면 도움이 되리라고 생각해요. 물론 수퍼비전을 나와 계속하고 싶다면 그렇게 할 수 있어요. 어떻게 생각하세요?"

당신이 직관적인 사람이라면, 뭔가 잘못되었음을 직감하고 위탁할 필요가 있다는 느낌이 들 수 있다. 예를 들어, 마가렛은 2년 동안 규칙적으로 수퍼비전을 받기 위해 당신에게 온다. 그녀는 수퍼비전에 성실하게 임하며 혹시 약속을 취소해야 할 경우에는 당신에게 알린다. 그런데 갑자기 마가렛이 약속되어 있던 수퍼비전을 놓친다. 두 번째 약속을 어겼을 때, 당신은 그녀에게 전화해서 만나자고 한다. 그녀가 도착했을 때, 그녀는 긴장해 있고 매우 피곤해 보인다. 뜻밖에 그녀의 배우자가 알코올 중독자이고 그녀를 학대한다는 사실이 밝혀진다. 이 문제가 너무 고통스러워서 그녀는 수퍼비전 약속을 계속 놓치고 말았던 것이다.

그녀의 피지도자가 영성지도 회기 중에 학대에 관해 이야기했을 때 이 문제가 수면 위로 떠올랐다. 마가렛은 어떻게 이 사람을 도와야 할지 몰라 당황스러웠다. 특히나 이 문제는 마가렛에게 극도로 어려웠다. 이런 상황에 당신이 그녀를 위해 취해야 할 두 가지 위탁 방안이 있다. 하나는 가정폭력센터이고 다른 하나는 익명의 알코올 중독자 모임이다. 그녀를 두 기관에 각각 위탁하려는 이유가 무엇인지 설명해 주라. 그리고 그녀가 당장 신체적으로 위해를 당할 만한 상황에 처해 있지 않은지 확인하라.

수퍼바이지를 위탁해야 하는 또 하나의 경우는 그가 당신의 전문성을 넘어서는 도움을 요청할 때이다. 만약 누군가 자살에 관해 말한다면, 무조건 위탁하라. 그는 즉시 상담가를 만날 필요가 있다. 때때로 수퍼바이지가 해결되지 않은 슬픔과 같은, 이전에는 인식하지 못했던 것을 드러낼 때가 있다. 그것이 만성적이고 수퍼바이지가 자신이나 다른 사람과 함께 머무르는 능력을 가로막는다면, 전문가의 도움이 필요하다. 누구에게든지 해를 입히는 어떤 문제가 드러나면 위탁은 필수적이다. 삶의 질이 위협받거나 심각한 왜곡이 빚어지는 때라면, 즉 수퍼바이지가 불법적인 사건에 관련되어 있는 것과 같은 때라면, 수퍼바이저는 수퍼바이지와 함께 취할 행동을 분별할 필요가 있다. 만약 성적 학대처럼 불법적이거나 비윤리적인 경험들을 당신이 듣게 된다면, 즉시 관계 당국에 알리는 것 말고는 다른 수가 없다. 당신은 수퍼바이지에게 그 문제를 관계 당국에 알릴 것이라고 말해야 한다.

### 주의 깊게 수퍼비전을 해줘야 하는 사람 또는 절대 수퍼비전을 해주지 말아야 할 사람

어떤 수퍼바이지에게는 당신이 가장 적합한 수퍼바이저가 아닐 수 있다는 점을 인식하는 것은 중요하다. 때때로 당신의 성격이나 개인적인 경험이 수퍼바이지와 갈등을 일으키고, 개방적이며 솔직한 공간을 제공하는 데 있어서 그것이 방해가 될 수 있다. 예를 들어, 나는 알코올 중독으로 어려움을 겪고 있는 사람에게 수퍼비전을 해 줄 때 매우 조심해야 한다. 나의 가족력에 알코올 중독이 있기 때문에, 알코올 중독은 내게 맹목적이거나 깊은 고통을 주는 문제가 될 수 있다. 어떤 사람들은 그들이 볼 때 극단적으로 진보적이거나 보수적인 사람들과는 함께 작업할 수 없다고 느낀다. 다른 사람들은 남성 또는 여성과 함께 작업하면 어려움이 생길 것이라고 믿는다. 당신 자신을 알고 당신을 불편하게 하거나 위협하는 것이 무엇인지 아는 것은 중요하다.

수퍼비전 관계를 준비하고 있을 때, 양자가 그 관계를 "실험해 볼" 수 있는 시험 기간을 갖자고 제안하는 것은 도움이 된다. 그것이 당신에게 도움이 되지 않을 것 같다면, 수퍼바이지에게 마음을 열고 솔직하게 말할 필요가 있다. 문제가 그에게 있는 것이 아니라 당신에게 있다는 것을 알려주고, 위탁을 위해 둘 또는 그 이상의 수퍼바이저들의 이름과 전화번호를 제공하라. 솔직한 사람이라면, 당신이 특별히 좋아하지 않는 사람들이 있음을 인정해야 한다. 그런 사람들과 함께하려고 노력하는 것은 온당치 못하다. 또한 어떤 사람의 문화적 배경, 신학적 세계관, 또는 사회경제적 상황이 당신과 너무 달라서 상대방을 이해하고 도우려는 당신의 능력이 제한될 수도 있다. 내가 개방적이고 포용하는 사람이라고 생각한다고 해서, 반드시 어떤 사람들을 위한 좋은 안내자가 되기에 충분할 정도로 지식이 있거나 자유로운 것은 아닐 수 있다. 스스로에 대해 솔직한 것이 자기 자신을 속여 마치 세상의 모든 사람과 작업할 수 있는 능력이 있는 것처럼 여기는 것보다는 낫다.

수퍼바이지가 관계를 종료하기로 결정한다면, 가능한 한 그 이유를 알아보는 것이 도움이 된다. 때때로 사람들은 이유를 말하지 않기로 결심하거나, 미리 알리지 않고 다시는 오지 않는 경우도 있다. 그런 경우 겸손하게 수용하는 것이 필요하다.

하나님은 당신의 모든 것을, 그리고 수퍼바이지의 모든 것을 있는 그대로 받으시며, 둘 다 포용하시고, 각자의 내면에 있는 하나님의 참 정체성을 이끌어 내신다. 내가 도왔던 수퍼바이저 워크숍에서 받은 평가를 돌아보면, 참여자들의 코멘트 가운데 가장 뛰어난 것은 수퍼바이저로서 진정한 자기가 되는 것이 지닌 힘을 깨달은 사람들로부터 나왔다. 수퍼비전은 수퍼바이저와 수퍼바이지 모두가 하나님 안에 뿌리를 내리고 계속 머무를 수 있는 힘을 갖도록 돕는다. 이것은 각 개인이 문제의 핵심으로부터 쉽게 떨어져 나오지 못하게 막아 준다. 우리는 하나님에 의해 드러난, 성숙한 부분들과 미성숙한 부분들을 아우르는 모든 것을 기뻐해 준다. 수퍼바이저로서 나는 내가 하나님의 임재에 열려 있고 내면 깊이 성장하길 기도하며, 우리가 하나님의 아들과 딸로 더 온전하게 자라가는 동안 나에게 은혜를 베풀어준 사람들을 섬길 수 있길 기도한다.

2부

**수퍼비전의 주제들**

## 4장

# 초보 영성지도자들을 지지해 주기: 댄스에 참여하기

메리 로즈 범퍼스 & 레베카 브래드번 랭거

초보 영성지도자들은 느리지만 진지하게 댄스를 배우기 시작한 사람들을 연상시킨다. 초보 댄서들은 어설프고 서투르다. 그들은 다른 사람의 발을 밟으면 어쩌나 염려하고, 자신의 반응하는 움직임이 너무 경직돼 있다고 느낀다. 수퍼바이저로서, 우리는 댄스를 어떻게 배우는지 곱씹고, 댄스의 기본자세를 계속해서 숙지하고, 그런 다음 도움이 될 만한 스텝들을 가르쳐 그들이 자유롭게 댄스를 즐길 수 있도록 하는 식으로 초보 댄서들을 도와야 한다.

댄스를 배울 때, 우리는 가장 먼저 음악에 귀를 기울이고 그 리듬을 듣는다. 그런 다음 그 리듬, 멜로디, 분위기, 그리고 노래 가사에까지 반응하는 데 도움이 되는 움직임들을 배운다. 영성지도 기술 강사들과 멘토들은 먼저 초보 영성지도자들이 "거룩한 경청"[holy listening]

이라는 은사를 계발하도록 격려하는데, 이는 성령의 임재와 활동을 인식하기 위해 모든 내적, 외적 감각들을 사용할 때 비로소 가능해진다. 그런 다음 그들은 이 초보 지도자들이 하나님 안에서 피지도자의 역동적인 움직임에 반응하는 데 도움이 되는 특정 기술들을 가르쳐준다.

그러나 실제로 자주 일어나는 일은 초보 지도자들이 댄스의 스텝에만 초점을 맞추는 경향이 있다는 것이다. 그들은 자신이 하고 있는 일에 대해 생각하느라 많은 시간을 보낸다. 처음에야 이 같은 자기 의식적인 성찰이나, 자기가 사용한 기술과 반응에 과도하게 집중하는 현상이 자연스러운 반응이겠지만, 이는 하나님의 움직임과 임재를 보고 듣는 지도자의 능력을 방해한다.

우리 하나님은 놀라움의 하나님이다. 모세는 불타는 덤불에서 하나님을 보거나 경험하리라고 예상하지 못했다. 엘리야는 "세미한 소리"로 하나님을 듣게 되리라고 기대하지 못했다. 마리아는 성령이 자기를 덮으리라고 꿈도 꾸지 않았고, 막달라 마리아는 무덤이 비어 있으리라고 상상조차 할 수 없었다. 우리 인간의 경험에서 하나님의 임재는 예상치 못하게 일어나 우리를 놀라게 한다.

수퍼바이저로서 우리는 초보 지도자들이 예상치 못한 놀라움에 잘 준비되도록 돕기를 원한다. 이는 아마 초보 지도자들의 수퍼바이저들이 맞닥뜨리는 가장 큰 도전이며, 우리 사역에서 가장 의미심장한 역설들 가운데 하나일 것이다. 한편, 우리는 초보 지도자들이 새로운 기술들을 구체화하고, 배운 것을 실습하며, 자신의 내적 반응에 주의를 기울이고, 자신이 어떻게 하고 있는지 보도록 격려한다. 다른 한편, 놀라움의 하나님을 더욱 경험하도록 도와주는 기본적인 태도는 일종의 "무지"unknowing이다. 수퍼바이저로서 우리는 초보 지도자들 안에 일종의 무지가 형성되기를 격려한다. 실은 우리 역시 이런 상태에 계속해서 들어가야 한다. 우리는 피지도자의 신비와 하나님의 궁극적인 신비가 열리기를 기대하며 기다리기를 원한다. 우리는 하나님과의 댄스가 영성지도 관계마다 각기 다르며 독특하다는 지식 안에 머물기를 원한다. 우리는 우리가 다른 사람의 인생에 대한 전문가가 아니라는 것을 확실히 인식하기를 원한다. 이런 "무지"를 통해 지도자는 비로소 자유로워지고 그 결과 솔직해진다. 그로 인해 신비에 놀라고, 하나님의 생명을 인식하며, 하나님의 노래에 놀라고, 하나님의 리듬에 따라 자유로이 움직일 수 있다.

### 새 지도자들의 인격과 선물 지지해 주기

초보 영성지도자들의 수퍼바이저들은 특별한 권리를 누리는 위치에 있다. 그들은 초보 지도자들이 열심, 긍휼 그리고 기쁨을 안고 첫 영성지도 관계에 들어가는 것을 직접 목격한다. 그들은 힘겹게 첫 걸음을 내딛으며 만남이라는 첫 선물을 음미하는 초보 지도자들의 대화록, 성찰 보고서, 그리고 연약함에 내밀하게 관여한다. 초보 지도자들의 수퍼바이저들은 초보 지도자들이 드러내고 표출하는 개방성, 두려움, 그리고 배움에 대한 큰 열망을 경험한다.

이 특별한 권리를 누리는 위치에서 수퍼비전 사역을 시작하면서, 우리는 초보 지도자들이 피지도자들을 도울 때 있는 모습 그대로 자기다워지도록, 그들이 이미 잘 해오던 것을 지속하도록 격려해야 한다. 우리는 초보 지도자 각자가 지닌 고유한 능력과 선물들을 키우고 향상시키며, 그런 선물들이 피지도자들을 위해 어떻게 사용되어야 할지 제안하거나 보여주어야 한다. 예를 들어, 자넷이라는 수퍼바이저가 테리라는 초보 지도자와 함께 수퍼비전을 하고 있다고 하자. 테리의 초기 대화록을 살펴보면서 자넷은 테리가 자신의 신체적 감각에 예민하게 반응하고 있다고 말해 준다. 이런 점을 인지하고 있었다 하더라도 테리는 여태껏 자기 몸을 지혜의 원천으로 바라본 적도, 하나님께서 이런 신체적 인식을 통해 일하실 수 있음을 생각해 본 적도 없었다. 자넷은 테리와 함께 대화하면서, 피지도자의 신체적 반응을 알아차리는 테리의 신체적 반응과 능력이 어떻게 영성지도의 도구로 사용될 수 있을지 함께 분별해 나간다.

초보 지도자인 존은 플루트를 연주할 줄 안다. 그는 특히 음악이라는 선물을 통해 깨닫는 것이 많고, 하나님과의 관계도 음악을 연주하고 들을 때 깊어지는 경험을 한다. 존의 수퍼바이저인 마리아는 존이 하나님의 임재를 감지하기 위해 음악을 듣듯 피지도자의 이야기를 들어보라고 제안한다. 그 후 존은 피지도자의 삶의 멜로디를 들기 시작하고 "문제의 핵심"을 파악한다. 그는 리듬을 느끼고 피지도자의 삶의 모든 영역에서 하나님의 임재를 감지하기 시작한다. 존은 마리아의 도움으로 피지도자들이 하나님과의 관계를 예술 안에서, 또한 예술을 통해 표현하도록 돕는 방법을 배운다.

에이미는 특별히 이미지를 잘 사용할 줄 안다. 그녀는 하나님의 인도하심의 많은 부분을 상상을 통해 얻는다. 에이미는 피지도자들에게 그들이 느낀 감각, 가치, 그리고 생각들을 요약하는 이미지들을 제공하기를 참 잘한다. 에이미의 수퍼바이저인 짐은 이 선물을 바탕으로 영성지도를 세워가려 한다. 그는 에이미가 자연스럽게 일어나는 은유와 이미지들을 더 잘 감지하도록 격려한다. 그리고 에이미가 그 이미지들이 내포하고 있는 하나님의 선물들을 더 잘 감지하도록 탐색하는 방법을 알려준다. 초보 지도자들은 다양한 은사, 감각, 그리고 기술들을 갖고 있다. 수퍼바이저로서 우리가 그런 은사들을 발견하고, 기술들을 발전시키도록 지지하고 강화시키며, 지도자들의 내적 감각들을 북돋아주는 것이 중요하다.

### 신뢰가 필요할 때 신뢰해 주기

초보 지도자들은 또한 다양한 수준의 확신을 지닌 채 영성지도를 하러 온다. 지나친 확신을 갖고 있는 사람들은 피지도자들이 자기 삶에서 하나님이 어떻게 역사하시는지 스스로 발견하도록 돕는 보다 섬세한 방법들을 놓치기 쉽다. 그러나 많은 경우, 초보 지도자들은 긴장한 상태로 자신이 하고 있는 일에 과도하게 초점을 맞추다가 성령의 움직임을 놓친다. 특히 성령의 움직임이 세미할 때 더욱 쉽게 일어나며, 영성지도 기술을 처음 익히는 사람들 사이에서는 흔한 현상이다. 수퍼바이저들은 초보 지도자들의 생각의 최전선에, 그리고 수퍼비전 대화의 중심에 성령의 임재와 활동에 대한 질문을 계속 위치시킴으로써 큰 도움을 줄 수 있다.

특정 지도 회기에 대한 성찰 과정으로(부록 A를 보라), 우리는 초보 지도자들에게 다음의 질문을 던질 수 있다. "영성지도 회기 가운데 성령의 은사, 열매 또는 움직임이라고 느껴진 부분은 무엇인가?" 그들이 이 질문에 대해 생각하는 것을 돕기 위해 가능한 목록을 제시하는 것도 좋다. "생명, 자유, 기쁨, 긍휼, 고통 안에서의 연대, 정의, 하나님 앞에서 향상된 자기 정체성, 진리 안에 서는 능력, 초대, 위로, 새롭게 들려온 말씀 등." 수퍼바이저로서 우리는 이것이야말로 초보 지도자들에게 물어볼 가장 중요한 질문이라고 생각한다. 이 질문은 경험 많은 수퍼바이저들뿐만 아니라 초보 지도자들에게도 하나님을 신뢰하는 것이 영성지도자에게 가장 필수적인 자세임을 상기시켜준다.

어떤 초보 지도자들은 자신이 하고 있는 사역에 너무 초점을 맞추는 바람에 성령의 활동을 놓치는 반면, 다른 초보 지도자들은 규칙을 문자적으로 준수하는 일에 매이기도 한다. 초보 지도자들에게서 다음과 같은 이야기를 들을 때가 종종 있다. "우리 교수님은 나에게 자기 교회 성도와는 영성지도를 절대 하지 말라고 가르치셨습니다." "나는 친구하고는 영성지도를 절대 하지 말라고 들었습니다." "집에서 사람들을 만나선 안 된다고 알고 있습니다." "나는 많은 사람들이 영성지도에 비용을 청구하지 않는다는 것을 압니다. 그러나…"

물론 이런 이야기들은 영성지도자 훈련 프로그램에서 우리가 초보 지도자들에게 가르치는 대표적인 지침들이다. 이 지침들은 어떤 지도자든 알고 있어야 하는 주의사항들을 전하기 위해 계발되었지만, 초보 지도자들과 그들의 피지도자들이 처한 고유한 상황의 빛 아래서 다시 검토할 필요가 있다.

제임스는 6백 명의 회중이 모이는 교회의 목사이다. 교인인 여든 살의 클라라는 제임스에게 혹시 그가 자신의 영성지도자가 되어줄 수 있는지 묻는다. 제임스의 마음에 떠오른 즉각적인 반응은 안 된다는 것이다. 그러나 클라라에게 답변하기 전에, 제임스는 그의 수퍼바이저와 상의한다. 제임스와 수퍼바이저는 그런 관계가 지닌 잠재적인 함정들을 명확히 한 후, 성령의 인도에 귀 기울인다. 수퍼바이저는 제임스와 함께 관계된 사람 모두에게, 즉 클라라, 회중, 그리고 제임스 자신에게 무엇이 가장 좋을지 분별한다. 이 사례에서 제임스는 클라라와 함께하기로 결심한다. 그는 회중에 속한 다른 사람들의 기쁨을 위해, 클라라에게 유익을 주기 위해, 그리고 성령의 인도에 응답하기 위해 그렇게 결정을 내린다. 성령의 독특하고 세미한 움직임을 더 잘 감지하게 될 때, 초보 지도자들은 피지도자의 삶과 영성지도 회기 안에서 활동하시고 임재하시는 하나님을 더욱 신뢰하게 된다. 하나님에 대한 그들의 신뢰가 자라갈 때, 새 지도자들은 자기 자신 역시 신뢰하기 시작한다.

### 일반적인 갈등

이런 기본적인 태도와 자세에 대해 다루는 것 외에도, 수퍼바이저들은 초보 지도자들이 공통적으로 경험하게 될 많은 실제적 갈등들을 다루어야 한다. 미국을 비롯한 여러 나라의 영성지도자 양성 프로그램에서는 영성지도 기술에 대한 탁월한 교육을 제공하고 있다. 훌륭한 수퍼바이저들의 격려와 도움 가운데, 초보 지도자들은 이론으로 배우고 소그룹 환경에서 실습한 내용을 실제 상황에서 체화시키게 된다. 수많은 대화록을 읽고 초보 지도자들과 개인적으로, 또는 그룹으로 수퍼비전하는 가운데, 우리는 영성지도 기술에 대한 초기 교육과 입문서 수준을 뛰어넘는 일반적인 갈등이 있음을 알게 되었다. 우리는 또한 초보 지도자들이 직면하는 딜레마들이 영성지도 프로그램에서 거의 다루어지지 않는다는 사실을 깨달았다. 우리는 수퍼바이저들이 그런 딜레마를 직면한 초보 지도자들을 어떻게 도와야 하는지에 대해 많은 수퍼바이저들과 대화를 나누었는데, 그 과정에서 얻게 된 성찰과 제안은 다음과 같다.

### 대화의 진행과 막다른 질문들

초보 지도자들은 새로운 피지도자들과 처음 만날 때 수행해야 할 과제뿐만 아니라 첫 만남의 목적과 취지에 대해 잘 알고 있어야 한다. 이 시기에 수퍼바이저들은 새 지도자들이 그들의 피지도자들과 서로 잘 맞는 상대자인지 분별하게 도와줄 수 있다.

피지도자들과 정기적이거나 통상적인 회기로 들어갈 때, 초보 지도자들은 종종 주제 전환하기를 어려워한다. 그들은 인사와 마음을 여는 대화를 나누다가 영성지도 대화로 어떻게 옮겨가야 할지 알지 못한다. 초보 지도자들이 주제를 어떻게 전환하는지 살펴보면, 주로 실천적이고 신학적인 관심사를 전면에 끌어오곤 한다. 어떤 초보 지도자들은 갑작스럽게 대화의 흐름을 끊고 과장되거나 서투른 방식으로 침묵과 기도를 요청한다. 그들은 비공식적이고 자연스러운 대화의 톤에서 공식적이고 심각하며 무거운 톤으로 극적인 변화를 준다. 이런 변화를 시도할 때, 초보 지도자들의 머릿속에는 이런 생각이 들어 있다. "이제 영성지도로 옮겨가는 것이 좋겠지?" 또는 "내가 벌써 영성지도를 하고 있는 건가?" 톰의 수퍼바이저, 수잔은 톰의 대화록에서 그런 행동과 생각이 있음을 알아차린다. 그녀는 톰에게 "영적"이라면 어떤 것을 말한다고 생각하는지 신학적으로 살펴보도록 한다. 그들은 영성지도 대화 가운데 하나님이 어디서 어떻게 임재하고 활동하시는지에 대해 톰이 갖고 있던 전제들을 파악하게 된다. 산드라와 그녀의 수퍼바이저도 이와 유사한 역동을 탐색하면서, 산드라가 영성지도 관계 안에서 기도의 역할을 명확히 이해하지 못했음을 알게 된다. 그녀와 그녀의 수퍼바이저는 피지도자를 위해 기도하고 싶은 그녀의 갈망에 대해, 그리고 그녀의 피지도자들이 영성지도 회기 중에 기도하고 싶어 할지에 대해 대화를 나눈다. 피지도자가 영성지도 회기 중에 기도하고 싶어 한다면, 산드라의 수퍼바이저는 그런 기도가 어떤 경우에는 영성지도 대화의 자연스러운 결과일 수 있다고 말해 준다.

초보 지도자들은 여러 기술 중 하나로 "개방형 질문들"open-ended questions을 사용하라고 배우지만, 언제 어디서 그런 기술을 사용해야 할지 난감해 한다. 어떤 초보 지도자들은 피지도자들에게 인사를 건네자마자 거의 즉시 지난 영성지도 회기의 주제와 관련해 개방형 질문을 던진다. 한 초보 지도자는 미처 둘 다 의자에 앉기도 전에 피지도자에게 이런 질문을 했다고 한다. "요즈음 남편과의 관계는 어떤가요?" 지도자와 피지도자는 출발하자마자 달려서 이전 회기에 했던 대화를 반복하고 있던 것이다.

이런 지도자를 어떻게 도울 수 있을지 상상해 보라. 초보 지도자들에게 피지도자들을 맞이한 후 직접적인 대화 주제로 전환하는 법을 가르쳐줄 흥미롭고 즐거운 방법들이 많이 있다. "개방형" 질문과 "폐쇄형" 질문의 차이에 대해 대화를 나눈 후 지도자가 사용할 수 있는 여러 도입 질문들을 예로 들어주는 것도 좋다. "오늘 여기 운전하고 올 때 괜찮았어요?" "사무실 문 밖에 핀 장미 봤어요?" 초보 지도자와 이 상황을 역할극으로 해보면서 영성지도 대화의 주제로 전환시켜 나가게 돕는 다양한 방법들을 시연해 보게 할 수 있다. 피지도자와 함께 자연스럽게 침묵으로 들어가는 방법을 그에게 보여주거나, 다음과 같은 보다 일반적인 질문을 제안해 보라. "오늘은 무엇에 관한 이야기를 나눌까요?" 초보 지도자를 어떤 방법으로 돕든지 간에, 초보 지도자가 대화의 초기 전환에 있어 영성지도 회기의 비공식적이고 자연스런 대화의 톤을 잃지 않는 법을 배우도록 돕는 것이 중요하다.

### 침묵

초보 지도자들이 다른 사람 앞에서 침묵하며 있는 것을 불편해하는 것은 특별한 게 아니다. 미국처럼 떠들썩한 문화에서는 침묵이 충만한 장소를 찾기 어렵다. 시끄러운 길모퉁이에서는 붐박스가 음악 소리를 뿜어내고 자동차에서는 라디오 소리가 요란하게 쿵쾅거린다. 백화점과 사무실은 경음악과 안내 방송으로 가득하다. 심지어 예배조차 음악과 말소리로 가득 차 있다. 잠시 침묵의 순간이 찾아올 때 공동체 구성원들은 소리의 부재 속에 함께 있는 것이 불편하고 어쩔 줄 몰라 자리에서 몸을 뒤튼다. 외부에서 잡음이나 소리를 쏟아 붓지 않을 때에도, 우리는 종종 내면의 불안으로 인해 힘들어한다. 여러 생각들이 우리를 공격한다. 우리의 정신에 여러 소리들이 반복해서 올라온다.

초보 지도자들이 침묵에 대해 갖고 있을 문화적이고 개인적인 어려움 외에도, 그들은 침묵의 여러 종류와 질을 구분하기를 어려워한다. 침묵이 일반적으로 소음, 말 또는 소리의 부재로 정의되곤 하지만, 침묵의 질은 굉장히 다양하다. 아이가 부모에게 벌을 받고 자기 방에 가 있을 때처럼, 침묵은 어떤 사람에게는 처벌이라고 느껴질 수 있다. 이와 비슷하게 누군가 관계 유지를 위해 필요한 감정이나 정보에 상대방이 다가오는 것을 거부한다면, 이때의 침묵의 질은 금지 또는 강요로 느껴질 수 있다. 침묵은 가슴 아픈 것도, 강제적인 것도, 희망적인 것도, 사랑스러운 것도 될 수 있다. 침묵은 존중, 경외감, 모멸감 또는 관심의 결여 등을 나타내는 표지가 될 수 있다. 또한 침묵은 두려워하는 것도, 앙심을 품고 있는 것도, 비밀을 숨기고 있는 것도, 수줍어하는 것도 될 수 있다.

초보 지도자들이 피지도자 앞에서 침묵하기를 준비하도록 도와주는 수련이 하나 있다. 그룹 수퍼비전 상황에서, 초보 지도자들을 둘씩 나눠 지도자와 피지도자 역할을 교대로 맡게 한다. 피지도자 역할을 하는 사람이 자연스러운 침묵의 자리로 초청하는 경험을 구현한다. 그런 다음 성령의 인도를 따라 침묵에 들어간다. 지도자는 피지도자를 따라 침묵의 경험으로 들어간다. 초보 지도자들에 의하면, 그런 실습이 도움이 되었다고 한다. 초보 지도자들은 또한 렉시오 디비나, 또는 관상기도 그룹에 구성원으로 참여하는 것을 고려해 볼 수 있다. 이런 모임에서는 침묵이 일반적이며, 초보 지도자들은 그룹이 함께 기도할 때 침묵이 갖고 있는, 자라가고 스며드는 성질에 대해 배울 수 있다.

피지도자들은 이런 침묵의 질에 대해 평가하는 데 능하다. 그들은 특정 침묵이 그들에게 어떻게 느껴졌는지 알고 있으며, 이는 영성지도 대화에서 매우 중요하다. 일대일 수퍼비전에서는 수퍼바이저가 대화록에 있는 피지도자 부분을 읽고, 그 경험으로 들어가 본 다음, 초보 지도자에게 이 대화에서 느껴지는 침묵의 질에 대해 이야기해 주는 것이 도움이 된다.

음미하기

때때로 피지도자들은 형언할 수 없는 하나님의 영에 의해 일어난 특별히 강력하거나 통렬한 생명을 주는 경험들에 대해 지도자들에게 이야기한다. 그런 경험들은 언어, 특히 영어가 지닌 속성 탓에 묘사하기 어려운데, 영어가 관계보다는 행동을 지향하기 때문이다. 그런 경험들은 또한 우리가 하나님의 궁극적 신비를 파악하거나 붙잡거나 담고 있을 수 없기 때문에 표현하기 어렵다. 그러므로 피지도자들은 종종 이런 삶의 경험들을 은유적으로 이야기하고는 침묵으로 빠져든다. 그런 경험들을 이야기함으로써 피지도자들은 지도자들에게 이 순간들을 음미하고 인정하며, 하나님의 은혜, 자비, 그리고 사랑이라는 선물을 찬양하고, 감사하고, 축하하도록 초청하고 있는 것이다.

어떤 초보 지도자들은 음미하기 어려워한다. 말이란 새로운 탄생의 신비, 일몰의 아름다움, 또는 진리나 정의를 경험하는 순간에 대한 감사와 찬양을 표현하기에 부적합하다. 음미하기 Savoring 는 영성지도자들을 감사, 존경, 또는 기쁨의 침묵으로 초청하기도 하지만, 그와 동시에 언어적 반응과 탐색으로도 초청한다.

초보 지도자들은 종종 피지도자들에게서 좋은 소식을 듣고서는 즉시 대화를 다른 주제로 옮겨버린다. 수퍼바이저들이 음미하는 법을 배우는 초보 지도자들을 도와줄 방법 하나는 수퍼비전 회기에서 피지도자 역할이 되어주는 것이다. 하나님의 영이 놀랍게 부어졌던 최근의 경험, 즉 당신이 초보 지도자와 함께 즐거워하고 음미하고 싶은 경험을 생각해 보라. 이 경험을 나눈 후 다음과 같은 질문을 사용해 지도자가 반응하도록 도와주라. "만약 한 친구가 이런 이야기를 한다면 어떤 말을 해주고 싶은가요?" "이런 이야기를 들었을 때 자연스럽게 느껴진 감각은 무엇인가요?" "지도자로서 당신은 어떤 종류의 경이감을 경험하고 있나요?" "그런 선물을 받는다는 것이 어떤 건지 나에게 질문해 보세요." 이와 같은 질문들은 초보 지도자들이 피지도자들의 삶에 나타난 하나님의 활동의 신비와 경이를 음미하는 법을 배우는 데 도움이 된다. 초보 지도자들을 위해 피지도자 역할을 해주는 것은 수퍼바이저들이 이미 다양한 환경에서 실습하고 있는 방법이다. 이런 실습은 초보 지도자들이 근본적으로 지녀야 할 무지의 자세를 향상시켜주고, 확신을 고무시키며, 그들의 내적 감각을 이끌어내게 해주고, 그들의 유익한 반응과 현존의 방식에 대해 적절하게 감사와 칭찬을 표할 기회를 준다.

### 인간의 고통에 반응하기

어떤 초보 지도자들은 피지도자들의 경험을 음미하는 것을 어려워하는가 하면, 다른 초보 지도자들은 고통과 인간적 번민을 털어놓을 때 어떻게 함께 있어주며 반응해야 하는지 알지 못한다. 고통은 인간 정체성의 피할 수 없는 결과이다. 인간이라는 존재는 사랑하는 사람의 상실, 병, 어두움의 순간들, 의심, 절망, 죽음 그 자체 등과 같은 아픔과 불안을 경험한다. 이런 고통들은 피할 수 없다. 우리는 또한 다른 사람으로부터의 학대, 경제적 불평등, 사회적 부정의, 그리고 문화적 소외감 등의 결과로 발생하는 고통을 경험한다. 대부분의 초보 지도자들은 피지도자들의 고통이 다른 사람들의 억압적인 행동 때문인지, 아니면 인간에게 피할 수 없는 결과 때문인지 잘 분별한다. 피지도자가 충분히 방지할 수 있는 학대로 고통을 겪고 있다면, 지도자는 영성지도 회기 때 윤리적 지침에 따라 적절히 개입하면서 적극적인 역할을 수행해야 한다. 그런 상황에서 수퍼바이저는 그런 고통의 희생자들을 비난하는 종교적이고 문화적인 태도들을 거슬러 초보 지도자들이 작업하도록 돕는다.

인생의 불가피한 결과로 오는 고통은 좀 다르다. 피지도자들이 지도자에게 피할 수 없는 그들의 경험이나 억압적인 관습 때문에 과거에 고통 받았던 경험을 털어놓을 때, 지도자와 피지도자 양쪽의 내면에 다양한 태도와 감정이 일어나기 마련이다. 큰 고통에 직면한 지도자와 피지도자의 마음은 슬픔과 비탄, 분노와 절망, 연민과 친절 등으로 가득 차게 된다. 이 때 피지도자들은 지도자에게 고통의 한 가운데 있거나 고통을 지나고 있는 자신과 함께해 주기를 초청하고 있는 것이다.

어떤 초보 지도자들은 이것을 굉장히 힘들어 한다. 인간 고통의 신비를 직면했을 때, 어떻게 머물러 있으며 무슨 말을 해야 할지 알기는 어렵다. 수퍼바이저로서 우리는 이 주제와 관련해 초보 지도자들과 여러 가지 수준으로 작업한다. 우리는 초보 지도자들이 인간 고통에 관해 갖고 있는 신학적 가정들에 주의를 기울이고, 고통 가운데 있을 때 도움이 되는 자세나 반응들을 양성하고 격려해 준다. 유대-기독교 전통은 우리에게 많은 지혜를 제공한다. 소수의 초보 지도자들은 예수에 대한 믿음을 그의 인간성을 배제해 버리는 방식으로 이상화시킨다. 그런 지도자들에게는 예수가 십자가에 달려 부르짖은 소리에 귀 기울여보기를 권한다. "나의 하나님, 나의 하나님, 어찌하여 나를 버리셨나이까?"(막 15:34). 그리고 그것을 예수에 대한 믿음의 진정한 표현으로 들어보도록 권한다. 또한 그들에게 자신의 또는 다른 사람의 고통에 대한 경험에 머물러 있으면서 이 경험이 실제로 어떤 것이었을지 숙고해 보도록 권한다. 초보 지도자들과 함께 욥기를 다시 읽으면서, 세 친구들에게서는 해서는 안 될 말과 행동이 무엇인지 살펴보고, 욥에게서는 고통 가운데 있는 사람이 하나님께 어떻게 말할 수 있는지 배워보는 것도 도움이 된다. 또는 시편 기자들이 표현한 고통에 대한 믿을 수 없을 정도로 다양한 반응들을 떠올리면서, 초보 지도자들과 인간 고통에 상응하는 다양한 감정들을 표현하는 그들의 능력에 대해 대화를 나누는 것도 좋다. 아니면 초보 지도자들에게 잠시 동안 예수를 지도자가 아닌 피지도자로 상상해 보도록 초청해 보라. 복음서는 큰 고통의 시기에 피지도자들이 원하는 침묵의 특성과 현존의 종류를 분명하게 보여준다.

> 이에 예수께서 제자들과 함께 겟세마네라 하는 곳에 이르러 제자들에게 이르시되 "내가 저기 가서 기도할 동안에 너희는 여기 앉아 있으라" 하시고 베드로와 세베대의 두 아들을 데리고 가실새 고민하고 슬퍼하사 이에 말씀하시되 "내 마음이 매우 고민하여 죽게 되었으니 너희는 여기 머물러 나와 함께 깨어 있으라" 하시고(마 26:36-38).

예수는 제자들에게 깨어 있고, 머물러 있으면서, 그의 고통 가운데 함께 있어달라고 요청했다. 피지도자들이 지도자들에게 원하는 방식도 이와 크게 다르지 않다.

피지도자들은 지도자들이 인간의 고통이 일으키는 결과를 결정하거나 변화시킬 수 없음을 알고 있다. 그러나 그들은 자신이 고통을 통과해 갈 때, 지도자들이 함께 깨어 있고, 머물러 있으며, 곁에 있어

주기를 바란다. 영성지도자들은 피지도자들이 겪는 고통 한 가운데에서 하나님의 임재에 대한 표지가 되어 섬기는 것이다. 지도자들은 두려움의 시기에 소망을 주고 하나님이 긍휼어린 마음으로 함께하심을 느끼게 해준다. 수퍼바이저들은 기독교 공동체와 믿음의 전통이 함께하고 있음에 대한 표지가 되어 초보 지도자들을 섬긴다. 그들은 초보 지도자들이 고통 가운데 있는 피지도자들과 함께 머물러 있도록 격려하고 초보 지도자들이 홀로 있는 것이 아님을 상기시켜 주는 방식으로 그들을 도와준다. 그들 역시 동반 받고 있는 것이다. 초보 지도자들은 그들의 수퍼바이저들, 성도의 교제, 살아 있는 하나님의 말씀, 그리고 인간 고통 안에 있는 위로와 실망에 대해 많은 것을 가르쳐주는 신앙 전통 등의 동반을 받는다. 우리는 또한 초보 지도자들이 고통을 겪고 있는 피지도자들에게 반응적인 경청자가 되어주도록 격려한다.

### 반응적 경청

영성지도에 관한 많은 책과 논문들은 경청자로서의 지도자 역할에 대해, 그리고 영성지도 관계에서 경청과 주의 깊은 사랑이 갖는 힘에 대해 이야기한다. 이런 기본적인 입장들은 훌륭한 영성지도의 기초이자 핵심을 말하고 있다. 우리가 듣고 인식한 것에 대한 반응뿐만 아니라 경청의 형태도 피지도자에게 언어적으로 그리고 비언어적으로 함께 전달된다. 다양한 분야의 학생들이 현대 심리학과 상담 관련 서적에서 "적극적 경청 기술"active listening skills이라고 부르는 주제에 대해 연구하고 있다. 즉, 우리가 들은 내용에 대해서뿐만 아니라, 우리가 듣고 있다는 사실 자체에 대해서도 적극적으로 전달하는 법에 대해 배울 수 있다는 것이다.

다음은 적극적 경청과 관련된 전형적인 기술들이다. "흠", "아", "음"과 같은 말 사용, 고개를 끄덕임. 개방형 질문 사용. 피지도자가 말한 내용 요약. 그리고 우선적으로 정확한 공감. 피지도자의 감정과 그가 말한 주제의 핵심을 알아차리고 이름붙이기. 이런 기술들은 이미 수많은 영성지도 프로그램에서 초보 영성지도자들에게 전수되고 있다. 이런 기술들을 통해 초보 지도자들은 피지도자들을 돌보면서 그들이 자기 이야기를 꺼내도록 도울 수 있다.

그런 기본적인 기술들을 넘어, 강사들과 수퍼바이저들은 초보 지도자들이 영성에 관한 글에서 흔히 "관상적"contemplative이라 부르는 일종의 경청법을 그들 자신의 은사로 계발시킬 수 있도록 돕는다. 관상적 경청이란 관상적 인식contemplative perceiving으로 이해하는 편이 더 적절한데, 니프시가 이 책의 2장에서 묘사한 바 있는 다음의 것들을 포함한다. 다른 사람의 독특한 인격을 보기, 다른 사람의 인격 전체를 보기, 표면을 보기, 그리고 너머를 보기. 월터 버가르트Walter Burghardt는 이런 종류의 인식을 가리켜 "실재를 오랫동안 사랑어린 눈으로 바라보는 것"¹이라고 했다. 초보 지도자들은 다양한 분별 과정을 배워 피지도자들의 삶과 인격 안에 실재하고 현존하고 활동하시는 성령을 감지할 수 있어야 한다.

이런 능동적이고 관상적인 경청에 대한 설명에는 종종 다음과 같은 주의사항 목록이 포함된다. "앵무새처럼 따라하지 말라." "조언하지 말라." "성경의 상투적 표현으로 반응하지 말라." "피지도자들이 자신의 정체성에 대한 핵심적이고도 놀라운 말을 꺼냈을 때 침묵하며 앉아 있지 말라." "분석하지 말라." "영성지도 대화의 초점은, 지도자가 아니라 피지도자와 성령에게 있어야 한다." 이 목록은 끝이 없다. 이런 주의사항과 더불어 피지도자와 성령에만 적극적이고 관상적인 경청의 초점을 두라는 이야기를 들으면, 초보 지도자들은 기본적으로 하나님이 인도하시는 피지도자들의 자기 발견 과정을 곁에서 도와줄 뿐, 그 안에서 자신들이 말해야 할 것도, 해줘야 할 것도 별로 없다고 가정하게 된다.

우리는 여러 대화록을 살펴보며, 초보 지도자들이 피지도자들에 대한 반응으로 어떻게 생각하고 느끼고 상상하고 감지하는지에 대해 기록한 것을 확인했다. 그러나 그들은 피지도자들에게 이런 정보를 거의 나누지 않는다. 오히려 그들은 지도자로 하여금 대화의 흐

---

1. Walter Burghardt, "Contemplation: A Long Loving Look at the Real," *Church* (Winter 1989): 15.

름을 결정하도록 돕는 방법인 탐색적 질문들을 사용하는 경향이 있다. 수퍼바이저로서 우리는 그런 초보 지도자들을 돕기 위해 이런 질문을 던질 수 있다. "앞선 나눔에 대한 반응으로 당신이 이 순간 어떻게 느꼈는지 피지도자와 나누지 못한 이유는 무엇일까요?" 또는 "이 훌륭한 압축적인 이미지를 왜 피지도자에게 나누지 못했나요?" 능동적이고 관상적인 경청의 기술과 감각들을 사용하도록 격려하는 데서 나아가, 초보 지도자들이 피지도자에게 일종의 반응적 경청을 하도록 격려하려는 것이다. 반응적 경청은 영성지도의 사회적, 공동체적, 그리고 상호 관계적 차원을 인정하고, 지도자-피지도자 관계가 가장 자연스러운 방식으로 드러나도록 돕는다. 우리는 초보 지도자들이 피지도자들과 함께 감지한 것에 대해 나누고 적절히 자기를 드러냄으로써 반응적으로 경청하도록 격려한다.

### 감지하는 능력

횟수를 거듭함에 따라, 초보 지도자들의 감지하는 능력은 점차 자라간다. 실제로 그들은 피지도자의 외면적, 비언어적 표지들과 행동들에 초점을 맞추며 회기를 시작하곤 한다. 지도자가 피지도자들의 음성과 몸짓 언어에 일어나는 변화를 감지하는 것은 중요하다. 이는 영성지도 대화가 그 순간 어떻게 진행되고 있는지 보여주는 의미 있는 실마리를 제공해 준다. 그러나 이런 정보들을 말로 표현해 버리면 피지도자들이 지나치게 자신을 의식하게 되기 쉬우며, 이는 영성지도 대화에서 대개 바람직하지 않다. (자기를 의식하는 것과 자기를 발견하는 것 사이에는 심각한 차이가 있다. 영성지도 대화에서는 후자가 바람직하다.) 초보 지도자들은 영성지도 기술이 발전해 가면서, 점차 자신이 감지한 것들을 드물게 사용하게 된다.

훌륭한 영성지도자들은 피지도자들에게 이와는 다른 종류의 정보들을 제시해 준다. 그들이 전달하는 정보들은 무엇보다 자아에 대한 긍정 또는 확인으로 묘사될 수 있다. 즉, 피지도자가 자기 이야기를 할 때 그의 인격 안에서 지도자가 발견한 진정한 것 말이다. 이는 피지도자에게 중요하고 의미 있는 정보이며, 지도자는 피지도자를 알아감에 따라 말로 더 잘 표현하게 된다. 그들이 감지해 전달하는 정보들은 또한 피지도자의 인격 안에서 활동하고 있는 성령의 임재를 가리키는 것일 수 있다. "나는 이런 어려운 상황에 직면해서 당신이 보여준 용기에 감동을 받았습니다." "그날 당신은 스미스 씨에게 정말 좋은 이웃이 되어 주었군요." "그런 종류의 인내는 당신 편에서 진정한 성실이 있어야 가능하지요." "당신은 주변에 있는 사람들에게 큰 기쁨을 가져다주었어요." "당신이 이것에 대해 이야기할 때, 나는 거룩한 신비를 향한 당신의 사랑에 감동을 받았습니다." 그렇게 감지한 정보들은 피지도자가 그들의 삶 속에 성령의 활동과 임재를 분별하도록 도움을 주고 그들이 자신을 더 잘 알아가도록 인도한다. 이런 정보를 감지하는 작업은 초보 지도자들에게 쉬운 일이 아니다. 초보 지도자들은 우리 모두가 그렇듯, 피지도자의 이야기에 사로잡힌 채 그 이야기를 말하는 사람을 알아가는 데 실패하는 경향이 있다. 수퍼바이저들은 초보 지도자들에게 그들의 피지도자들을 묘사해 보도록 질문함으로써 이 문제를 도와줄 수 있다. "이 피지도자는 어떤 자질 또는 성품을 지니고 있나요?" "이 사람은 어떻게 자기 삶을 살아왔나요?" "이 피지도자가 관심을 갖는 사람들은 누구이고, 그는 이들에게 어떻게 반응하고 있나요?" "이 피지도자는 세상에서 어떻게 행동하나요?" 이와 같은 질문들은 초보 지도자들이 피지도자의 인격에 대한 큰 그림을 얻을 수 있게 도와준다.

### 이미지들과 성경 이야기들

영성지도 회기에서 영성지도자에게 요약 이미지 a summarizing image 가 떠오를 때가 있다. 이런 이미지는 피지도자의 이야기에 존재하는 다양한 실마리들을 한데 모아준다. 또 어느 때에는 피지도자의 이야기를 듣는 도중에 지도자의 마음에 특정한 성경 이야기나 영성 생활에 관한 고전 텍스트 중 한 문장이 떠오르기도 한다. 어떤 영성지도자들에게는 이미지나 성경 텍스트들이 피지도자가 이야기하는 도중에 종종 마음에 떠오른다. 이런 경험을 하는 지도자들은 그런 이미지나 텍스트들이 혹시 성령께서 피지도자들에게 제공하라고 주신 것은 아닌지 특별히 주의를 기울여보아야 한다.

영성지도 대화에서 일반적으로 지도자들은 피지도자들의 정신과 마음에서 떠오르는 이미지들을 가지고 작업하게 된다. 그러나 때때로 지도자가 제시하는 요약 이미지는 피지도자가 자기 이야기의 실마리들을 하나의 일관된 전체로 모으는 데 큰 도움이 될 수 있다.[2] 다른 경우, 지도자들은 피지도자에게 그의 이야기에 근접한 성경 본문을 상기시켜줄 수 있다. 이는 피지도자의 특정 이야기를 더 큰 기독교 이야기, 또는 그리스도의 수난 사건과 연결시키는 방법을 깨닫게 해주는 효과적인 수단이 된다. 수퍼바이저들은 초보 지도자들이 피지도자들에게 그런 연결점을 인식시킬 적절한 시기가 언제인지 잘 분별하도록 도울 수 있다. 그들은 또한 피지도자들이 그 이미지가 도움이 되지 않거나 자기 경험을 정확하게 설명해 주지 못한다고 느낄 때, 초보 지도자가 제시된 이미지들을 잘 철회할 수 있게 도울 수 있다.

### 적절한 자기 공개

초보 지도자들이 느끼는 많은 공통된 어려움은 영성지도 관계에서 적절한 자기 공개를 제대로 이해하고 사용하는 것을 통해 해결될 수 있다. 다음의 대화는 지도자들이 적절히 자기를 공개하는 데 실패할 때 종종 일어나는 현상을 보여준다. 피지도자인 신시아는 영성지

---

2. 이 책 5장을 보라. Maria Bowen, "Dimensions of the Human Person in Relationship and the Practice of Supervision." 이 글에서 보웬은 영성지도에서 자기의 다양한 차원을 가지고 작업하는 것에 대해 설명하고 있다.

도를 위해 지도자 스티브를 1년 동안 3주에 한 번씩 만나와왔다. 그 해의 마지막 회기 말미에 신시아는 스티브와 다음과 같은 대화를 했다.

신시아 : 스티브, 지난 한 해 동안 당신이 나를 잘 동반해 줘서 얼마나 감사한지 몰라요. 나에게는 어려운 한 해였거든요. 1년 동안 곁에 있으면서 베풀어준 도움과 지혜에 감사합니다.

스티브 : 어, 글쎄요, 신시아. 이것은 당신의 삶과 우리가 함께한 시간 가운데 강력하게 활동하신 하나님의 은혜 덕분이에요. 나는 일어났던 모든 것으로 인해 하나님께 감사드려요.

신시아 : 스티브, 나 역시 하나님께 감사드려요. 그렇지만 내가 당신을 얼마나 좋아하는지 당신이 알았으면 해요. 당신은 나의 삶과 하나님과의 관계에 변화가 일어나게 했어요. 당신이 나의 영성지도자라서 행복해요.

스티브 : 나는 그것이 하나님이 하신 일이라고 생각해요. 우리가 함께 했던 시간은 축복받은 거예요. 하나님은 그동안 은혜롭고 자비로우셨어요.

신시아 : 스티브, 나는 당신을 사랑하고 내가 당신에게 얼마나 고마워하는지 알아주었으면 해요.…(그녀는 위에 표현된 것과 비슷한 말들을 계속 했다.)

스티브는 이 대화록을 그룹 수퍼비전 회기에 가져왔다. 그는 그의 피지도자인 신시아가 자기를 사랑한다고 말한 것 때문에 두렵다는 말로 대화를 시작했다. 동료 수퍼비전 peer supervision 을 하면서, 스티브는 자신이 신시아의 감사와 칭찬을 받아들일 수 없었음을 깨닫게 되었다. 더 나아가, 그는 자기를 공개하기가 불편했고, 신시아가 처음 한 말에 어떻게 반응해야 할지 몰랐다. 이 예를 통해 우리는 자기 공개가 적절할 뿐만 아니라, 대화가 잘못 확대되는 것을 막고 전이와 역전이의 가능성을 줄일 수 있음을 알 수 있다. 위의 대화에서, 만약 스티브가 다음과 같이 말했다면, 스티브와 신시아 둘 다에게 도움이 되었을 것이다. "신시아, 나도 당신을 좋아해요. 그리고 나도 우리가 함께 영성지도를 할 수 있어 좋았어요. 앞으로 할 영성지도 대화들이 기대가 돼요." 수퍼비전 그룹에서 스티브의 반응의 경향을 감지하고, 그때 그가 무엇을 느꼈는지에 대해 질문하며, 피지도자에게 한 그의 답변에서 무엇이 빠졌는지 지적해 줄 때에야 스티브는 이 점을 깨달을 수 있었다.

우리는 초보 지도자들의 영성지도 대화록을 읽고 적절한 자기 공개가 빠져 있다는 것을 알게 되었다. 그런 대화록을 읽으면, 우리는 영성지도자가 자기를 결여하고 있다는 것을 감지하고 놀란다. 영성지도자는 심리학자가 아니다. 또한 그들은 피지도자가 그들의 느낌, 태도, 경험, 그리고 하나님 신앙에 대한 모든 것을 투사하는 백지가 아니다. 거의 모든 학문 분야의 현대 자료들은, 영성지도자가 피지도자나 그들의 하나님 관계에 아무 영향을 끼치지 않는 객관적인 관찰자가 아니라고 제안한다. 영성지도는 피지도자, 영성지도자, 그리고 성령 사이의 관계를 지향하는 만남이다. 피지도자에게 유익하도록 이 모두가 영성지도에 등장해야 한다. 토머스 머튼 Thomas Merton 은 이렇게 단언한다. "진정한 영성지도가 제대로 작동하기 위해 첫 번째로 필요한 것은 평범하고 자연스러운 인간관계이다."[3] 평범하고 자연스러운 영성지도 관계에서는, 피지도자의 행복을 위해 어느 정도의 자기 공개는 필수적이다.

## 스토리텔링

인간적이고 자연스러운 영성지도 관계에서 지도자가 들려주는 적절한 수준의 스토리텔링이 필요할 때가 있다. 그런 스토리텔링은 영성지도 관계에 적합해야 하고, 상호성이라는 특성을 드러내며, 피지도자의 노력을 지지하는 것이어야 한다. 피지도자의 이야기를 대체하거나 피지도자에게 불편이나 혼란을 야기할 수 있는 성격의 것이어서는 안 된다.

우리는 한 영성지도 시범에서 적절한 스토리텔링에 해당하는 이야기를 들은 적이 있다. 사라라는 이름의 여성 피지도자가 영성지도

---

3. Thomas Merton, *Spiritual Direction and Meditation with What is Contemplation?* (Wheathampstead, Hertfordshire, England: Anthony Clark Books, 1950), 19.

자 알렉스와 대화를 하고 있었다. 사라는 자신의 체리 콜라 "중독"에 대한 심각한 고민을 이야기했다. 사라는 체리 콜라를 너무 많이 마시고 있었고, 여러 면에서 건강을 해치고 있음을 알고 있었다. 브루클린에서 자란 알렉스는 그가 어렸을 때 좋아했던 초콜릿 탄산음료인 "에그 크림"egg creams에 관해 이야기하기 시작했다. 알렉스는 탄산음료 가게에 대해, 그리고 그곳을 소유하고 운영했던 나치수용소 희생자들에 대해 이야기했다. 사라는 매주 주일 오전에 세 차례의 예배에서 오르간을 반주한 날들에 대해 이야기했다. 그녀가 나눈 이야기가 많지만, 그 중 하이라이트는 예배 사이에 체리 콜라를 마시려고 가게에 간 것이었다. 사라와 알렉스는 에그 크림과 체리 콜라 때문에 큰 소리로 웃었다. 그들의 스토리텔링을 마무리하면서, 알렉스는 이렇게 말했다. "이제, 우리(지도자, 피지도자, 그리고 하나님)가 이 체리 콜라를 대체하기 위해 무엇을 할 수 있는지 알아봅시다." 하나님은 확실히 이 대화 속에 임재하셨다. 웃음, 기쁨, 어린 시절 그 선물이 준 즐거움과 대단했던 맛에 대한 인식, 그리고 상호 스토리텔링. 결과적으로 사라는 자신의 체리 콜라 "중독"에 대한 두려움을 느끼지 않게 되었다. 그녀는 비참하게 혼자 있다고 느끼지 않게 되었고, 그 문제에 대해 어떤 부르심이 있는지 들을 준비가 되었다.

협력적인 대화

적절한 스토리텔링을 해주는 데서 더 나아가, 지도자들이 피지도자가 말한 내용에 대한 감정 반응felt responses과 생각을 나누는 것은 적절할 뿐만 아니라 때로는 필수적이다. 피지도자들이 지도자들에게 그들 자신에 대하여 그리고 하나님 안에서 그들의 삶에 대하여 점점 더 많은 대화를 나눌 때 지도자들이 어떻게 생각할까 궁금해 하는 것은 이상한 일이 아니다. 피지도자들은 지도자들에게 다음과 같은 질문들을 할 것이다.

"이 모든 것에 대하여 어떻게 생각하세요?" "이 상황을 어떻게 보세요?" "내가 당신에게 이런 말을 했는데 이제 당신은 나에 대해 어떻게 생각하세요?" 지도자들이 이런 질문에 대답하지 않거나, 그런 질문에 답하는 대신 다른 질문을 하는 것으로 돌리면, 피지도자들은 종종 피해망상적인 생각을 하기 시작한다. 더 나아가 그들은 답변 없는 질문의 자리를 스스로 생각한 반응으로 채우게 된다. "내가 이렇게 말했으니 날 좋아할 리가 없어." "이런 식으로 생각하는 나를 틀림없이 미쳤다고 생각할 거야." "이런 의심들을 다 털어놓았으니, 이제 날 영적인 사람으로 보지 않을 거야."

그런 상황에서 영성지도자들이 충분한 의사소통을 하지 않으면 피지도자들에게 그리고 그들의 하나님과의 관계에 심각한 어려움을 초래할 수 있다. 수퍼바이저로서 우리는 초보 지도자들이 피지도자의 질문에 진실하고 도움이 되는 방식으로 답변해 줄 것을 권한다.

지도자들은 또한 피지도자들과 그들이 말해 준 내용으로부터 느껴진 감정을 반응해 주어야 한다. 이런 방식의 자기 공개는 지도자가 피지도자에게 해주는 의사소통의 가장 중요한 형태 중 하나이다. 지도자와 피지도자는 하나님과의 관계 안에 있을 뿐만 아니라 서로와의 관계 안에 있다. 그 관계는 성육신하신 말씀, 즉 하나님의 성령 충만한 임재의 표지가 되어야 한다. 지도자와 피지도자 관계를 인식하지 못하면, 지도자의 자아가 피지도자의 자아를 향해 정직하게 반응하는 의사소통이 되기보다는 피지도자에게 더 큰 어려움이 발생하게 된다.

훌륭한 영성지도자들은 피지도자들에게 종종 이런 말들을 해준다. "나에게 이 이야기를 털어놓았을 때, 나는 존경심과 경이감을 느꼈어요." "당신이 그런 식으로 학대 받았다니 화가 납니다." "그런 축복에 감사하는 마음이 가득합니다." "아, 당신의 이야기 중에 일부를 놓쳤나봐요. 조금만 천천히 말해 주시겠어요?" "당신이 사랑하는 분이 돌아가셨다니 정말 슬프네요." "나는 당신이 좋아요. 우리가 함께하는 시간이 즐거워요." "나는 하나님을 의심하게 될 때, 때로 무능하다고 느껴요. 당신은 그런 경우에 어떤가요?" "교회에 대한 내 감정은 매우 복잡하답니다." 이 목록은 끝없이 계속될 수 있다.

이런 종류의 자기 공개에서 반드시 명심해야 할 것은 그 생각과 감정이 지도자 자기 것일 뿐임을 확실하게 해두는 것이다. 이렇게 하면 경쟁적이거나 전투적이거나 적대적인 대화가 아니라 개방적이고 협력적인 대화가 증진된다. 생각과 감정은 무수하고 세상에 가득 차 있다. 지도자들과 피지도자들이 협력적인 대화 coorperation conversation 로

진입할 때, 그들은 혼자서는 할 수 없는 방식으로 흥미 있는 의견들을 발전시키고 하나님의 임재를 분별할 수 있다.[4]

아이러니하게도 지도자가 해주는 적절한 자기 공개는, 피지도자들이 그들과 하나님과의 관계를, 지도자 및 다른 사람들이 경험하는 하나님과의 관계와 구분하는 데 도움이 된다. 더 나아가 지도자들이 그들 자신에 대하여 적절하게 피지도자와 대화를 나누게 되면, 피지도자들은 소외감, 외로움, 미칠 것 같은 마음, 또는 근심을 — 믿음으로 초청할 때 흔히 경험하는 감정들을 — 덜 느끼게 되고 그들 자신에 대해 훨씬 더 편하게 느끼며 하나님의 임재를 훨씬 더 잘 인식하게 된다. (우리는 이것을 역설적이면서 성육신적이라고 여긴다.)

초보 지도자들이 적절한 자기 공개를 하지 못하는 경우, 그들은 피지도자의 영성생활에 관련된 주제에 대해 거리를 두고 있는 관찰자나 전문가처럼 보일 수 있다. 그런 태도를 가질 때, 지도자와 피지도자는 함께 무지의 자리에서 하나님이 알려지길 기다리지 못하게 되고, 그에 따라 피지도자의 삶 속에 있는 하나님의 임재와 움직임에 놀라게 될 기회를 잃어버린다.

수퍼바이저로서 우리는 초보 지도자들이 적절한 자기 공개 기술

---

4. 협력적 대화에 관한 이런 이해는 Eric Greenleaf, Ph.D.와의 대화에서 기인한다. Greenleaf는 *The Problem of Evil* (Phoenix: Zeig, Tucker & Theisen, Inc., 2000)의 저자인데, 이 책은 사람들의 삶을 악이 휩쓸고 지나간 후에 무엇을 할 수 있는지에 관해 설명한다.

을 배우도록 돕는 데 많은 시간을 보낸다. 그런 공개는 수많은 중요한 현실들을 인식하게 해준다. 그것은 지도자들이 영성지도 대화 속에서 자신이 무엇을 느끼고, 생각하고, 상상하고, 감지하는지 알고 있음을 말해 준다. 그것은 그들이 피지도자들에 대한 자기 내면의 반응을 말할 수 있을 정도로 피지도자들을 신뢰하고 있음을 말해 준다. 그것은 그들이 자기 공개를 하려는 용기와 의지를 지니고 있음을 말해 준다. 그리고 그것은 지도자들이 언제 어디서 적절하게 자기 공개를 해야 할지 알고 있음을 말해 준다. 또한 이는 수퍼비전 회기에서 초보 지도자들을 위해 수퍼바이저가 피지도자 역할을 하는 것이 매우 도움이 되는 지점이기도 하다. 최근에 있었던 초보 지도자들을 위한 수퍼비전 수업에서, 우리 중 한 명이 매우 슬픈 이야기를 들려주고 초보 지도자들에게 어떻게 느꼈는지 이야기해 보도록 요청했다. 수업에 여섯 명의 학생이 있었는데, 여섯 가지 다른 감정 반응들이 있었다. 훌륭했다. 그것은 지도자들이 그들 자신의 감정 경험을 바탕으로 피지도자들에게 반응할 때 일어날 수 있는 여러 요소들을 드러낼 기회를 제공해 주었다. 초보 지도자들 중 한 사람, 무척 빈틈없고 현명한 한 여성이 강의실을 나가며 이렇게 말했다. "와, 우리는 정말로 배워야 할 게 많아."

수퍼바이저로서 우리는 초보 지도자들과 함께 하는 작업을 통해 항상 배우고 있다. 그들은 우리에게 그들 곁에 어떻게 머물러야 하는지 가르쳐주는데, 이는 그들이 피지도자들과 함께 일할 때 그들에게도 의미 있고 도움이 될 것이다. 필연적으로, 그들은 우리에게 아름다운 멜로디를 소개해 주고, 우리가 옛 후렴들을 부르게 격려해 주며, 수퍼비전이라는 댄스에 참여하게 해준다.

## 댄스의 리듬

진정 영성지도를 잘하고 있는 영성지도자를 관찰하는 순간, 우리는 영성지도가 예술의 한 형태임을 알게 된다. 영성지도 관계에는 음악의 리듬과 비슷한 리듬이 있다. 침묵과 소리 사이, 선물을 음미하는 것과 상실을 탄식하는 것 사이, 그리고 지도자, 피지도자 및 하나님 사이에 존재하는 리듬. 우리에게 익숙한 헨델의 메시아에 있는 "할렐루야 합창"에서 우리는 이것을 감지할 수 있다. 멜로디와 화음들 사이사이에 쉼표, 침묵의 자리, 소리의 부재 등이 자리하고, 모두가 안정감과 독특함이라는 리듬의 지지를 받는다. 이를 통해 소리는 더욱 아름다워지고, 각 부분은 음악을 예술의 경지로 끌어올린다.

수퍼비전에서 우리는 초보 지도자들이 특정한 영성지도 관계 안에 가득한 다양한 리듬, 소리, 그리고 침묵에 익숙해지도록 돕는다. 그들과 우리가 그런 음악에 더 조율될수록, 우리는 하나님이 이끄시는 댄스를 더 풍성하게 즐기며 그에 참여하게 될 것이다. 초보 지도자들을 돕는 것은 특권이다. 그것은 하나님의 우주적 댄스에 참여하는 은혜로운 경험이다.

## 5장°
## 관계 안에 나타나는 인격의 다양한 차원들과 수퍼비전 실습

마리아 타투 보웬

우리가 살아가는 모든 순간은 기적이다. 우리는 음식과 공기에서 연료를 공급받아 사고하고 느끼고 인식하면서, 우리 자신과의 관계, 세상과의 관계, 그리고 모든 것을 채우고 보존하시는 하나님과의 관계를 발전시켜 나간다. 우리의 생리 기능은 감탄의 원천이다. 뇌는 우리의 인식 밖에 있는 대부분의 생물학적 과정을 완전하게 조종한다. 천식이나 폐 질환과 같은 조건을 지니고 살지 않는 한, 우리가 호흡에 대해 의식하는 경우는 아주 드물다. 힘을 다해 운동하거나 심장에 문제가 있지 않는 한, 심장이 끊임없이 박동하는 것은 우리에게 거의 비밀로 남아 있다. 우리는 먹고, 자고, 운동하고, 배변함으로써, 그러나 건강을 해치는 것을 막음으로써 협력해야 한다. 만약 이런 필요들이 오랜 시간 우리 인식에서 사라진다면, 우리 의식 바깥으로부터 필요한 행동을 촉구하는 잔잔한 일깨움이 일어난다. 하나님 안에서 우리는 살고, 움직이고, 존재한다(행 17:28). 우리가 살아간다는 것은 얼마나 훌륭한 심포니이자 소중한 은혜인가. 관상해 보라. 우리와 함께, 우리 안에 거하시는 성령은 우리가 의식할 때나 의식하지 못할 때나 우리 삶과 세상에 생명을 불어넣고 계시다는 것을.

이렇듯 우리 삶의 생리학적 요소들이 우리에게 하나님에 대해 말해 주고 있지만, 이뿐만 아니라 우리 자신과 세상에 대한 경험들 역시 그러하다는 것은 대부분의 영성지도자들과 수퍼바이저들이 인정하는 바이다. 영성지도를 실습하는 수많은 방법들이 존재하듯, 세상과 하나님과의 관계 안에서 우리 자신과 우리의 경험을 바라보는 수많은 방법들이 존재한다. 각각의 방법들이 나름의 강점과 약점을 지니고 있으며, 영성지도자들을 위한 수퍼비전에 대한 나름의 가정들도 내세우고 있다. 이 장에서는 우리 자신에 대해, 그리고 우리와 세상과의 관계에 대해 이해하는 여러 방법을 탐색해 보고, 이런 이해가 하나님과의 관계, 그리고 영성지도 수퍼비전 실습에 대한 이해에 미치는 영향에 대해서 생각해 보겠다.

이 토론에서 사용되는 개념들을 내가 고안한 것은 아니며, 몇몇 개념들을 수정 보완했을 뿐이다. 내가 갖고 있는 이해는 기독교 전통에 기초해 있으며, 캘리포니아 샌 안셀모에 위치한 샌프란시스코신학교의 영성지도 프로그램 과정에서 만난 동료들과 학생들에게 많은 부분 배운 것이다. 특히 신학자 엘리자베스 리버트, 앤드류 드리처 An-drew Dreitcer, 메리 로즈 범퍼스, 레베카 랭거 등에게 신세를 많이 졌다. 이 장의 개념들을 세우는 데 존 모스틴 John Mostyn 의 가르침과 엘리노어 시어 Elinor Shea 의 저술, 그리고 뉴욕 브롱크스에 있는 영성과 정의 센터 동료들에게 많은 도움을 받았다.

### 가정들

이 장은 하나님, 인간, 그리고 세상에 대한 여러 가지 핵심 가정들을 다룬다.

- 하나님은 우리와 우리 관계 안에 거하시며 우리에게 하나님 자신을 드러내길 원하신다. 하나님은 우리 자신과 우리의 관계, 세상과 우리의 관계 안에서 그렇게 하신다.
- 그리스도의 성육신과 성령의 임재는 세상의 선에 대해, 그리고 세상과의 관계 안에서 우리가 하나님을 알기 원하시는 하나님의 열망에 대해 증거하고 있다. 물론 성육신은 악의 존재에 대해서도, 또한 인간이 하나님의 통치에 계속해서 참여해야 할 필요성에 대해서도 인정하고 있다.
- 하나님은 우리 일상과 세상 속에 언제나 현존하시고 역사하고 계신다. 심지어 우리가 하나님의 임재를 인식하지 못하는 동안

에도 그분은 현존하신다.
- 우리가 우리 자신과 세상에 대한 지적, 정서적, 신체적 반응을 보다 더 의식하게 될수록, 세상 속에 현존하시고 일하시는 하나님을 인식하는 능력이 자라게 되고, 하나님의 통치에 더 풍성히 참여하게 된다.

이 장은 또한 영성지도자들을 위한 수퍼비전에 관해 다음과 같은 것들을 가정하고 있다.

- 수퍼비전의 주요 목적은 영성지도자들을 도와 피지도자가 하나님과의 관계 안에서 성장하도록 하는 데 있다.
- 수퍼비전 회기는 영성지도자들이 가져온 특정 지도 회기에 대한 구체적 사실들을 다루는 데 초점을 맞춘다.
- 숙련된 영성지도자들과 수퍼바이저들은 자신의 신체, 정신, 감정 등을 도구로 사용해 그들 회기와 관련된 동력들과 조화를 이루도록 한다.
- 수퍼바이저들은 지도자들이 그들 회기와 관련된 동력들을 잘 인식하고, 지도자 자신의 심리 상태와 경험들이 이 동력 해석에 미치는 영향을 잘 이해하도록 돕는다.
- 수퍼비전은 지도자들이 그들의 회기에 성령의 움직임을 감지하기 위해 노력하도록 돕는다.

- 수퍼바이저들은 지도자들이 역할극과 예시를 통해 배울 수 있도록 여러 기술들을 몸소 보여준다.
- 수퍼바이저들은 지도자들과 함께 여러 협의 질문들을 놓고 논의한다.
- 수퍼바이저들은 지도자들이 자기가 잘 하고 있는 부분을 인식하고 기뻐할 수 있도록 돕는다.

## 인간 경험의 차원들

하나님께서는 때로 우리가 홀로 있으면서 우리 자신이나 환경에 대해 크게 의식하지 않고 있을 때, 이를 테면 새벽 3시쯤 눈이 떠졌을 때 위로해 주시며, 섬광처럼 의식을 깨우는 영감 속에서 우리에게 직접 말씀하신다. 우리는 즉시 이 은혜의 순간을 인식하고, 이 순간은 우리 믿음의 역사 속 잊지 못할 순간이 되어 우리가 두고두고 관상하고 음미할 대상이 될 것이다. 그러나 누구도 이렇듯 갑작스럽게 압도적으로 다가오는 위로를 정기적으로 경험하길 기대할 수는 없으며, 많은 이들이 이런 순간을 갈망하지만 쉽게 얻지 못한다. 그보다는 일상의 순간순간 하나님께서 따뜻하며 변형시키는 임재를 드러내시길 기대해야 한다. 그렇다면 우리는 이 일상의 경험들이 거룩한 향기를 내뿜도록 어떻게 관상할 수 있을까?

주위 사람, 환경, 사회구조, 그리고 문화와 맺는 우리의 관계는 우리에게 매일의 일상 속에 하나님의 현존을 드러낼 수 있다. 하나님은 거룩한 현존으로 세상 전체를 가득 채우고 계시지만, 우리는 아주 가끔 이 실재를 경험할 뿐이다. 때로 하나님께서 우리 눈을 뜨게 하실 때, 우리는 거룩한 신비 가운데 생생하게 깨어나 덜덜 떨게 된다. 시인 제라드 맨리 홉킨스<sup>Gerard Manley Hopkins</sup>는 이렇게 썼다. "세상은 하나님의 장엄함으로 가득 차 있다."[1]

그러나 우리가 하나님을 경험하기 원한다면, 매일의 일상에서 하나님의 임재를 인식하게 되길 구해야 한다. 그러려면 하나님을 만나고자 하는 열망을 품은 채 우리의 관계가 우리에게 도전하고 우리를 움직여가는 곳, 또한 우리에게 감동을 주는 곳에 주의를 기울여야 한다. 믿음의 렌즈를 통해 세상을 볼 때, 마음에 하나님을 품고 소망 가운데 세상에 참여할 때, 우리의 관계가 우리에게 도전하고 우리를 움직여갈 때, 우리는 세상뿐만 아니라 거룩함에 대해서도 감지하고 반응할 수 있게 된다.

이와 같은 때에야 우리는 우리 자신에게, 우리의 관계에, 그리고 하나님에게 현존하게 된다. 신학자 칼 라너<sup>Karl Rahner</sup>는 인간의 경험을 영적 경험으로 만드는 것은, 타자들에게 현존하는 가운데 자기 자신

---

1. Gerard Manley Hopkins, "Gods Grandeur," in *Poems and Prose of Gerard Manley Hopkins*, W. H. Gardner 편 (Middlesex, England: Penguin, 1954), 27.

에게 현존하는 바로 이런 능력이라고 말한다.[2] 예를 들어, 성도들과 함께 기도할 때, 친구와 이야기할 때, 또는 그림을 감상하고 있을 때에도 우리는 하나님을 경험하고 있다고 말해야 할 것이다. 이들 모두는 타자와의 상호작용이라 할 수 있는데 그 종류가 서로 다르다.

어떤 경험은 공동체와, 또 어떤 경험은 다른 사람과, 또 다른 경험은 예술 작품과 관계를 맺게 해준다. 그러나 이 상호작용 모두는 공통적으로 우리 안에 하나님의 임재에 대한 감각을 불러일으킨다. 이런 경험을 하는 와중이든 시간이 지나 기도하거나 영성지도를 받으면서 회상할 때든 우리의 시선이 하나님께 더 이끌리고 있음을 감지한다면, 우리는 자기 자신을 더 풍성히 알게 되면서 자신과의 관계 속에서 성장한다. 또한 우리는 하나님께서 우리를 어떻게 초청하시고 일깨우시고 움직여 가시는지 보다 철저히 알게 되면서 하나님과의 관계에서도 성장한다. 이런 성장으로 우리는 자기 자신에 대한 인식 능력이 자라게 되고, 같은 작업을 원하는 수퍼바이지들을 도와줄 수 있게 된다. 결국 하나님의 임재를 의식적으로 더 경험하게 되며 더 풍성한 믿음을 향유하게 된다.

수퍼비전을 받기 원하는 영성지도자들에게 도움이 될 수 있는 것

---

2. Karl Rahner, *Foundations of Christian Faith*, William V. Dych 역 (New York: Crossroad 1984: 영역, 1978), 17-19, 24-23; 그리고 *Theological Investigations*, Vol. XVI, David Morland 역, O.S.B. (New York: Seabury, 1979), 27-29.

은, 하나님을 경험하는 데 시선을 둠과 동시에 우리 자신과 세상에 대한 경험을 파악할 수단들을 자세히 조사해 보는 것이다. 간단히 말해, 우리가 하나님의 임재를 느끼려 노력할 때, 그리고 하나님의 임재로부터 막힌 것같이 느껴질 때 우리 몸, 감정, 정신 등에서 어떤 정보들을 감지할 수 있는가? 또한 우리의 피지도자들이 하나님의 임재를 느끼려 노력하다가 막힌다고 느껴질 때 어떤 몸짓언어를 사용하는지, 또 몸, 정신, 감정 등에서 어떤 것을 감지하는지 우리는 알고 있는가? 이 같은 질문들은 영성지도와 수퍼비전에서 가장 중요하다. 살아서 숨 쉬고 있는 우리의 몸은 그 과정을 통해 우리 시선을 하나님께로 돌리게 한다. 또한 우리의 몸은 영성지도자들이 피지도자들을 대할 때, 피지도자들이 삶 속에서 하나님의 임재를 구할 때 사용하는 매우 민감한 도구이다.

뇌는 생각의 생성기이고, 감정이 자리한 곳이며, 신경계의 통제자이다. 뇌가 몸의 한 부분인 까닭에, 감각이 그렇듯 감정과 생각 역시 몸과 긴밀한 관계가 있다. 앞선 세대에선 하나의 유혹이기도 했지만, 몸과 정신이 서로 대립한다거나 정신과 감정이 대립하는 것 같은 일은 불가능하다. 이제 연구원들은 뇌 영상법을 통해 감정, 생각, 감각 등이 자리하는 위치를 밝힐 수 있게 되었다. 예를 들어, 런던대학에서 실시한 한 연구에서는 배우자가 신체적 고통을 당하는 것을 옆에서 지켜보게 했는데, 지켜본 사람의 뇌에서도 고통이, 특히 감정 영역에서의 고통이 활성화되었다.[3] 우리는 진실로 다른 사람의 고통을 느낄 수 있으며 이는 우리 몸에서 공감을 활성화시킨다. 물론 누군가 특정 상황에서 경험한 생각, 감정, 감각이 다른 이에게 똑같이 경험될 수는 없다. 그러나 우리 생각, 감정, 감각 등이 무엇을 의미하는지 분별하려 하기 전에, 먼저 그것들을 이해해야 한다.

## 감각

영성지도자들과 수퍼바이저들이 영성지도에서 몸의 역할을 고려할 때, 대부분 몸짓언어를 떠올린다. 아마도 지도자와 피지도자 모두 몸짓언어가 상당한 양의 유용한 정보를 제공해 주기 때문일 것이다.

한 피지도자가 소파에 털썩 앉아 눈을 내리뜬 채 힘없이 이렇게 말했다고 하자. "모든 상황이 만족스러워요." 대부분의 초보 지도자들은 이런 피지도자에게서 비슷한 걸 느끼고 그의 몸짓언어와 말이 어울리지 않는다는 점을 이야기할 것이다. 지도자들은 대부분 자신의 몸짓언어에서도 이상한 점을 발견하곤 한다. 예를 들어 특정 피지도자들을 만날 때마다 자신이 팔짱을 끼고 있다거나 의자에 등을 푹 기대고 앉아 있다거나 하는 것을 발견하는 것이다. 그러나 몸짓언

---

3. Tania Singer et al., "Empathy for Pain Involves the Affective but not Sensory Components of Pain," *Science* 303 (2004): 1157-1162.

어를 잘 파악하는 영성지도자라 하더라도, 피지도자에게서 언급된 감각들이나 회기 동안 스스로 경험한 감각들을 놓치는 경우가 있다. 이런 감각들 역시 영성지도 대화에서 꽤 유용한 정보를 제공한다.

### 피지도자가 말해 주는 감각들

어떤 피지도자들은 영성지도를 하다가 자신의 감각을 인식하고 종종 말해 주기도 한다. 또 어떤 피지도자들은 감각을 인식하기는 하지만 그것을 회기 중에 언급하는 게 도움이 될까 확신하지 못한다. 또 어떤 피지도자들은 자신의 감각을 거의 인식하지 못한다.

피지도자들이 다른 주제로 이야기하다가 자유롭게 자신의 감각을 열거할 때, 가령 여기가 쑤시고 저기가 죄어드는 느낌이라는 등으로 말할 때, 이 정보는 어떤 지도자들에게는 방해가 될 수 있다. 그들은 그저 무슨 말을 해야 할지 몰라서 반응하기를 피한다. 그런 경우 수퍼바이저는 지도자가 피지도자에게서 감지한 것에 대해 이야기해 보라고 격려해 줄 수 있다.

지도자는 이런 이야기를 건넬 수 있다. "내가 알기론, 목이 조이는 것 같다는 이야기를 몇 번 한 것 같아요." "오늘은 몸의 감각에 신경이 쓰이나 봐요." 이런 언급을 들으면 피지도자들은 단순히 현재 경험을 감지하는 것을 넘어 되돌아보게 된다. 이를 통해 그들에게 하나님의 임재를 경험할 가능성을 열어주는 것이다.

반대로, 만약 피지도자가 거의 감각에 대해 언급하지 않는다는 것을 감지한다면, 지도자는 피지도자의 감각을 대화의 주제로 삼을 것인지 조심스럽게 생각해 볼 수 있다. 예를 들어 이렇게 물어보는 것이다. "생각이 하나의 신체 감각으로만 이루어져 있다고 상상해 보세요. 어떤 기분이 드나요?" "당신의 몸 어딘가에 감정이 자리하고 있다면, 어디에 있을 것 같나요? 그리고 어떤 느낌이 들죠?"

지도자들에게 오는 또 다른 도전은 피지도자들이 이따금 감각에 지배될 수 있다는 것이다. 십여 년 전 내가 고등학교에서 가르친 한 소녀는 자기가 좋아하는 한 소년이 자기를 정말 사랑하는 게 틀림없다고 주장했다. 그 이유에 대해 그녀는 "사랑하지 않는다면, 나에게 그렇게 키스했을 리가 없으니까요"라고 말했다. 그녀는 소년과 키스를 할 때 경험한 가슴 설레는 감각 때문에 그의 사랑을 확신하고 있었다. 이따금 그가 자신에게 잘 대해 주지 않는다는 사실도 받아들이지 않았다. 성인이라고 해서 이런 행동을 하지 않으리라는 보장은 없다. 피지도자가 감각의 영역에 지나치게 매여 있다고 판단된다면, 지도자는 피지도자가 자기 생각과 감정에 대해서 어떻게 인식하고 있는지 살펴볼 필요가 있다.

### 지도자들이 경험하는 감각들

지도자들은 회기 중에 피지도자들이 언급하는 감각뿐만 아니라 자신의 감각에도 주의를 기울여야 한다. 왜냐하면 지도자들이 경청하고 분별할 때 자신의 감각을 사용할 수 있기 때문이다. 예를 들어,

영성지도를 하는데 허리가 아프다면, 이는 의자가 불편하거나 척추를 다쳐서일 수도 있지만, 지도자는 이에 대한 다른 원인도 분별할 수 있어야 한다. 아마도 허리의 통증은 회기 동안 느껴진 어떤 중압감이라든가, 어깨 위의 짐처럼 느껴지는 부담감 때문일 수도 있다. 그러나 지도 중에 경험하는 모든 감각이 의미가 있는 것은 아니며 지나치게 감각에 신경 쓰는 것은 역효과를 낳을 수 있다. 그럼에도 불구하고, 이런 습관이 몸에 배지 않은 지도자들이 회기 중에 자기 감각을 확인해 보는 연습을 한다면, 자신의 생각과 감정뿐만 아니라 감각에서도 의미 있는 정보를 얻을 수 있음을 알게 될 것이다.

### 수퍼비전에서의 감각들

영성지도에서 다른 모든 요인들과 마찬가지로, 어떤 특정한 감각이 우리가 하나님의 임재를 감지할 수 있게 하느냐, 못 하느냐 하는 것은 분별의 상황과 주체에 따라 다르다. 나의 경우, 근육이 긴장되고 가슴이 두근거리며 마음이 조마조마해지는 것은, 하나님께서 이 순간 진정 임재하셨음을 감지했다는 신호가 될 수도 있고, 아니면 그저 내가 강의를 앞두고 있거나, 모르는 사람들이 가득한 모임에 들어가려 하기 때문일 수도 있다. 감정과 생각과 마찬가지로 감각 또한 주관적이다. 특정 감각이 가지는 의미뿐만 아니라 감각을 일으키는 상황 또한 사람마다 매우 다양하다. 당황스러울 때 얼굴을 붉히는 사람이 있는가 하면, 부끄러울 때 붉어지는 사람도 있다. 긴장할 때면 이마에 땀이 흐르는 사람도 있지만, 피지도자의 이마에 땀이 흐르는 것은 단순히 열이 나서일 수도 있다.

같은 사람이라고 할지라도, 특정 감각이 가지는 의미는 다를 수 있다. 우리 각자는 여러 감각과 그것이 가지는 다양한 의미에 대한 저마다의 독특한 어휘목록을 갖고 있다. 오늘 목이 조이는 것 같은 느낌은 목이 잠겨서이기 때문일 수 있지만, 내일 목이 조이는 것 같은 느낌은 두려움 또는 탈진 때문일 수 있다.

수퍼비전 상황에서 지도자들에게 수퍼비전의 대상이 되는 회기 중에 어떤 감각들을 경험했는지 물어보는 것이 종종 도움이 된다. 감각들을 관상해 보면서 우리 마음과 생각이 복잡해진다면 이는 회기의 여러 동력들을 이해하는 데 도움이 될 것이다. 수퍼바이저가 지도자에게 보통 때 느껴지는 감각들과 하나님을 경험할 때 느껴지는 감각들에 대해 생각해 보도록 요청하는 것도 필요하다. 근육이 긴장되고 가슴이 두근거리고 마음이 설레는 것뿐만 아니라, 사람들이 거룩을 경험할 때 느끼는 감각들의 예를 들자면, 한숨을 쉬거나 눈물을 흘리거나 에너지 또는 따뜻함을 느끼거나 몸을 떨거나 소름이 끼치거나 얼굴이 붉어지는 것 등이 있다.

주의사항이 하나 있다. 감각들이 언제나 회기 도중에, 또는 그 후에라도 명료하고 특정한 의미를 불러일으키는 것은 아니다. 하나의 감각이 가지는 특정한 의미가 언제나 중요한 것은 아니다. 피부에 얼얼한 느낌이 든다면 하나님의 신비 앞에 마음을 열어야 한다는 신호 정도로 받아들이라.

한 가지 감각은 한 가지 이상을 의미할 뿐만 아니라, 그 의미도 시간에 따라 변할 수 있다. 그런 의미에서, 감각을 해석하는 것은 꿈을 해석하는 것과 비슷하다. 예를 들어 어머니가 돌아가신 후 일 년 동안 나는 반복해서 위통을 겪었다. 박사 학위 공부를 시작한 첫 일 년도 마찬가지였다. 어머니가 돌아가셨을 때 나는 커다란 상실감을 느꼈고, 그 후로 밤에 자다가 깰 정도로 위통에 시달려야 했다. 몇 달 후, 한 세미나에 참석해 있을 때 나의 온 신경은 또 다시 위통에 집중되어 있었다. 이 무렵 통증은 극심해져 있었는데, 갑자기 하나의 예리한 해석이 내 마음에 떠올랐다. "이건 더 이상 슬픔 때문이 아닐 거야! 위궤양 때문인 게 틀림없어!" 감사하게도 위궤양까지는 아니었지만, 약을 먹어야 할 정도로 상태가 좋지 않았다. 이 일을 돌아볼 때, 나는 내 위통이 어머니를 잃은 후 느꼈던 슬픔과 관계가 있다고 믿고 있다. 그러나 몇 달이 지난 후에도 계속된 위통의 이유는 어머니의 죽음에 대한 감정보다는 내 위의 상태에서 찾아야 할 것이다.

## 감정

앎의 특정 차원이 인기를 얻는 것은 시기와 사람들에 따라 다른 것 같다. 오늘날 다양한 전통 출신의 종교인들은 감정을 선호하는 경향이 있다. 중세 신비주의자들은 감정을 강조했으며, 계몽주의 시대

인물들은 이성을 가장 높이 평가했다. 보다 최근의 예를 들자면 20세기 중반 대부분의 학자들이 생각을 중시한 반면, 1960년대에 유행한 문구, "느낌이 좋으면, 그렇게 하세요"If it feels good, do it를 떠올려보면 알겠지만 그 당시 많은 사람들은 감정과 감각을 무엇보다 선호했다.

오늘날, 느낌을 선호하는 종교 공동체 멤버들은 때때로 생각을 의심스럽게 여긴다. 그러나 여전히 계몽주의에 뿌리를 둔 사람들은 종교적 느낌이라는 주제 앞에서 어쩔 줄 몰라 한다. 그뿐만 아니라 여성주의 학자들이 신체에 대해 연구하며 십여 년을 보낸 후, 감각은 신학 세계에서 인기를 얻게 되었다. 적어도 내가 이 장을 쓰고 있는 캘리포니아에서는 이런 말을 쉽게 들을 수 있다. "내 몸이 하는 말에 귀 기울여 보면…" 이 모든 시대마다 우리는 똑같은 실수를 저지르는 유혹에 빠졌던 것 같다. 바로 한 가지 방식의 앎이 다른 모든 것보다 우월하다고 생각하는 실수를 말이다.

### 피지도자들에 의해 묘사되고 표현된 감정들

자기 감정을 다루는 데 익숙한 피지도자들은 대개 과거에 경험한 사건들과 관련되어 있는, 과거에 경험한 감정들을 말해 준다. 그러면서 가끔 그 당시 감정들이 현재에도 되살아나는 것을 경험한다. 그런 피지도자들은 또한 회기가 진행되는 동안에도 회기에서 일어나는 여러 상황과 관련된 새로운 감정들을 경험하는 경향이 있다.

과거에 경험한 감정들을 말하는 것이 현재 감정을 경험하고 표현하는 것보다 안전하다고 느끼기 때문에, 피지도자들은 현재 감정을 경험하고 표현하는 위험을 무릅쓰기 보다는 과거의 감정들을 말하는 데 머물기를 좋아한다. 회기의 분위기가 맥 빠지기 시작했다면, 피지도자의 그런 경향이 범인일 확률이 높다. 그렇다면, 피지도자에게 앞서 일어난 일에 대해 지금 무엇을 느끼는지 물어봄으로써 현재 순간으로 초청하는 것이 유용하다. 이는 피지도자를 현재 경험으로 초청하여, 그에게 하나님을 경험할 새로운 기회를 주며, 회기에 새로운 활기를 불어넣을 것이다. 때로 피지도자들은 그런 질문에 현재 감정이 어떤지 대답하기 보다는, 눈물을 흘리거나 화를 내거나 한숨을 쉬는 등 감정 그 자체를 표현할 수도 있다. 그런 표현은 새로운 감정, 생각, 그리고 감각의 문을 열어주며, 이 순간 현존해 계신 하나님을 느끼도록 할 수 있다.

그러나 감각과 마찬가지로 감정 역시 혼돈을 야기할 수 있다. 내가 지도했던 한 남자는 폭력적인 관계로 계속해서 돌아가고 또 돌아갔다. 그 이유에 대해 그는 이렇게 설명했다. "언제나 내 마음을 따르기로 나 자신과 한 약속을 머릿속에서 몰아내는 데 많은 세월이 걸렸어요." 그의 인생에 문제를 일으킨 것은 정말 그 생각들이었을까? 아니면 자신의 경험의 다른 측면들은 무시한 채 자기 생각을 지나치게 믿었기 때문이었을까?

이 피지도자는 자기 파트너가 자신을 비난할 때 몸에 통증이 느껴져 움찔했다고 말했다. 그의 머리에선 이 관계를 지속하는 건 좋지 않다고 말해 주고 있었다. 이 남자의 감정 역시 상해 있었다. 자기 경험을 나눌 때 그의 눈에선 눈물이 흘렀다. 그의 몸과 정신, 감정에서 내가 얻었던 압도적인 정보들에도 불구하고, 그는 오로지 자기 파트너에 대한 사랑의 감정에만 의지해 행동하길 계속했다. 파트너를 만날 때마다 떠오르는 감각, 생각, 감정들을 묵살한 채 앞선 실수들을 반복하고 있었음을 그는 결국 깨달았다. 그는 생각의 독재 아래 휘둘리는 대신, 감정의 독재, 정확히는 그의 마음을 앗아간 사랑과 집착이라는 감정의 독재 아래 먹이가 되었던 것이다.

이 남성의 이야기는 리용의 이레네우스 Irenaeus of Lyon가 경험한 감정을 떠오르게 하는데, 2세기에 그는 하나님의 영광은 충만하게 살아 있는 인간이라고 단언한 바 있다. 자기 경험 전체에 주의를 기울이고, 하나님의 부르심을 분별하기 위해 자신이 인식한 바들을 사용했을 때 이 피지도자는 진정 생명력을 회복하게 되었다. 이 이야기는 또한 감정을 비롯해 우리 경험의 특정 단면만을 진리에 이르는 유일한 길로 삼고, 하나님의 초청을 들을 다른 가능성을 배제하는 것이 얼마나 위험한지 잘 보여준다. 생각보다 감정에 우위를 두기로 의식적인 선택을 할 때 피지도자들은 감정이라는 영역에 압도당하고 갇혀버리기 쉽다.

때때로 지도자는 회기 동안 다른 형태의 표현은 할 수 없을 정도로 우는 피지도자를 만날 수 있다. 그때 지도자는 피지도자가 카타르시스를 경험하고 억눌렸던 감정을 자유롭게 표현하는 것인지, 아니면 오히려 구렁에 빠져들고 있는 것인지 잘 분별해야 한다. 어떤 지도자들은 눈물을 흘리는 피지도자 앞에서 난감해 한다. 그런 경우 수퍼바이저가 몇 가지 전략을 제시해 주면 좋다. 예를 들어 지도자는 하나님의 인도하심에 마음을 연 채, 피지도자에게 공감하며 기도하는 마음으로 앉아 있는 것으로 시작하면 된다. 피지도자가 눈물을 멈추지 못하는 경우, 지도자는 울음을 인정해 주고, 그에 대한 피지도자의 반응에 적절히 반응해 주면 된다. 아마도 가장 효과적인 전략은, 피지도자에게 그 경험의 다른 측면을 생각해 보도록 부드럽게 유도하는 것이다. 예를 들어 이미 느낀 감정에 대해 어떻게 생각하는지, 그 감정 때문에 신체에서는 어떤 반응이 있었는지 표현해 보는 것이다. 생각에 매몰된 사람에게 감정에 눈뜨게 하는 것만큼이나 감정에 매몰된 사람에게 생각에 눈뜨게 하는 것도 중요하다.

### 지도자들이 경험하는 감정들

지도자들은 회기 중에 감각의 경우에서처럼, 자신의 감정을 통해서도 많은 것을 배울 수 있다. 감정은 그들의 내면뿐만 아니라 회기 자체에 무슨 일이 일어나고 있는지 파악하는 데 도움을 준다. 지도자의 주의가 필요한 감정이 있을 경우, 그 감정은 회기 동안 다시 떠오르기를 반복하는데, 지도자는 피지도자의 이야기라는 빛 안에서 그 연관성을 분별해 보아야 한다.

피지도자의 할아버지가 최근에 돌아가신 탓에, 피지도자가 어린 시절 집 근처 강둑을 할아버지와 함께 걷는 소년 이야기를 하고 있다고 하자. 그 이야기를 들으며 지도자는 가슴 저미는 슬픔과 상실감을 느낀다. 이런 감정들이 이야기와 함께 떠오르다가 빠르게 사라진다면 이는 지도자 역시 할아버지를 잃었고 그분과 함께 보낸 추억이 떠올라 피지도자와 공감했기 때문일 것이다. 만약 이 이야기를 듣고 지도자 마음에 떠오른 감정들이 예상보다 강하게 느껴진다면, 지도자는 이 감정들이 자기 인생 어느 부분에 속해 있는지 분별해야 한다. 아마도 할아버지를 떠나보낸 경험에 대해 더 애도해야 할 부분이 남아 있는 건지도 모른다. 마지막으로 이 이야기가 일으킨 감정이 지도자 안에 남아 회기 동안 계속해서 떠오른다면, 예를 들어 이는 피지도자가 대화 후에도 할아버지의 죽음에 대한 감정들을 남겨놓았음에 대한 힌트가 될 수 있다.

### 수퍼비전에서의 감정들

감각에 주의를 기울이는 것처럼, 회기의 특정 순간 경험했던 감정들을 기억하는 것은 종종 수퍼비전에서 영성지도자들에게 도움이 된다. 특정 회기를 돌아보았을 때 아무 감정도 경험하지 않았다고 말하는 지도자도 있다. 분명 검토가 필요한 상황이다. 또는 회기 시작 즈음에는 여러 감정들을 느꼈지만 그 흐름이 끊어지는 경우도 있을 것이다. 회기 동안 일어나는 감정들을 불신하는 지도자들도 있다. 그런 경우 수퍼바이저는 이유가 무엇인지 찾아보아야 한다.

수퍼비전에서 영성지도자들은 그들이 회기 중에 경험한 감정이 자신의 삶과 관련된 것인지, 회기 중에 일어난 일과 관련된 것인지, 피지도자와 자신의 관계와 관련된 것인지, 아니면 앞에 열거한 셋의 조합인지 탐색할 기회를 갖게 된다. 이것을 분별하기란 쉬운 일은 아니지만, 이런 노력은 분명 풍성한 열매를 가져다줄 것이다. 수퍼비전 대화를 나누다가, 한 지도자가 어떤 피지도자를 만날 때마다 느껴지는 혐오감에 대해 털어놓기 시작한다고 하자. 이 지도자는 이런 반응이 걱정되어 억눌러 오다가, 얼마 전에야 비로소 이 문제가 자기 시야에 들어왔다. 그가 이런 감정을 인정하기까지 주저했던 것보다, 이 주제를 수퍼비전에 끌어오는 것이 더 망설여졌다고 그는 털어놓는다. 왜냐하면 자신이 피지도자의 인격 자체에 혐오감을 갖고 있는 건 아닌지 두려웠기 때문이다. 수퍼바이저 앞에서 이 두려움을 인정하는 것 또한 무서웠다.

　수퍼비전을 하는 동안 그 혐오감이 되살아난다. 지도자는 죄책감이 느껴지기 시작하고 자신이 수치스럽다. 그러나 수퍼비전 시간 동안 그는, 예를 들어, 피지도자가 자신에게 뭔가 비난받을 만한 행동을 한 특정 인물을 생각나게 한다는 것을 깨달을 수 있다. 그는 피지도자가 아니라, 그 특정 인물의 행동 때문에 혐오감이 느껴진 것이다. 이렇게 수퍼비전은 지도자들이 피지도자뿐만 아니라 자신의 이야기에도 자유롭고 긍휼어린 마음으로 귀 기울이는 데 필요한 치유 과정을 받아들이도록 도울 수 있다.

## 생각들

감정이야말로 하나님께서 인간을 만질 때 사용하시는 인간 경험의 차원이라고 여기는 지도자들은, 영성지도란 피지도자들로 하여금 생각에서 빠져나와 감정으로 들어가게 돕는 것이라고 믿는다. 그러나 여기서 다루고 있는 관계와 영성지도 모델에서는 생각, 감정, 그리고 감각 모두에 똑같은 관련성을 부여한다. 하나님께서 우리와 의사소통하실 때 인간 경험의 모든 차원을 사용하신다고 믿는다. 그렇다면 지도자들은 영성지도에서 생각을 어떻게 이용해야 할까? 특히 지도자들을 걱정스럽게 만드는 문제, 즉 피지도자가 "자기 생각에 갇혀" 있지 않게 하려면 어떻게 해야 할까?

### 피지도자가 경험하는 생각들

칼 라너[4]의 신학은 생각을 영성지도와 관련된 것으로 이해하는 데 도움을 준다. 그의 첫 번째 주장은 그다지 놀랍지 않다. 우리가 경험했고 말로 잘 설명할 수 있는 일들이 있다. 예를 들어 피지도자들은 영성지도 가운데 큰 어려움 없이도 명료하게 자기 경험에 대한 정

---

4. Karl Rahner, *Theological Investigations*, Vol. XIII, David Bourke 역 (New York: Seabury, 1975), 122-132; *Theological Investigations*, Vol. XI. David Bourke 역 (New York: Seabury, 1974), 149-165; 그리고 *Theological Investigations*, Vol. XVI, David Morland, O.S.B. (New York: Seabury, 1979), 227-243.

보를 나눌 수 있다.

라너는 또한 우리가 경험한 적은 없지만 그럼에도 불구하고 분명히 말할 수 있는 것들이 있다고 주지한다. 이에 대한 예로, 종교 서적을 읽어 배운 영성에 대한 정보들을 들 수 있다. 영성지도 시간에 피지도자는 자기가 경험하지는 않았지만 아는 바들을 줄줄이 읊을 수 있다. 말하자면, 마더 테레사의 『영혼의 성』Interior Castle에 나오는 일곱 개의 장소를 묘사하는 것이다. 이런 경우 대화는 추상적으로 흐르고 회기는 활기를 잃는다.

라너에 따르면, 우리가 경험했지만 말할 수 없는 것들도 있다. 피지도자들이 용기를 내 이 영역에 들어가서, 경험을 말로 풀어내려 애쓰고, 이미 느꼈지만 아직 이해해 내지 못한 것들을 묘사하려 애쓸 때, 그들은 신비와 발견의 세계에 들어가기 시작한다. 이 순간, 영성지도에 놀라움과 경외가 찾아온다. 놀라움과 경외, 그리고 비밀을 드러내는 하나님의 임재에 대한 뚜렷한 경험이다. 이런 경우 피지도자들이 자기 경험을 이해하기 위해 사고 과정에 참여하기 시작하면서 하나님에 대한 경험이 찾아온다.

내가 처음으로 들은 신학 과목은 작고한 윌리엄 디치William Dych가 가르친 라너의 기독론 수업이었는데, 그 수업을 들으면서 나는 감정들과 감각들을 말로 표현할 수 있는 은총을 경험했다. 디치 교수는 라너의 저서들을 깊이 연구했고, 그 중 일부를 영어로 번역했다. 그는 타고난 교사였으며 학기 내내 나는 여러 깨달음으로 경외감을 느끼며 열광했다. 그 후 수년에 걸쳐 연구하면서 느끼고 감지한 아이디어들이 있었지만 이를 말로 표현하기란 어려웠다. 영성지도에 피지도자로 참여할 때, 모든 것을 아우르는 그리스도의 임재가 내 마음을 위로했고, 나는 이 위로에 대해서뿐만 아니라 이 위로를 가져온 여러 생각들을 나누면서 이 위로는 더 확장되고 깊어졌다. 영성지도자가 피지도자와 나눌 수 있는 가장 심오한 선물 중 하나는, 이미 경험했으나 아직 말로 표현해 보지 못한 영역에 뛰어드는 모험에 동행해 주는 것이다.

### 영성지도자가 경험하는 생각들

대부분의 영성지도자들은 영성지도를 해주는 일 외에 다른 소명들도 지니고 있다. 교사, 사업가, 수녀, 목회자, 의사, 신학자, 그리고 부모 등을 꼽을 수 있다. 한 발 더 나아가, 우리는 영성지도 회기에 우리의 각자 역할과 관련된 인식 구조를 가져온다. 이와 함께 유혹들도 따라오기 마련이다. 예를 들어, 교사는 가르치고 싶어 한다. 의사는 치유에 대한 조언을 해주고 싶어 하고, 부모는 보호해 주고 싶어 한다. 우리 역할이 무엇이든 간에, 대부분의 영성지도자들은 지도 회기 동안 자신의 주의를 흩뜨리는 이론, 가르침, 판단, 자만심, 정정해 주려는 마음 등 다른 여러 생각들에 마음을 뺏기기 쉽다.

마음이 분주해진 것을 감지할 때, 초보 지도자들은 그와 연관된 유혹을 경험하기도 한다. 자주 많은 생각에 빠지다가 그만 그 모든 생각을 내쫓아버리는 것으로 반응하고 만다. 회기 동안 머릿속을 깨끗하게 유지하려고 갖은 애를 쓰다가 피지도자를 섬기는 데 도움이 될 무수한 생각을 이용할 기회를 놓쳐버리는 셈이다. 우리의 과제는, 영성지도를 하는 동안 자기 생각을 묶어두는 것이 아니라, 수많은 생각 중 어떤 것이 피지도자와 하나님께 반응하는 데 도움이 될지 결정하고 나머지 생각들은 떨쳐버리는 것이다. 이는 지도자들이 배워야 할 매우 어려운, 그러나 꼭 필요한 분별 기술이다. 유능한 영성지도자들은 회기 동안 이 기술을 여러 차례 활용하면서 스스로에게 이렇게 묻곤 한다. "이 이야기의 어디에서 하나님께서 움직이고 계시지?" "나는 이 이야기에서 어떤 부분에 참여해야 할까?" "이 이야기의 어떤 측면이 내 주의를 끌고 있나? 그리고 그 측면에 대해 나는 어떤 역할을 해야 할까?" "지금 말해야 할까, 아니면 침묵해야 할까?" 이런 분별 질문들은 관련된 생각을 이끌어내는 데 도움을 준다.

더 나아가 영성지도를 하는 중에 지도자는 다른 종류의 생각 즉, 해석 interpretation 을 하게 되는 때가 있다. 영성지도 도중에 정보들을 해석할 때, 지도자들은 무언가 의미하는 바에 대한 확고부동한 판단을 내려선 안 된다. 그보다는, 영적이고 심리학적인 전통에 따라 자신이 감지하고 반응한 것에 대해 이야기해 주면 된다. "혹시 당신이 침체되었다는 생각을 해본 적이 없나요?" "당신은 기도하다가 무미건조해진 것 같군요."

지도자들은 또한 그들 자신이 한 경험들을 바탕으로 해석하기 마련이다. 예를 들어, 학식 있는 기독교인으로서 나는 신학자들이 교만을 심각한 죄로 묘사하느라 많은 잉크를 쏟아 부었음을 깨달았다. 나 역시 몇 번이고 교만과 씨름했던 경험이 있다. 그러나 나는 기독교인일 뿐만 아니라 때로는 억압을 경험하는 기독교인이다. 억압받는 사람들에게 교만이 언제나 죄가 되는 것은 아니라는 신학자들의 글을 나는 읽었다. 그보다 교만은 그들을 속박에서 자유롭게 해주는 축복일 수도 있다.

그 글들을 읽으면서, 나는 그것을 좋은 소식으로, 즉 나에게 희망과 자유를 경험하게 해주는 하나님으로부터 오는 선물로 받아들였다. 이런 자유를 경험한 후에 나는 영성지도 가운데 교만을 죄로 이야기하는 사람들의 말을 좀 더 정밀하게 해석하게 되었다. 내 경험에 비추어 이 말들을 해석해 보면서 나는 그들의 근심에 반응하는 방법에 도움을 얻었다. 한 가지 예를 들면 내가 만난 한 피지도자는 자신이 교만이라는 죄의 유혹을 받고 있다며 걱정했는데, 교구에서 영향력 있는 자리를 받아들여야 할지 고민하는 중이었기 때문이다. 그녀의 이야기를 들으면서 나는 하나님께서 그녀를 리더십으로 부르고 계심을 느꼈다.

### 수퍼비전에서의 생각들

수퍼비전 시간에 영성지도자들이 주로 생각, 개념, 설명, 이론, 규칙, 해석, 교리 등을 설명하는 것으로 가득 찼던 회기를 돌아볼 때면, 그들은 종종 그 회기 동안 뭔가 더 중요한 일이 일어나지 않았다는 당혹감을 느끼게 된다. 그들은 이렇게 말할 것이다. "카페에 앉아 이야기하는 것 같았어요. 전혀 영성지도 시간 같지 않았죠. 회기 동안 하나님의 임재를 느낄 수 없었고요, 뭘 해야 할지 확신이 없더군요." 그런 회기는 무미건조해 보일 뿐만 아니라, 실제로 그렇게 무미건조한 경우도 있는 게 사실이다. 피지도자들이 그들의 구체적인 경험을 논의하는 데서 멀어져 추상적 개념의 세계로 발을 디디게 되었기 때문이다.

수퍼비전에서 지도자들은 그런 회기에 대한 자신의 반응을 탐색해 볼 뿐만 아니라, 대화를 생각보다는 인간 경험의 차원에 연결시킴으로써, 실제적 대화를 할 수 있는 전략을 배울 수 있다. 긴 여담 중에 끼어들어 그것을 피지도자의 경험과 연관시키는 역할극을 해보는 것도 도움이 된다. 예를 들어 이런 반응을 연습하는 것이다. "윌리엄 블레이크의 시에 푹 빠진 것 같네요. 혹시 기도할 때 시가 떠오른 적은 없었나요?" "친구가 죽고 난 후 내세에 대해 많은 생각을 한 것 같군요. 그 친구를 떠나보내고 어떤 감정을 느꼈는지 조금만 이야기해 줄 수 있을까요?"

지도자들이 수퍼비전에서 다루기 원하는 회기들이 너무 많은 해석, 가혹한 해석, 또는 과녁을 벗어난 해석으로 가득 찼다면, 수퍼바이저들은 다양한 방법으로 그들을 도울 수 있다. 만약 해석의 정확성에 대한 의문이 마음에 떠오른다면, 수퍼바이저는 지도자가 어떻게 그런 결론에 이르게 되었는지 정중하게 물어볼 수 있다. 한 회기가 거의 해석만으로 이루어졌다면, 수퍼바이저는 지도자에게 각각의 해석이 정말 중요했는지 함께 분별해 보자고 제안할 수 있다. 해석이 가혹할 만큼 정확했다면, 수퍼바이저는 지도자와 역할극을 해 볼 수 있다.

지도자들이 잠정적이고 열린 해석을 내놓는 기술을 연습하도록 하는 것도 도움이 된다. 예를 들면 이런 것이다. "내 생각엔 피지도자가 우울해 보이네요. 이야기를 듣고 물을 때 그 사실을 염두에 두어야겠어요." 해석을 마음에 간직한 채 반응을 제시하는 기술을 연습하는 것도 좋다. 그렇지 않고 해석을 말로 내뱉어 버리면 피지도자가 스스로 조사할 기회를 빼앗게 되며, 더 나쁜 경우 고분고분한 피지도자는 자기만의 결론에 이르기보다는 지도자의 해석에 동의하게 된다.

### 동시에 여러 차원을 아우르는 경험들

우리 자신을 감각, 감정, 그리고 생각에 개방할 때 우리는 하나님에 대한 경험을 더 잘 의식하게 되며, 그 후에는 한 가지 이상의 차원들을 동시에 포괄하는 경험들이 우리에게 거룩함을 강력하게 전달해 주는 일이 일어난다. 예를 들어, 우리 삶의 어떤 단면에 대해 이해하려 애쓰고 있을 때 어떤 이미지나 은유가 떠올라 우리 상황을 묘사해 주면서도, 감정을 불러일으키며, 깨달음으로 몸서리를 치게 하며, 하나님의 신비로 우리를 압도하는 것이다.

인생의 한 시기에 도저히 자유를 누리지 못하던 한 여성이 있었다. 외로운 나날을 보내던 중, 직장을 잃고, 관계에 어려움을 겪다가 그녀는 좌절하고 분노했다. 그녀는 자기 감정을 어떻게 표현해야 할지 몰랐다. 그녀가 아는 것이라고는, 그녀 삶에 찾아온 불행은 좀처럼 나아질 것 같지 않고 하나님은 멀리 계신 것 같다는 것뿐이었다. 영성지도 과정을 거치며 한 이미지가 떠올랐는데, 아주 작은 우리 안에 갇힌 사자 한 마리가 굳게 닫힌 문 앞을 서성대고 있었다. 그 이미지를 떠올린 순간 그녀는 마음이 움직였고 안도감이 찾아왔다. 그녀의 얼굴은 편안해졌다. 그녀는 한 가지 목표를 떠올린 것이다. 바로 열쇠를 찾자는 것이었다. 이 회기 과정 동안 그녀의 삶에 닥쳐온 도전들은 바뀌지 않았지만, 그녀는 바뀌었다. 이 이미지로 인해 그녀는 자유를 느꼈고 열쇠에 대한 열망이 생겼다. 결국 그녀는 그 열망이야말로 열쇠라는 것을 깨달았다.

이미지와 은유는 종종 거룩함으로 들어가는 문을 제공한다. 적지 않은 신앙 언어가 그런 것들을 포함하고 있는 것은 우연이 아니다. 그러나 이미지와 은유만이 한 번에 인간 경험의 모든 면을 아우르며 영적 진리에 대한 감각을 일깨워주는 역할을 하는 게 아니다. 깨달음으로 인한 흥분, "아하!"라고 외치는 이해의 순간, 갈망을 휘젓는 일 등, 이 모든 것 또한 우리가 거룩한 신비를 마주하는 경험들이다.

### 동시에 여러 차원을 아우르는 피지도자들의 경험들

피지도자들이 동시에 여러 차원을 아우르는 경험을 할 때 그것을 알아차리는 것은 어렵지 않다. 그들은 보통 다음과 같은 신호를 하나 또는 그 이상 나타낸다. 눈에 띄게 (또는 눈에 띄지 않게) 나타나는 신체의 변화, 기분이나 에너지의 변화, 한숨, 눈물, 침묵 등이다. 영성지도자들은 사람들의 기질에 따라서도 경험의 종류가 달라진다는 사실을 기억해야 한다. 어떤 사람들에겐 이미지가 잘 떠오르는데 비해, 또 어떤 사람들은 직관적으로 경험하는 경향이 있으며, 또 어떤 사람들은 통찰이나 이해의 순간을 잘 경험한다.

### 동시에 여러 차원을 아우르는 영성지도자의 경험들

만약 영성지도자가 영성지도를 하는 도중에 포괄적인 경험을 하게 되면, 그 경험을 나눌 것인지, 나눈다면 어떤 방법으로 나눌 것인지 분별해야 한다. 일상에서 그런 경험을 할 때면 나는 그런 선물을 주신 하나님께 감사드린다. 그러나 누군가 영성지도를 하고 있을 때 그런 경험을 할 때면, 이 은혜는 순전히 내 믿음을 위한 것이라기보다는, 피지도자의 유익을 위해 온 것임을 나는 알고 있다. 그런 직관이나 이미지, 열망이나 통찰을 피지도자와 나누는 게 적절하지 않다고 느껴질 때는 내 안에 간직한 채 남은 회기 동안 내 반응을 살피면서 기억해야 할 정보로 여긴다.

만약 지도자가 자신에게 찾아온 포괄적인 경험을 피지도자와 나누는 게 의미가 있다고 판단한다면, 그 방의 에너지가 피지도자로부터 지도자로 옮겨가지 않도록 하면서 시험 삼아 해보는 것이 좋다. 나 역시, 내가 받은 이미지를 피지도자에게 말해 주는 게 도움이 되겠다고 느껴질 때가 있다. 예를 들어 회기 동안 다뤄온 많은 실타래들을 묶어줄 것 같다든지, 피지도자가 자신의 경험을 표현하고 이해하는 데 도움이 될 것 같은 경우가 그렇다. 그럴 때면 나는 이런 식으로 말을 건넨다. "당신이 미래에 대한 소망을 이야기하는 걸 듣다 보니, 제 마음속에 푸른 잔디가 깔린 빛나는 골짜기 이미지가 떠오르네요." 피지도자가 그 이미지를 이해하면 함께 하나님의 임재를 느껴볼 수 있다. 그러나 만약 그렇지 않다면, 대화는 다음 주제로 넘어가게 되고, 다음 회기에 유용할지 모르기에 그 이미지를 마음속에 간직하는 것도 좋다.

### 수퍼비전에서 동시에 여러 차원을 아우르는 경험들

수퍼비전에서 수퍼바이저들은 이 은혜 충만한 순간을 맞이한 것에 대해 영성지도자들과 함께 기뻐하고, 피지도자를 도와 그 순간을 음미하게 해준 것을 칭찬해 줄 수 있다. 그런 순간에 지도자들은 피지도자들이 유익한 침묵 속에 있게 하거나, 그 경험의 다양한 차원을 강조해 주거나, 적절하다면 그 경험을 마무리 짓고 원래 대화로 돌아갈 수도 있다.

수퍼바이저들은 또한 포괄적인 경험들을 고무하기 위한 여러 기술들을 갖고 지도자들과 역할극을 해볼 수 있다. 예를 들어, 어느 순간 피지도자의 열망에 대해 물어보는 것은 피지도자에게 생각, 감정, 그리고 감각에 참여해 보도록 초청하여 포괄적인 경험을 하도록 도울 수 있다. 왜냐하면 열망은 세 가지 차원 모두를 아우르기 때문이다. 영성지도 상황에서 열망을 고려하는 것은 때로 하나님에 대한 피지도자의 갈망을 일깨워준다. 지도자는 또한 피지도자가 상상력을 사용하도록 자극함으로써 그런 경험을 회기 속에 맞이할 수 있다. 피지도자는 시각, 청각, 촉각, 미각, 후각 등을 사용해 그 주제에 대해 상상해 볼 수 있다.

### 세상과의 관계 속에서 하나님 만나기

우리 안에서 나오는 반응들을 의식하는 것은 우리가 하나님을 경험하는 데 도움이 된다. 그러나 먼저 이런 반응을 유도하는 것은 무엇인가? 그것은 바로 세상과 우리와의 관계이다. 일반적으로 세상과 우리와의 관계가 하나님의 임재를 드러낸다는 생각은 많은 영성지도자들에게 자연스러운 개념이다. 우리의 몸을 다른 사람들의 몸과 구분짓고, 나머지 세상과도 물리적으로 구별시키며, 우리 각자를 개인으로 주장하게 하는 것은 그저 피부 정도가 아닌가 하는 생각이 들 때가 있다. 우리는 관계 속에서 잉태되고 어머니와의 관계를 통해 성장하고 출생 후에도 가족과 이웃뿐만 아니라 점차 글로벌화하는 시대에서 이 세상 전체와 관계를 맺는다. 사실 과학 기술의 발전으로 우리는 저 너머 우주와도 관계를 맺게 되었다.

그러나 슬프게도 어떤 지도자들은 '피지도자가 하나님과의 관계에 대해 나누는 것'만 주제로 한정해 영성지도에서 다뤄야 한다고 고집한다. 그것도 공식적인 기도 시간에 드러나는 관계 정도만을 생각한다. 그런 지도자들은 회기 동안 "하나님"이라는 단어를 반복해 사용하며, 피지도자들로부터도 하나님에 관련된 이야기에만 귀를 기울인다. 그들은 가능할 때마다 '공적 기도 모임에서 경험하는 하나님' 같은 주제로 영성지도 대화를 끌고 가면서, 피지도자의 기도 시간에서부터 대화가 길을 잃으면 이는 영성지도와 무관하며 심지어는 부적절하다고 믿는다. 8장에서 엘리자베스 리버트는 다양한 차원에서 맺게 되는 세상과의 관계, 그리고 우리에게 임하시는 하나님의 현존을 관계를 통해 의사소통하는 법에 대해 기술했다. 그녀는 또한 영성지도자들의 지평을 넓히는 데 수퍼비전이 가지는 역할에 대해 논의하면서, 이를 통해 피도자들은 하나님에 대한 경험이 모든 범주의 인간관계를 아우르고 있음을 주지하기 시작한다고 설명한다.

모든 범주의 인간관계에 걸쳐 있는 모든 차원의 인간 경험을 포괄하는 영성지도 모델은 지도자와 수퍼바이저 모두에게 도움이 된다. 그런 모델에 입각해 사역하는 지도자들은 피지도자들의 특정 경험뿐만 아니라 그 경험들이 해당하는 범주에 대한 이야기에도 귀를 기울인다. 예를 들어 피지도자가 홀로 산에 가서 하나님을 경험했던 이야기를 할 때, 지도자는 피지도자의 그 경험이 다른 범주의 관계에도 영향을 미쳤는지, 그렇다면 어떤 영향을 미쳤는지 들어보길 기다릴 수 있다.

그녀가 산에서 경험했던 그 위로가 그녀의 결혼생활로도 확장되었을까? 그 경험이 그녀가 속한 교구 식구들이나 껄끄러운 직장 동료와의 관계에 어떻게든 영향을 미쳤을까? 이 모델 뒤에 있는 한 가지 가정은 한 가지 관계에서 경험한 하나님에 대한 지식은 그 관계뿐만 아니라 다른 모든 관계를 변화시킬 힘을 갖고 있다는 것이다. 나는 이 피지도자의 이야기를 듣고 그녀가 맺는 다른 관계에 대한 질문으로 이어지는 쪽을 지지하지만, 그 경험이 미친 영향에 대해 들어보다가 만약 그녀가 인식하지 못했다면 이런 변화에 주의를 기울이도록 제안해 보는 방법을 택할 것이다.

더 나아가 이 모델에 입각해 사역하는 지도자들은 피지도자들의 여러 관계에서 오는 경험들을 경청할 때, 이 경험들이 어떤 차원의 경험에 해당하는지 숙고한다. 회기 도중에 피지도자가 그 경험의 하나 또는 두 가지 차원에 대해 언급한다면, 지도자는 피지도자에게 방금 논의한 생각에 대해 어떻게 느끼는지 물어보거나, 또는 감각에 대해 무심코 언급한 부분을 되짚어보도록 요청할 수 있다. 한 가지 관계에서 경험한 하나님이 다른 모든 관계를 변형시킬 수 있는 것처럼, 생각을 통해 하나님을 경험한 것은 감정과 감각에서 하나님을 경험하는 것으로 이어질 수 있음을 믿어야 한다. 더 나아가 영성지도자들은 피지도자들의 대화에서 아주 가끔씩 등장하는 경험의 차원은 무엇인지 시간을 들여 검토해야 한다. 예를 들어 피지도자들은 개념화하는 것은 좋아하나 감정에 대해선 이야기하길 꺼려한다든지, 감정은 쉽게 느끼지만 감각에 대해서는 거의 언급하지 않는다든지 할 수 있다. 그런 경우 그 사실을 피지도자와 나누면서 반응에 변화를 주도록 도와줄 수 있다.

이런 방식으로, 조금씩, 지도자들은 피지도자들이 "능히 모든 성도와 함께, 그리스도의 사랑의 넓이와 길이와 높이와 깊이가 어떠한지 깨닫도록"(엡 3:18-19)[5] 도와주려 노력한다. 수퍼비전에서 우리는 하나님과의 관계가 다른 모든 범주의 관계를 아우른다는 인식을 모델로 하여, 지도자들이 피지도자들과 만날 때 이런 인식을 적용하도록 격려한다. 우리는 또한 지도자들이 그들의 몸, 감정, 감각들을 관련 회기의 동력들과 어우러지도록 하는 구체적인 방법들을 찾으려 노력할 때 그들과 협력한다. 이런 방식으로 영성지도 회기와 수퍼비전 회기는 세상에 애정어린 주의를 기울이고, 그곳에서 하나님을 만날 수 있다는 믿음과 기대 가운데 세상과 관계를 맺는 기술을 연습하는 장이 될 것이다.

---

5. 성경 본문을 작가가 자기 말로 바꿔 표현함.

# 6장°
## 주어진 것과 선물: 영성지도와 수퍼비전에서 성과 하나님의 에로스

사무엘 해밀톤-푸어

그녀가 말한 것들을 자세히 기억해 내기는 힘들다.[1] 이 대화가 있었던 때로부터 십여 년 넘게 흘렀으니까. 그러나 오늘날까지도 나의 내면에서 올라온 본능적인 반응은 생생하게 기억난다. 그것은 성적인 이끌림, 혼란, 두려움 등이었다.

그녀가 자신의 영혼을 열어 내게 보여주었을 때, 나는 대단히 끌렸다. 나는 무척이나 경계했다. 피가 온 몸을 타고 흘러 내 머리로 쏠

---

[1] 두 가지 예외를 제외하고, 인용된 피지도자들은 모두 자신의 이야기를 사용해도 좋다고 허락했다. 첫 번째 예외는 남겨둔 가족도 없이 고인이 된 전(前) 피지도자의 경우이며, 두 번째 예외는 현재 소재를 파악할 수 없는 피지도자의 경우이다. 모든 사례에서 익명 보장을 위해 이름과 때론 성(性)까지 바꾸었음을 밝힌다.

렸다. 보나마나 내 낯빛은 붉어졌을 것이다. 그녀에게 성적으로 끌렸음을 인지하자마자, 나는 혼란스러웠다. 왜 이렇게 느낀 걸까? 왜 이렇게나 강하게? 문제를 더 복잡하게 만들려는 듯, 당혹감을 감지하자마자 나는 두려워졌다. 성적인 이끌림이 두려웠다. 당혹감이 두려웠다. 두려운 마음조차 두려웠다.

한편, 그날 그녀를 대한 내 행동은 철저히 전문가다웠으며 비난받을 일은 없었다. 불편함을 감지하고 나서 나는 어떻게든 부적절한 대화나 행동은 피한 채 대화를 마무리하려 애썼다. 그러나 다른 한편, 나는 전문적으로든 영적으로든 그녀에게 도움이 되지 못했다. 그녀는 나를 믿고 찾아와 자기 자아, 자기 영혼 깊은 곳의 이야기를 털어놓기 원했다. 그녀는 하나님의 마음을 듣는 데 내가 도와주기 원했다. 그러나 나는 내 생각과 감정의 아우성에 압도된 나머지 그녀도, 하나님도 "듣지" 못했다. 나는 그녀 앞에도, 하나님 앞에도 온전히 머무를 만큼 자유롭지 못했다.

내가 이 대화에 대해 자세히 말하는 이유는 두 가지이다. 첫째, 이 만남은 내 사역 중 이 시기에 새로 생겨난 패턴의 만남 가운데 하나였다. 사람들은 하나님과의 관계가 깊어지는 데 내가 도움을 줄 것이라는 기대를 안고 나를 찾아왔다. 나는 당시 (그리고 지금도) 전임 사역자였는데, 이 사람들은 내게 전임 사역자 이상의 역할을 요구했다. 나는 사람들이 나를 어떻게 인식하는지 인식하기 시작했다. 경청하는 데 소명, 아니 은사가 있는 사람으로 본 것이다. 그런 만남들의 결과 나는 영성지도 훈련 프로그램에 참여하게 되었다.

그러나 내가 이 대화와 앞서 언급한 내 반응에 대해 자세히 말하는 또 다른 이유는, 그로 인해 나 자신과 하나님에 대해, 그리고 이 장에서 다룰 주제와 관련있는 경청에 대해 질문하게 되었기 때문이다. 이 여성이 자기 영혼 깊은 곳에 대한 이야기를 꺼냈을 때, 나는 왜 그녀에게 끌렸을까? 사실 그녀는 매력적인 젊은 여성이었다. 하지만 이전에 다른 상황에서는 그녀에게 전혀 그런 식으로 매혹당한 적이 없었다. 왜 그랬을까? 그날 내게 뭔가 문제가 있었던 걸까? 나의 결혼 생활에 잘못된 부분이 있었던 걸까?

그녀가 영적으로 친밀해지고 자신을 열어보였을 때, 나는 왜 성적으로 혼란스러워지고 불편하게 되었을까? 그녀가 자신을 내 앞에 열어보였다는 사실과 관계가 있을까? 성과 영적 친밀함 사이에 어떤 연결점이 있을까? 이 같은 경험은, 사실 내가 이야기를 들어줄 수 없는 부류의 사람들이 존재한다거나, 아니면 내가 들어갈 수 없는 삶의 영역이 있음을 의미하는 걸까?

그리고 도대체 하나님은 어디에 계셨을까? 그녀가 경청해 줄 사람으로 나를 찾아오게 인도하신 그 하나님은? 내가 그녀에게 마음을 열도록 인도하신 그 하나님은? 그녀 삶에 임재하시며, 그녀가 말하게 하시고, 내가 경청하는 순간에 임재하셨을 그 하나님은?

영성지도에서의 시간, 기도, 훈련, 경험, 그리고 동료들의 지지와 수퍼비전 덕분에 나는 이런 질문들 중 몇 가지에 대한 답을 발견했다. 이것들은 대개 잠정적이다. 나는 하나님의 도우심으로 거룩한 경청 사역에서 성장하려 최선을 다하고 있는 영성지도자로서의 권위 이상을 주장하고 싶지 않다.

### 에로틱함에 이름 붙이기

나는 인간의 마음 또는 영혼이 서로에게 개방되고 호의적인 관계 안에는 본질적으로 성적인 요소가 있다고 믿는다. 나는 이것이 영성지도의 친밀한 관계에서 특히 그렇다고 믿는다. 영성지도에서는 우리 마음이 하나님 앞에 개방되고 노출될 뿐만 아니라 서로에게 개방되고 노출되기 때문이다. 제럴드 메이 Gerald May 는 "지도라고 이름 붙일 만큼 가까운 모든 영적 관계"[2] 안에는 적어도 무의식적으로 성적 감정의 역동이 존재한다고 가정했다.

영성지도자이자 수퍼바이저로서 우리는 이 성적인 차원과 역동에 주의를 기울여야 한다. 우리는 우리 자신의 두려움, 충동, 당혹감에 휘둘리기 보다는 하나님의 은혜에 인도하심을 받는 가운데 성적 차원을 인정하고 존중하며 그에 반응할 필요가 있다. 그래야만 우리가 피지도자들에게 초청을 받을 때 안전하고 자유롭게 그들 마음의

---

2. Gerald G. May, Care of Mind, *Care of Spirit: A Psychiatrist Explores Spiritual Direction* (New York: Fortress, 1997), 10. 『영성지도와 상담』(한국기독학생회출판부).

가장 친밀한 곳까지 들어갈 수 있을 것이다. 그들이, 그리고 우리가, 때로 하나님의 마음과 조우하게 되는 그곳에 말이다.

내가 경험한 것에 이름을 찾아 붙여주는 것이 나에게는 도움이 되었다. 그것은 사실 내가 깨닫기 위해서였다. 이름 붙이는 것으로 인해 한 사람 또는 그룹(주로 남성)이 다른 사람 또는 그룹(주로 여성)에 성적 또는 영적 지배력을 행사하는 행위만큼 큰 피해를 입힌 경우는 거의 없을 것이다. 내 의도는 이렇지 않았다. 이렇게 이름 붙였던 나의 목적은 친밀함과 온전함 가운데 우리가 함께 안전하게 들어갈 수 있는 내적이고도 관계적인 자유의 자리를 찾는 것이었다. 다음에 소개할 것은 소위 나만의 "발전 중인 용어 사전"이다.

나는 영성이란 충만한 인간이 되는 과정으로 이해했다. 이 정의는 1977년 스코틀랜드 교회협의회[3]에서 가져왔다. 보다 충만한 인간이 된다는 것은 나의 자아, 다른 사람, 자연만물, 그리고 하나님에게 동정심과 민감함을 더욱 갖게 되는 것을 의미한다. 이에 따르면 영성이란 완전히 관계적이다. 특히 기독교 영성이란 그리스도의 형상으로 변화되는 가운데 충만한 인간이 되는 것이다. 우리는 우리 자신, 다른 사람, 피조물, 그리고 하나님과 관계를 맺는 다양한 방법 가운데 그리스도의 영을 반영하고 구체화하면서 기독교인으로 자라간다.

---

3. Sallie McFague, Super, *Natural Christians: How We Should Love Nature* (Minneapolis ; Fortress, 1997), 10에 인용됨.

그러나 우리의 영성이 그토록 관계적인 이유는 무엇인가? 간단히 대답하면, 하나님께서 우리를 그렇게 만드셨기 때문이다. 우리 속에는 하나님께서 은혜로 주신 힘이 있는데, 그 힘은 우리가 우리 자신, 다른 사람, 피조물, 그리고 이 모든 것 안에, 아래, 너머 하나님과 친밀한 교제를 추구하도록 움직인다. 나는 이 은혜로운 힘을 에로스, 또는 에로틱함 the erotic 이라 부른다.[4] 이 힘은 아우구스티누스가 하나님 안에서 안식을 찾기 전까지 그를 불안하게 만들었다. 이 힘은 우리가 사랑할 수 있는 능력의 원천이다. 그 사랑이 우정, 결혼, 동료, 가족, 기도, 정의에 대한 열정, 하나님에 대한 열망 등 어디서 표현되든지 간에 말이다.[5]

성 sexuality 은 이 에로틱한 힘에 대한 우리의 체화되고 관계화된 반

---

4. 성과 에로스에 대한 다음의 묘사가 매우 유용했다. 이는 James B. Nelson과 Sandra P. Longfellow가 *Sexuality and the Sacred: Sources for Theological Reflection* (Louisville: Westminster-John Knox, 1994), xiv 서문에 쓴 글이다. "신학적으로 우리가 믿기로 우리의 성은, 생식 능력이라는 하나님의 선물을 포함해 우리의 운명이 외로움이 아니라 깊은 연결에 있음을 깨닫게 하는 가장 기본적인 하나님의 초청이다. 우리의 성이 불의와 학대로 인한 왜곡에서 자유로운 만큼, 우리는 우리의 성을 우리 인간됨의 가장 기본적인 에로스로 경험한다. 성은 우리가 고독으로부터 나와 하나님과 세상과 친밀한 소통 관계에 들어가도록 설득하고 초청하고 꾀어낸다."

5. 물론 기독교 신학과 영성에는 사랑의 여러 종류와 정도를 구분하는 오랜 전통이 있어 왔다. 보통 에로스, 필리아, 아가페 등의 용어로 구분했는데, 아가페가 가장 "고귀하고 순수한" 형태의 사랑을 대표했다. 물론 어느 정도 도움이 될 수는 있겠지만, 나는 나의 경험과 성경에 분명히 묘사된 것에 비추어볼 때 이런 구분이 올바른 것인지 확신하지 못하겠다. 이 글의 내가 가진 전제조건은 에로스가 아가페를 포함한 모든 형태의 사랑을 내포하며 그 사랑으로 이끈다는 사실이다.

응이다.[6] 우리의 성은 우리의 에로틱한 갈망이 표출되거나 억압되는 특정한 상황이다. 성에 대한 이 같은 이해에 따르면, 성이라고 해서 꼭 성관계로 인한 쾌락을 포함해야 하는 것은 아니다. 성은 (동성이든 이성이든) 깊고 헌신적인 우정 관계로, 습지를 보존하겠다는 열망으로, 그림을 그리거나 조각을 하거나 춤을 추겠다는 열정으로, 하나님 안에 안식하며 누리는 영혼의 기쁨으로 표현될 수도 있다. 우리의 성이 부당하고 학대적인 권력 관계로부터 자유한 만큼, 성은 우리가 자기 자신, 다른 사람들, 피조물, 그리고 이 모든 것 너머 계시는 하나님과의 관계 속에서 성장하게 도와준다. 그러므로 하나님은 우리를 설득하시고 인도하시고 초청하신다.

하나님의 에로틱한 밀고 당김에 대한 우리가 할 수 있는 모든 반응 가운데, 다른 사람 또는 하나님과의 친밀함이라는 경험만큼 우리를 변화시킬 힘을 지닌 것은 거의 없다. 쉴라 머피 Sheila Murphy 는 친밀함이 "자기를 노출하여 다른 사람 앞에 유약해질 위험을 무릅쓰는 것"이라고 묘사했다. 친밀함은 우리가 "자기 자신과 다른 사람 앞에 용기를 내어 정직하도록 해주는데 이를 통해 하나님 앞에서도 벌거벗게 해준다."[7] 선지자 모세가 예언했듯, 하나님을 보고도 살아 있는 사

---

6. Carter Heyward, *Touching Our Strength: The Erotic as Power and the Love of God* (San Francisco: Harper&Row, 1989), 193-194.

7. Sheila Murphy, "Spirituality, Sexuality, Intimacy, and Ministry," in *Handbook of*

람은 아무도 없었다. 그 누구도 하나님 앞에서 벌거벗고 섰는데 변화되지 않을 수 없다는 것 또한 사실이다. 서로 친밀함 가운데 접촉했는데 어떻게든 변화되지 않는 것은 있을 수 없다.

다른 사람과 친밀해질 때, 나는 나 자신, 즉 나의 참되고 진실한 자아를 다른 사람에게 알리며, 어떤 의미에서는 상대방 앞에 또는 거절 앞에 위태롭게 서 있는 나를 발견하게 된다. 나는 상대방 앞에 나를 잃어버릴 위험을 무릅쓰고 있는 것이다. 마찬가지로 아내든, 아이든, 친구이든 누군가가 나와 친밀해질 때, 그 사람은 나의 반응 앞에 자신을 유약한 모습 그대로 내놓는다. 그러면 나는 벌거벗은 거룩함에 감싸인 이 사람의 진짜 모습을 보고 듣고 만지도록 상대방으로부터 허락받는 것이 된다. 우리 안에 친밀함이 공유될 때, 우리 관계는 보다 더 깊고 넓은 수준의 신뢰와 정직이 있는 관계로 확장된다. 우리 모두는 자기 자신에게 그리고 서로에게 새로운 존재가 된다.

마지막으로, 내가 이해하는 영성지도는 한 사람이 다른 한 사람(또는 서로 도와주는 소그룹의 멤버들)을 도와주는 기술, 훈련 그리고 헌신으로서, 하나님께서 피지도자를 더 깊고 진실하며 충만한 관계로 이끌거나 유혹하거나 초청하시는 방법을 그가 잘 경청하도록 돕는 것이다. 어떤 면에서 지도자는 피지도자가 자기 삶, 기도, 관계 가운

---

*Spirituality for Ministers*, Robert J. Wicks 편 (New York: Paulist, 1995), 412.

데 하나님의 에로스, 하나님의 사랑, 하나님의 은혜의 움직임을 발견하고 반응하도록 돕는다.

여타의 중요한 관계에서처럼, 영성지도의 근본은 하나님의 에로틱한 사랑 또는 힘에 있다. 사역을 잘 해낼 때, 우리는 피지도자들이 하나님과 더 깊고 진실하고 친밀한 관계에 들어가도록 설득하고 끌고 초청하시는 하나님의 영과 동역할 수 있다. 그러나 이런 사역의 능력이나 기술은 대개 개인으로서 그리고 영성지도자로서 성과 친밀해지는 능력에 달려 있다. 머피가 쓴 다음의 글은 가톨릭 사제들을 위한 것이지만, 나는 이 글이 넓게는 영성지도 사역을 실습하고 있는 우리 모두에게 적용된다고 믿는다. "사역의 관계적 본질은 사역자에게 자신의 성 그리고 친밀함 속에서 더 자라기를 요청한다. 왜냐하면 이것이야말로 그들의 영성의 기초를 이루기 때문이다."[8]

이 "용어 사전"을 잠시 내려놓고, 영성지도자이자 수퍼바이저로서 우리는 어떻게 우리 자신의 성과 친밀함을 포용하고, 내적 자유의 장소를 발견할 수 있는지 살펴보자. 이 내적 자유 안에서 우리는 피지도자들도 하나님 앞에서 안전하고 온전하게 자신의 성과 친밀함을 포용하도록 도울 수 있다. 우리는 먼저 성경의 증언과 우리 자신의 경험 모두를 고려하면서, 성을 하나의 "기정사실"이자 "선물"로 인

---

8. 같은 책, 413.

정하고 존중하는 것에서 시작하려 한다. 그 후에, 영성지도 상황에서 성이 오해되거나 오용되는 몇 가지 방법을 살펴볼 예정이다. 다시 말하지만, 가장 중요한 것은 주의를 기울이는 것이다. 주의를 기울일 때 수퍼비전은 우리에게 특히 중요해진다.

### 이미 주어진 성에 주의 기울이기

영성지도 관계 안에는 언제나 성적인 차원 또는 역동이 존재한다. 무엇보다 이것이 사실인 이유는 영성지도에서 함께 만나는 우리는 항상 성적인 존재들이기 때문이다. 앤과 배리 율라노프 Ann and Barry Ulanov 부부가 기도에 대해 한 말은 영성지도에서도 똑같이 적용된다. "젊은 사람이나 나이 든 사람이나, 순결서약을 하든 그렇지 않든, 결혼을 했든 독신이든, 우리 모두는 남성과 여성으로 살고 있으며, 남성과 여성으로 기도한다."[9]

우리의 성에는 생리적으로 "정해진 부분" giveness 이 존재한다. 우리는 우리 정신이나 영혼이 느슨하게 붙어 있는 몸을 "소유하고" 있지 않다. 샐리 맥페이그 Sallie McFague 가 말한 대로 "우리가 곧 몸이다. 우리

---

9. Ann and Barry Ulanov, *Primary Speech: A Psychology of Prayer* (Atalanta: John Knox, 1982), 74. 『기도의 심리학』(은성출판사).

가 곧 몸이자 영혼이다."[10] 그리고 우리 몸은, 드문 예외가 있긴 하지만, 남성 아니면 여성이다. 생명을 타고났듯 우리는 몸도 타고났으며, 몸과 함께 다양한 유전 요인들도 받았다. 주어진 유전적 요소들은 특정 생물학적 성향을 갖게 하며 이는 우리에게 쾌락과 기쁨, 또는 혼란과 고통을 안겨준다.

우리가 곧 몸임에도 불구하고, 우리는 언제나 생물학 이상의 존재다. 우리는 남성 또는 여성이 된다는 것이 무엇을 "의미하는지"에 대한 사회정치적 정체성을 전달할 수 있다. 우리 중 누구도 어머니의 자궁에서 분홍색 또는 파란색 모자를 쓰고 나오지 않으며, 우리 몸에 이름을 써 붙이고 나오지 않는다. 출생과 함께 우리는 이름을 부여받는데, 마치 분홍색 또는 파란색 모자처럼 이름 역시 — 샘 또는 수잔, 로버트 또는 로베르타처럼 — 우리의 성에 대한 사회적 표지 역할을 한다. 이름을 처음 받았을 때, 그리고 생애 나머지 기간 동안 우리 이름은 일상의 영적, 사회적, 정치적, 그리고 성적 관계로 들어가는 언어적 다리 역할을 한다.

때로는 희미하게, 때로는 긴급하게 몸으로부터 받는 생물학적 메시지에 덧붙여, 우리는 우리의 부모와 공동체로부터 "남성"이란 또는 "여성"이란 어떤 존재이며, 어떻게 행동하고, 무엇을 욕망하며, 어떤

---

10. Sallie McFague, *The Body of God: An Ecological Theology* (Minneapolis: Fortress, 1993), 16.

포부를 갖고, 무엇을 기대해야 하는지 재빠르게 배운다. 이런 메시지들을 받아들이느냐, 거부하느냐, 맞서 싸우느냐와 관계없이 우리는 그 메시지들을 우리 몸과 영혼과 함께 영성지도로 가져온다.

우리가 성적인 존재라는 사실은 우리 삶 전반에 생리학적, 상호관계적, 사회적, 정치적, 감정적, 경제적, 그리고 영적 영향을 끼친다. 필립 쉘드레이크Philip Sheldrake는 이렇게 썼다. "우리는 성을 묵살하고 억압하려 노력할 수도 있고, 성에 대해 긍정적이며 건강하게 살려고 노력할 수도 있다. 우리에게 허락되지 않은 방법은, 성을 건너뛰거나 그로부터 완전히 도망치는 것이다."[11]

우리는 성이라는 주어진 현실 안에서 살아가는 데 도움이 되는 긍정적이고 건강하고 심지어 거룩하기까지 한 방법을 찾으려 노력하고 열망하고 좌절한 경험들을 영성지도에 상당 부분 가져온다. 율라노프 부부는 사람들이 기도의 제목으로 삼을 수 있는 성에 관한 많은 측면들을 목록으로 만들었다. 그 목록에는 성적 또는 신체적 역기능과 낙담에서부터 상당한 수준의 만족감과 심지어 황홀경까지 포함되어 있다.[12] 우리는 종종 이런 주제들을 영성지도에 가져오거나, 피지도자들에게 가져오도록 요청하곤 한다.

---

11. Philip Sheldrake, S.J., *Befriending Our Desires* (Notre Dame, IN: Ave Maria, 1994), 67.
12. Ann and Barry Ulanov, *Primary Speech*, 76-77. 『기도의 심리학』(은성출판사).

율라노프의 목록을 더 살펴보면 다음과 같다. 어린 시절 성적 학대 경험에서 오는 분노와 지속되는 고통, 성적 성향을 거절하거나 포용하려는 바람, 부당한 성적 차별에 대한 분노. 영성지도자로서 나는 영성지도 상황에서 이 각각의 주제가 적어도 한 번 이상 제기되는 것을 들어왔다. 하나님의 도우심으로 주의를 기울이고자 노력하는 평범하고 정상적인 남녀들이 이런 주제를 놓고 고백했다. 그들은 하나님의 형상을 따라 "남자와 여자"로 지음 받은 사람들이다.

우리는 성적 존재이다. 이것은 기정사실이다. 부록 D에서 나는 영성지도자들이 이미 주어진 자신의 성에 주의를 기울임으로써 피지도자들을 보다 잘 도울 방법을 제시해 두었다. 그러나 우리의 성은 단순히 "주어진" 것 이상으로 하나의 "선물"이다. 영성지도 안에 성적 차원이 있을 뿐만 아니라 우리의 성 안에 영적 차원이 존재한다.

## 성이라는 선물에 주의를 기울이기

어떤 독자에게는 성을 선물로 이해하고 경험하는 것이 거의 불가능하거나 어려운 일임을 나는 알고 있다. 성적 학대나 차별을 경험한 사람들에 대한 통계를 살펴보면 정말 충격적이다. 그러나 성을 하나님의 선물로 받아들이는 방법을 찾지 않는다면, 우리는 성적 학대와 불법 행위의 비극을 더 악화시키고 말 것이다. 성을 선물로 보지 않으면 우리의 성은 오용된 사례들로 정의되고 비하될 것이다.

구약성경에서 성, 갈망, 그리고 에로틱함에 대한 분명하면서도 매우 긍정적인 본문은 아가서이다. 구약은 갈망에 대한 이야기로 가득하다. 이스라엘을 향한 하나님의 갈망, 하나님을 향한 이스라엘의 갈망, 라헬을 향한 야곱의 갈망, 왕관을 향한 사울의 갈망, 밧세바를 향한 다윗의 갈망, 그리고 고향으로 돌아가고자 하는 포로들의 갈망. 아가서가 구약 성경의 다른 책들과 차이를 보이는 부분은, 갈망이나 성을 진지하게 다루고 있다는 점이 아니다. 오히려 "남성과 여성의 사랑을 묘사하는 태도가 열광적이고 에로틱하며 개인적 판단을 피하고 있다는 점에서"다.[13] 아가서는 두 연인이 서로를 끊임없이 추구하게 하는 갈망을 묘사할 뿐만 아니라 축복해 준다. 시에서 갈망 자체가 주인공이기라도 한 것처럼, 여성이나 남성처럼 갈망이 때론 욕정에 차기도 하고, 필사적이고, 놀기 좋아하며, 흥분하고, 엄격하며, 노력하고 심지어 미치게 만들기도 한다. 그러나 결코 지루하지는 않다. 아가서에서 여성의 고백을 들어보라.

밤에 침대에서 나는 그를 원하나
내가 사랑하는 이는 여기에 없네
일어나 성 안을 돌아다니며

---

13. Roland E. Murphy, O. Carm., *The Song of Songs* (Minneapolis: Fortress, 1990), 97.

거리에서나 광장에서나 찾아보았네

성 안을 순찰하는 자들이

날 찾을 때까지 찾아다녔네

나는 그들에게 물었네 — 그를 보았소?

내가 사랑하는 자가 여기 없소.

그들을 지나치자마자, 나는 그를 찾았네.

그리고 그를 놓지 않았네.

내 어머니 집으로,

어머니가 나를 잉태하던 바로 그 방에 데리고 갔네.

오 예루살렘 아가씨들아,

노루와 들사슴을 두고 부탁한다네.

우리를 흔들지도 깨우지도 말아다오.

우리 사랑을 다 끝내기까지.[14]

주석가들에 따르면, 아가서에는 찾기, 발견하기, 그리고 잃어버리기라는 순환적 리듬이 있다. 두 연인은 끊임없이 서로를 찾다가, 때로 연결되고, 그러다 여러 상황으로 헤어져 다시 서로를 찾는다. 그런 의미에서 갈망만큼이나 "부재"는 아가서의 주요 주제라 할 수 있

---

14. Marcia Falk, *The Song of Songs: A New Translation* (New York: HarperCollins, 1993), 13부.

다. 연인의 부재 상태가 서로를 향한 열망을 부채질하기 때문이다. 아가서에서 축복받는 사랑은 서로와—즉, 서로의 몸, 영혼, 마음, 입술, 팔다리, 피부, 가슴, 손, 발, 목소리, 머리카락 등과—연결되고 싶어 하는 두 사람의 인간적이고 성적이며 에로틱한 갈망이다.

그들이나 우리 또는 누군가의 에로틱하고 성적인 갈망이 어떻게 선물이 될 수 있는가? 하나님께서 그들에게, 또는 우리에게 이런 선물을 주신 이유가 무엇인가? 때로 우리를 간절하게도 하고 쾌활하게도 하며 고집스럽게도 하고 시시덕거리게 하는 이 선물을 주신 이유가 무엇인가? 이 선물은, 가진 거라곤 "분홍색 카네이션과 픽업트럭뿐이던" 가수 돈 맥클린 Don McLean을 학교 댄스파티로 보내고, 시인 앤 섹스턴 Anne Sexton이 "그날" That Day에 대해 공상에 잠긴 채 빈 종이 앞에서 방황하게 만들었다.

> 그것은 그날 너의 얼굴,
> 사랑한 후 너의 얼굴, 베게에 파묻혀 자장가를 부르던…
> 어제 난 빌려주고 싶지 않았네
> 그러나 내 앞에 놓여 있는 타자기
> 그리고 어제가 있는 곳은 사랑[15]

---

15. Anne Sexton, "That Day", *Love Poems* 중에서 (Boston: Houghton Mifflin, 1969), 11.

성은 선물이다. 비록 우리를 좌절시키기도 하고 고통스럽게도 만들지만, 아가서의 여성과 남성에게 그랬던 것처럼 우리에게도 엄청난 즐거움을 주기 때문이다. 열망이나 에로스는 아가서의 연인들에게 그랬듯 우리에게도 선물이다. 우리 삶에 활력과 열정을 주기 때문이다. 에로스는 우리가 서로에게서 우정이라는, 친밀하고 삶에 생기를 불어넣는 연결점을 추구하고 찾게 해준다. 이 남성과 여성을 움직이는 사랑, 에로스는 단순히 그 둘을 합친 것보다 더 큰 힘을 발휘한다. 연인들의 열망은 집중되어 있고 강렬하지만, 그 열망은 동시에 이 두 사람으로 하여금 모든 피조물의 아름다움에 마음을 열게 해준다. 그들은 마음을 전달하고 연결하는 데 은유와 수단으로 그 아름다움을 사용한다.

나의 사랑, 내 어여쁜 자야

일어나서 함께 가자

겨울도 지나고 비도 그쳤고

지면에는 꽃이 피고

새가 노래할 때가 이르렀는데

비둘기의 소리가 우리 땅에 들리는구나

무화과나무에는 푸른 열매가 익었고

포도나무는 꽃을 피워

향기를 토하는구나

나의 사랑, 나의 어여쁜 자야

일어나서 함께 가자(2:10하-13).

이 두 연인이 함께하도록 이끌었던 그 열망, 즉 에로스는 또한 그들이 사랑으로 고동치는 더 큰 피조세계를 포용하도록 이끌고 초청한다. 피조세계에 대한 그들의 감각과 경험은 에로스라는 선물로 더욱 확장된다.

그러나 그 이상의 것이 있다. 하나님의 이름은 아가서에 등장하지 않지만, 에로틱한 갈망과 그 갈망의 충족을 담은 이 시는 하나님께서 펼쳐 보이시는 자기계시라는 보다 큰 배경 속에 위치한다. 아가서가 성경에 포함된 것은 중요한 동시에 지혜로운 일이다. 회당이나 교회라는 배경에서 읽힌 책으로서 아가서는 이 두 연인을 몰아가던 열망과 우리를 하나님과의 친밀한 관계로 설득하고 몰아가고 초청하는 열망 사이에 연결점이 있음을 시사한다.

어쩌면 이것이 여러 세기에 걸쳐 유대교와 기독교의 신비주의 해석가들이 아가서를 그토록 높이 평가했던 이유일 것이다.[16] 이들 독

---

16. 다음과 비교해 보라. Ann Matter, *The Voice of My Beloved: The Song of Songs in Western Medieval Christianity* (Philadelphia: University of Pennsylvania, 1990), 6: "…아가서는 현대 신학 주해가들에게 특별히 매력적인 책이 아니다. 거기엔 율법도, 윤리적 수칙도, 성경 역사도 담겨 있지 않기 때문이다. 아가서가 중세 기독교에서 가장 자주 주해된 책이었다는 관찰은 매우 흥미로운 사실이 아닐 수 없다."

법의 철학적 또는 해석학적 신념이 무엇이든, 우화적이든 예표론적이든 문자적이든, 해석자들은 하나같이 "인류의 동반자 관계와 공동체 관계를 형성하고 피조물 전체를 지탱하는 사랑은 하나님의 선물"[17]이라는 점에 동의한다. 아가서의 여성이 단순하고도 놀랍게 바로 그녀이든, 아니면 이스라엘 백성이나 교회, 성모 마리아 또는 각 개인의 영혼을 가리키든, 캐리 엘렌 월시Cary Ellen Walsh가 최근에 쓴 글에 동의하지 않을 사람은 없을 것이다. "이 여성은 마음을 다해, 영혼을 다해, 힘을 다해 사랑하는 것이 과연 어떤 것인지 잘 보여주고 있다. 그리고 신명기 5장 5절처럼 하나님을 사랑하라는 계명을 연습할 때 이 여성은 우리에게 지혜를 제공할 수 있다."[18]

기독교인들은 마음을 다해, 영혼을 다해, 힘을 다해 사랑하는 것이 어떤 것인지를 더 설득력 있게 입증해 주는 예를 나사렛 예수에게서 찾을 수 있다. 그에게서 우리는 성과 에로스에 대한 성경의 두 번째 긍정을 확인할 수 있다. 바로 성육신을 통해서다. 예수 그리스도 안에서 하나님의 사랑은 "육신이 되어 우리 가운데 거하"셨다(요 1:14)고 복음은 선포한다. 예수 안에서 우리에게 오신 하나님의 목적은 모든 만물이 "자기와 화목하게 되"는 것이었다(골 1:20). 즉, 죄로 인해 하나

---

17. Murphy, *Song of Songs*, 105.
18. Cary Ellen Walsh, *Exquisite Desire: Religion, the Erotic, and the Song of Songs* (Minneapolis: Fortress, 2000), 212.

님과 단절되었던 모든 것을 하나로 묶어 재연결하는 것이었다. 한 마디로 예수는 하나님의 에로틱한 열망을 인간을 통해 드러낸 표현이었다. 예수는 그 때나 지금이나 이 세상을 하나님 자신과 더 깊은 교제와 친밀로 설득하고 인도하고 초청하시는 하나님의 노력이다.

하나님은 예수 안에서 사람이 되심으로써 성과 성별의 생리학적이고 사회학적인 모든 측면을 포함해 우리의 성을 긍정해 주셨다. 비록 복음서들은 예수가 결혼했는지, 성관계의 기쁨을 경험했는지에 대해서는 침묵하지만, 예수가 만나는 사람들과 마음, 정신, 영혼, 몸, 그리고 힘을 다해 깊이, 열정적으로 관계 맺는 모습을 묘사하는 데에는 목소리를 높인다. 예수는 굶주린 사람들을 먹이고 병든 자들을 고치며 귀신을 내쫓고 종교적, 정치적 엘리트들의 압제에 맞서고 하나님의 용서를 끊임없이 선포했다. 말과 행동을 통해 예수는 화해하고 재연합하고자 하는, 죽음보다 강한 하나님의 열망을 전했다.

만약 친밀함을 "다른 사람 앞에 자기를 노출함으로써 연약해지는 심각한 위험"으로 이해한다면, 성육신은 그런 친밀함을 보여주는 최고의 사례이다. 하나님 자신이 예수를 통해 노출되셨다. 우리와 더 깊고 진실하고 친밀한 관계로 나아가기 위해 거절을, 심지어 죽음까지도 무릅쓰셨다. 오래된 찬송가 가사처럼 "이 얼마나 놀라운 사랑인가!" 예수는 자기 자신, 다른 사람들, 피조 세계, 그리고 이 모든 것 안에, 너머에 계시는 하나님 앞에 자신을 완전히 내어놓음을 통해 자신의 성을 표현했다. 하나님의 에로스와 사랑에 상징적으로, 관계적으로 반응했다.

성육신을 통해, 인간적으로, 성적으로 관계를 맺음으로써, 그리스도 안에서 하나님은 우리 자신의 인간적이고 성적인 관계적 본성에 복을 내리고 구원하신다. 우리가 그리스도와, 하나님과 "하나"가 될 수 있는 것은 우리의 성에도 불구하고 그런 것이 아니라 우리가 성적인 존재이기 때문이다. 정확히는 예수가 몸소 보여주었듯, 우리 역시 우리 자신을 열망하시는 하나님께 몸소 열정적으로 반응할 능력을 갖춘 성적인 존재이기 때문이다. 우리는 (가능할지 모르겠지만) 육체와 성에서 분리된 채 열정 없는 제자가 되는 식으로 하나님께 나아가는 것이 아니다. 오히려 우리는 우리 몸과 영혼이 하나님께 사랑 받을 것임을 신뢰하는 마음으로, 우리를 열망하시는 하나님의 능력에 우리를 굴복시키고, 성령의 만지심 앞에 우리를 내맡기는 식으로 하나님께 나아가야 한다.

예수를 따르는 사람들은 세상에서 다른 사람들과 함께 그리스도의 임재를 구현하기 위해 "그리스도의 몸"인 공동체로 초대 받는다. 그리스도의 몸과 피를 통해 영양분을 공급받은 교회는 예수의 죽음과 열정을 본받아 세상에 참여한다. 병든 자를 고치고 압제하는 권력과 맞서며 끊임없이 용서에 대한 메시지를 전한다. 그리스도의 몸인 교회는 그리스도 안에서 모든 만물을 연합시키시려는 하나님의 열망을 몸소 전해야 한다.

기독교인인 내가 보기에, 영성지도 사역은 그 자체로 성육신의 신비에 참여하는 것이다. "두세 사람이 내 이름으로 모인 곳에는 나도 그들 중에 있느니라"(마 18:2)고 예수도 약속하지 않았는가! 두세 사람이 모여 기도와 관상적 경청으로 하나님의 임재 앞에 나아갈 때 하나님께서도 자신을 드러내실 것이다. 그리고 이뿐만 아니라 지도자는 하나님께서 그리스도를 통해 우리에게 확장하신 그 사랑, 임재, 내려놓음을 몸소 반영한다. 우리 지도자들은 물론 그리스도가 아니다. 그러나 그리스도는 우리를 통해 역사할 수 있으며 때때로 그렇게 한다. 그리스도는 당신의 제자인 우리가 우리 피지도자들을 있는 모습 그대로 만날 때 성육신의 신비를 계속 이어갈 것이다. 그리고 영성지도는 그리스도가 사람들을 하나님과 더 깊고 진실하고 친밀한 관계로 나아가게 설득하고 인도하고 초청하는 사역을 지속하는 방법 가운데 하나이다.

## 영성지도 안에서의 성이라는 선물에 주의 기울이기

주어졌을 뿐만 아니라 선물이기도 한 성, 열망, 그리고 에로틱함은 우리가 영성지도를 위해 만남을 가질 때마다 그 모습을 드러낸다. 우리는 언제나 불가피하게 남자와 여자로 함께 모일 뿐만 아니라 언제나 하나님께서 갈망하시는 남자와 여자로 함께 모인다. 자넷 러핑 Janet Ruffing 은 기독교 영성과 영성지도 안에서의 "사랑의 신비주의" 전통에 대해 다음과 같이 훌륭한 재평가를 내린 바가 있다. "믿음의 신비와 예수의 본질에 대해 성경을 읽고 묵상하든, 기도에 집중하든, 영성훈련에서 우리가 행하는 모든 것은 우리를 열망하시는 하나님을 경험하도록 우리를 이끈다. 하나님의 사랑은 우리를 움직이고 우리를 향해 다가오며 우리가 그 사랑에 응답하게 만든다."[19]

사라진 연인을 갈망하는 아가서의 젊은 여성처럼, 또는 육신이 되어 우리 가운데 거하시는 말씀처럼, 하나님은 우리를 사랑하시고, 우리를 원하시고, 우리와 친밀한 관계 맺기를 갈망하신다. 우리가 깨닫든 깨닫지 못하든, 우리와 피지도자들을 영성지도 관계로 이끈 것은 기본적으로 우리를 향한 하나님의 열망이다.

우리의 피지도자들은 하나님이 그들을 얼마나 원하시는지 알 수도, 알지 못할 수도 있다. 어쩌면 그 사실로 인해 그들이 두려워할 수도 있다. 그러나 그들의 지도자인 우리는 우리 마음과 귀에 하나님이 전하시는 긴급하고도 부드러운 메시지, 즉 "내가 널 원한다"는 메시지를 담으려 노력해야 한다. 그렇다. 우리의 피지도자들은 모두 하나님의 자녀이다. 그럼에도 그들은 언제나 하나님의 눈에 갈망하고픈 존재로 비친다. 우리가 피지도자들의 삶의 이야기 속에서 하나님이 그들에게 말씀하시려는 이런 메시지를 들을 때, 우리는 지도자로서 그들이 그 메시지에 집중하도록 도와줄 수 있다.

---

19. Janet K. Ruffing, R.S.M., *Spiritual Direction: Beyond the Beginnings* (New York: Paulist, 2000), III.

에로틱함이라는 선물은 또한 피지도자들이 지닌 하나님을 향한 갈망을 듣거나 감지할 때마다 모습을 드러낸다. 한 피지도자가 이렇게 말한다고 해보자. "내 기도는 너무 메말랐어요. 생기가 거의 없죠." 그녀가 털어놓는 경험은 시편 기자의 그것과 너무나 흡사하다. "내 영혼이 하나님 곧 살아 계시는 하나님을 갈망하나니 내가 어느 때에 나아가서 하나님의 얼굴을 뵈올까?"(시 42:2). 아니면 어떤 피지도자는 하나님께서 만져주시고 안아주시길 간절히 원하고 있을 수 있다. 이는 아가서에서 연인을 향해 젊은 남성이 갖고 있던 마음과 흡사하다.

한번은 한 피지도자에게 지금 이 순간 하나님께 가장 원하는 것이 무엇인지 물어본 적이 있다. 긴 침묵이 흐르고, 주먹을 꽉 쥐었다가 풀듯 그는 갑자기 울기 시작했다. 마침내 그가 입을 열었다. "하나님이 날 붙들어 주셨으면 좋겠어요." 나는 그에게 하나님께 꼭 붙들려 있는 자기 모습을 상상해 보라고 했다. 그리고 아버지가 자기 아이를 붙들듯, 그는 하나님께서 자기를 그렇게 붙들아 주시길 원하고 있는 거라고 조용히 말해 주었다. 피지도자는 동의하며 하나님께서 자신을 붙드시도록 내어드렸다. 얼마 후, 하나님께 붙들린 경험이 어떠했는지 물어보자, 그는 자기가 원한 것이 무엇인지, 하나님께 받은 것이 무엇인지 깨닫고는 놀랐다고 말했다. 그는 아버지께서 아이를 안아주는 경험을 한 것이 아니라, 사랑하는 연인이 서로를 부드럽게 안아주는 경험을 했던 것이었다. 이런 경험은 그가 하나님과 친밀한 관계의 길을 걷는 데 터닝 포인트가 되었다. 그리고 나에게는 상호간에 거룩하고도 에로틱한 갈망으로 움직이는 것에 대한 큰 깨달음이 되었다.

일단 피지도자들에게서 그들이 하나님을 향한 갈망을 지니고 있다는 힌트 또는 고백을 듣는다면, 우리는 그들이 다음으로 어떻게 하고 싶은지 탐색하기 시작할 수 있다. 하나님의 갈망을 몸소 성육신하는 일환으로 그들은 어떻게 기도하거나 행동하거나 사랑하길 원하는가? 마가렛 귄터 Margaret Guenther 는 이렇게 관찰했다. "어떻게 기도하는지 묻는 것은 가장 친밀한 질문이다."[20] 피지도자들에게 하나님을 향한 자신의 갈망을 어떻게 표현하고 싶은지 물어봄으로써 우리는 그들이 하나님과 더 깊은 친밀감으로 들어가도록 초청한다.

에로스라는 선물은 또한 영성지도에서 피지도자들이 자기 삶의 여러 측면에서 만나는 관계들, 즉 가족, 연인, 친구, 직장, 환경, 공동체, 정치, 사회 구조 등에 대해 이야기할 때에도 그 모습을 드러낸다. 피지도자들은 이 모든 관계에 대해 이야기하면서 자기가 느끼는 좌절과 기쁨에 대해서도 나누며, 자신이 남자로, 여자로, 남편으로, 아내로, 연인으로, 아버지로, 어머니로, 아들로, 딸로, 사제로, 목사로, 교회의 일원으로, 또는 시민으로 잘 해내고 있다고, 또는 못 해내고

---

20. Margeret Guenther, *Holy Listening: The Art of Spiritual Direction* (Cambridge, MA: Cowley, 1992), 20. 『거룩한 경청』(아침영성지도연구원)

있다고 느끼는 이유에 대해 털어놓을 것이다. 이를 경청하는 내내 우리 마음속에 이 피지도자가 하나님께 매력적인 존재라는 근본적인 진리를 붙들면서도, 우리는 또한 하나님의 에로틱한 힘이 이들을 주위 사람들과 피조세계와 더 깊고 진실하며 충만한 관계로 초청하는 방식에도 주의를 기울여야 한다.

러핑은 영성지도에서 "감정, 특별히 욕망을 명료하게 밝히는 것이야말로 우리가 탐색할 수 있는 가장 중요한 것들 중 하나"라고 단언한다.[21] 피지도자가 갈망이나 욕망을 표현할 때마다, 그것이 명료하든 명료하지 않든, "영적"이든 육적이든, 현실적이든 비현실적이든, 이는 감사해야 할 일임에 틀림없다. 피지도자나 하나님께서 우리에게 친밀하고도 거룩한 공간으로 들어갈 문을 열어준 셈이기 때문이다. 그 공간은 피지도자가 자신의 실제 모습과 바라는 모습이 어떤지, 그리고 자신을 실제로 밀거나 당기는 존재가 무엇인지 또는 누구인지 마주하는 곳이다. 캐슬린 피셔 Kathleen Fischer는 이에 대해 간략하게 말했다. "영성지도는 하나님 안에서 그리고 하나님을 향한 in and toward God 우리의 삶에서 이루어지는 움직임과 관계 있다."[22] 하나님 안에서 그리고 하나님을 향해 이루어지는 우리의 모든 움직임은, 우리 삶을

---

21. Ruffing, *Spiritual Direction*, 24.
22. Kathleen Fischer, *Women at the Well: Feminist Perspectives on Spiritual Direction* (New York: Paulist, 1988), 3.

구성하는 모든 관계 안에서 그리고 그 관계를 향해 우리가 어떻게 움직이느냐와 관계가 있다.

에로스는 우리가 주위 사람들과 피조세계, 그리고 이 모든 것 안과 너머에 계시는 하나님과 더 친밀한 소통을, 더 나아가 연합을 추구하도록 움직이는 하나님의 힘이자 사랑이다. 에로스는 우리가 우리 자신 너머로 움직이도록, 벽을 넘어 다른 사람들과 연결되도록 밀어낸다. 우리 모두는 다른 사람과 사랑에 빠지고, 이 사랑을 성관계라는 하나의 의식으로 표현하기도 한다. 우리 모두는 우정 관계에 헌신한다. 우리 중 많은 이들이 아이들을 보호하고 먹이고 돌보느라 자기 마음, 몸, 정신, 영혼을 다해 섬긴다. 우리는 어떤 대의명분이나 특정 후보자를 위해 캠페인을 벌인다. 우리는 시를 쓰거나 작곡을 하기도 한다. 우리는 "분홍색 카네이션과 픽업트럭" 따위로 무장해 댄스파티에 참석한다. 사랑이나 우정, 헌신이나 캠페인, 예술적 표현이나 겉으로 보기에 어리석은 행동이라 하더라도 이 모든 것들은 영성지도에서 훌륭한 소재가 된다. 그 자체로 헌신된 관계들이기 때문이다. 지도자들은 피지도자들이 하나님께서 그들을 더 깊고 더 진실하고 더 충만한 인간관계로 설득하고 인도하고 초청하시는 방식에 귀 기울이도록 도와야 한다.

미국 남동부 출신인 내가 중서부에 살게 된 후, 나는 종종 바다를 갈망하고 심지어 꿈을 꾸기도 한다. 맨발 아래 느껴지는 모래, 혀로 느끼는 소금 맛, 피부에 느껴지는 태양의 따스함, 썰물 때의 냄새. 이 갈망은 육체적이고, 감정적이며, 영적인 동시에 성적이다. 나의 영성 지도자는 나에게 하나의 축복과 같은 사람이다. 바다에 대한 이런 갈망을 나누었을 때, 그녀는 그 갈망을 "향수병" 또는 "감정 전이" 등으로 명명하거나 "그저" 다른 뭔가를 가리키는 표지로 치부하지 않았다. 그녀는 내 갈망을 진지하게 받아들였고, 나는 나 자신을 진지하게 받아들여주는 것으로 느꼈다. 그러고 나서 그녀는 내가 이야기할 때 그 갈망에도 마땅한 몫을 주라고 부드럽게 격려했다. 내가 이야기하는 도중에 어디서건, 어떻게든(그녀는 지도자로서 기교가 뛰어났다) 그녀는 내가 하나님께서 끌고 가기 원하시는 방향으로 움직이도록 도와주었다. 바다와 나를 만드신 하나님을 향해, 바다와 나를 사랑하시는 하나님을 향해, 바다를 사랑하는 내 마음을 사랑하시는 하나님을 향해 나아가도록 도와주었다. 어느 순간 나는 바다를 향한 나의 갈망, 너무나 깊고도 강렬한 이 갈망이 하나님과 내가 서로를 향해 갖고 있는, 너무나 깊고도 강렬한 그 갈망과 연결되어 있음을 인식하기 시작했다.

아시시의 프란체스코의 영성에 관해 글을 쓰면서, 레오나르도 보프$^{\text{Leonardo Boff}}$는 이젠 노래가 된, 프란체스코에 관한 전설을 하나 인용한다.

하루는 프란체스코가 주님께 울면서 말했다.

나는 태양과 별들을 사랑합니다,

나는 클라라와 그녀의 자매들을 사랑합니다,

나는 인간의 마음을,

그리고 모든 아름다운 것들을 사랑합니다,

주님, 나를 용서하소서

나는 당신만을 사랑해야 하기 때문입니다.

주님은 미소 지으며 대답하셨다.

나는 태양과 별들을 사랑한다,

나는 클라라와 그녀의 자매들을 사랑한다,

나는 인간의 마음을,

그리고 모든 아름다운 것들을 사랑한다,

나의 사랑하는 프란체스코,

너는 울 필요가 없다

나 역시 이 모든 것을 사랑하기 때문이다.[23]

영성지도의 사역에서, 우리는 피지도자들이 자신의 갈망이 무엇이든지 표현하고 명료화하도록 초청한다. 그러나 이렇게 하는 것은 하나님께서 그들이 하나님 자신의 사랑과 갈망, 기쁨과 협력해 사랑

---

23. Leonardo Boff, *Cry of the Earth, Cry of the Poor*, Phillip Berryman 역 (Maryknoll, NY: Orbis, 1997), 214-215.

하고 갈망하는 경험을 하도록 움직이실 것을 소망하기 때문이다.

하나님의 에로틱한 힘과 사랑은, 피지도자들이 지도자인 우리 안에 불러일으킨 반응 안에서 선물처럼 모습을 드러내기도 한다. 내가 경험한 예를 들자면, 젊은 여성이 자기 영혼을 숨김없이 드러냈을 때 내가 경험한 성적 자극은, 나에게 다음과 같은 너무나 중요한 사실들을 가리키고 있었다. 내가 이야기를 듣고 있는 이 사람이 하나님과의 더 깊은 친밀함을 향해 움직이고 있음을. 그 피지도자는 내가 아니라, 그녀를 갈망하시는 하나님 앞에 굴복하기 시작했음을. 그 피지도자는 성령의 돌보심 앞에 자기를 내려놓기 시작했음을. 그녀는 자기 몸과 영혼을 하나님의 사랑에 내맡기고 있음을. 내가 만나는 모든 피지도자들과의 모든 지도 회기에서 에로틱한 에너지와 힘을 감지하는 것은 아니지만, 그것은 어떤 피지도자와 만나는 어느 순간에나 나타날 수 있음을 나는 깨달았다. 그 후에, 나는 다시 하나님의 도우심 아래 더 주의를 기울이고 준비 태세를 갖추려 노력했다.

피지도자들이 그들의 갈망에 관해 말할 때 매우 중요한 또 다른 무언가가 우리 안에 일어날 수 있다. 하나님 또는 다른 누군가와의 더 친밀한 관계에 대한 피지도자의 열망은 우리 안에 똑같은 열망을 일깨운다. 도움이 될 만한 비유를 들자면, 피아노의 현 하나에 타격을 가하면, 옆에 있는 현 역시 공명으로 인해 진동하기 마련이다. 내 마음, 내 갈망 속 현들도 피지도자의 마음속 현들이 진동할 때 그와 함께 진동하기 시작한다. 하나님의 임재로 인해 피지도자가 기쁨과 황홀경을 음미할 때, 내 마음 역시 함께 진동할 수도 있고, 아니면 내 현들이 때에 맞춰 진동하지 않아 부러움을 느끼기도 한다. 피지도자가 마음을 나눌 진실한 친구에 대한 갈망을 털어놓을 때, 나 스스로는 그런 친구가 있다는 행복감에 조금이나마 희열을 느낄 수도 있고, 아니면 나 역시 그런 친구가 필요해서 공감으로 전율이 일어날 수도 있다.

중요한 것은, 우리가 이렇듯 함께 진동을 경험하느냐 못 하느냐의 문제가 아니라, 영성지도자로서 우리가 어떻게 반응할 것이냐의 문제이다. 이런 에로틱한 진동에 반응하는 최선의 방법 중 하나는 그런 진동을 선물로, 즉 다른 시간, 다른 장소에서도 우리의 갈망에 참여하도록 초청하는 선물로 받아들이는 것이다. 영성지도자들이 수퍼비전 만큼이나 영성지도 상황에 있을 때도 중요한 이유가 바로 이 때문이다. 예를 들어, 나의 피지도자가 자신의 목마름이나 만족감에 대해 이야기할 때 내가 처음으로 나 역시 목마르다는 것을 인식했다고 하자. 그 후 나는 나의 영성지도자와 함께 있을 때 하나님 앞에서 내가 얼마나 메말라 있는지 탐색할 수 있다. 다른 예를 들자면, 나의 피지도자가 자기 남편과의 친밀한 관계에 대해 이야기할 때 내 안에도 기쁨이 진동하기 시작했다고 하자. 그 후 나는 나의 지도자에게 내가 아내와의 관계에서 누리고 있는 기쁨을 하나님 앞에서 함께 축하하자고 요청할 수 있다.

이런 에로틱한 진동을 선물로 받아들이고, 나에겐 나중에 다시 만날 수 있는 영성지도자나 수퍼바이저가 있음을 기억할 때, 나는 지금 내 앞에 있는 사람을 경청할 자유를 누리게 된다. 어쨌든 내 안에 진동을 일으킨 것은 피지도자의 이야기이며, 우리 관계의 핵심은 내 반응이 아니라 하나님과 동행하는 피지도자의 삶이다.

영성지도자로서 에로스와 성의 힘을 거룩한 선물로 이해하기 시작하기까지, 내 일상이나 기도, 실습에 꽤 많은 시간이 걸렸다. 그리고 나는 아직도 혼란스러운 부분이 있음을 인정한다. 그러나 내가 믿기로 우리 지도자와 피지도자 모두 성과 갈망에 대해 당혹감을 느끼는 것은 당연하다. 결국 이 선물은 하나의 힘이자 에너지이다. 이 선물은 너무나 강력해서 우리 자신 너머로 우리를 움직여 가고, 사랑을 추구하고 다른 사람들에게 헌신하게 하고, 믿음의 공동체나 정치적 대의를 위해 충성을 맹세하게 하고, 우리를 갈망하시는 하나님 앞에 벌거벗은 채 굴복하기에 충분하다. 우리가 때로 당혹감을 느끼는 것은 이상한 일이 아니다.

에로스와 성이라는 거룩한 선물에 대해 지금 알고 있는 것을 더 일찍 알았더라면, 나는 아마 전에 만난 피지도자들의 이야기를 더 잘 들어줄 수 있었을 것이다. 근본주의 배경을 가진 은사가 많은 젊은이, 그렉이 생각난다. 그는 여자친구와 신체적인 친밀감을 나누던 때, 사단의 힘을 경험했다. 물론 다양한 수준에서 이런 많은 일이 일어날 수 있다. 그러나 나는 내가 전문적으로 부족하다는 느낌("난 치료사는 아니야")과 신학적인 불편함("사단에 대한 내 신념에 확신이 부족해")

때문에 지금 내겐 꽤 명백해 보이는 다음의 질문을 던지지 못했다. 여자친구와 하나님과 친밀함으로 나아가게 해주는, 그러나 동시에 그 둘로부터 멀어지게 하는 그의 마음, 영혼, 몸 깊은 곳의 충동은 무엇인가?

성에 관한 더 긍정적이고 종합적인 이해를 갖고 있었다면, 수잔이 배우자와의 관계에서 강력한 오르가즘을 느끼면서 깨달은 하나님에 대한 새로운 인식을 표현하기 시작했을 때, 더 관상적으로 경청해 줄 수 있었을 것이다. 나는 그녀의 "새로운 인식"이 아마도 망상적이거나 근거 없는 것이라 치부했다. 나는 그녀, 또는 하나님께서 말씀하고자 하는 데 귀 기울일 준비가 안 되어 있었기에 귀를 닫았다.

내 이해가 달랐다면 이미 30년 전 아내를 잃고 아직까지 슬퍼하고 있던 프랭크를 경청할 때에도 도움이 되었을 것이다. 그의 외로움은 사라지지 않았으며, 하나님께서 왜 그토록 젊은 아내를 데려가셨는지에 대해 만족할 만한 대답도 얻지 못한 상태였다. 지금의 나라면, 프랭크에게 어떤 답을 주기 보다는, 보다 용기 있게 그의 외로움 속으로 그와 동행했을 것이다. 다른 곳에서와 마찬가지로 외로움 한 가운데에서도 프랭크를 이끄시는 하나님을 신뢰하면서 말이다.

나는 오늘 경청하는 데 있어 더 자유롭고 신실하기를 바란다. 나는 피지도자의 삶 속에서 밀고 당기는 하나님의 힘에 체화되어 관계적으로 반응하면서 그들을 향한 하나님의 목적과 갈망을 섬기는 역할을 하길 바란다. 나 자신의 성, 하나님의 에로스에 대한 나 자신의 반응, 친밀함에 대한 나 자신의 능력이 하나님께서 피지도자 안에 배양하고 계시는 사랑과 연합에 방해가 되는 게 아니라 도움이 되길 바란다. 이렇게 바라기는 하지만, 확신할 수는 없다. 내가 어느 순간에서나 확신하지 못하는 것은, 나는 내 삶에서 하나님, 내 가족, 내 친구들, 내 공동체, 그리고 내 몸에 대해서조차 언제나 같은 사람일 수 없기 때문이다. 내가 듣고 있는 내용에 고요하고 관상적으로 반응하는 내 능력은 내 피지도자의 갈망이 내 안에 연주하고 두드리는 합주 소리에 압도될 수도 있다.

아직도 피지도자들 안에서 일어나는 하나님의 에로스적인 움직임에 나 역시, 아니 유독 내가 균형을 잃거나 혼란스러워질 때가 있다. 내가 경청해 주고 기도해 주는 남성들과 여성들도 자신의 욕망과 갈망에 때로 당혹감을 느낀다. 영성지도 관계가 에로스에 대한 당혹감으로 길을 잃을 때, 우리는 성에 대해 오해하고, 잘못 지시하고, 오용하며, 심지어 남용할 위험이 도사리고 있다. 다시 말하지만, 우리는 주의를 기울여야 한다.

### 문제들에 주의를 기울이기

이 글을 쓰는 나의 첫 번째 목적은 성과 에로틱함이라는 선물이 우리의 영성과 영성지도에 주는 선물을 발견하는 것이다. 그러나 지금 시점에서 나는 영성지도에서 만나게 되는 몇 가지 문제에 주의를 환기시키고자 한다. 제럴드 메이가 말했듯, 피지도자들과 우리 관계가 "지도라는 이름을 붙일 만큼 충분히 가깝다면"[24] 이런 문제를 만나게 될 것이라고 강조해야 할 것이다. 중요한 것은, 우리에게 이런 문제가 있느냐 하는 것이 아니다(이 문제에서 자유로울 사람은 아무도 없다). 중요한 것은 우리가 어떻게 반응하느냐 하는 것이다.

"하나님이 모든 경험의 가장 깊이 있는 차원"이심과 영성지도란 "하나님 안에, 그리고 하나님을 향해 이루어지는 우리 인생 전체"[25]를 다루는 것임을 우리가 믿고 또 우리 피지도자들 역시 믿게 하려면, 우리는 우리의 믿음과 권면을 피지도자가 진지하게 받아들이도록 준비되어 있어야 한다. 어떤 피지도자는 자신의 성기가 제 기능을 못하는 건 아닌지, 아내가 관계를 갖는 동안 기쁨을 표현하지 않는 이유가 그 때문은 아닌지 좌절하고 혼란스런 마음을 대화 주제로 가져올 수 있다. 그런 상황에서 그는 우리에게서 관상적 경청을 얻어갈 수 있을까? 이것은 우리가 관계에 공급하는 환대의 질에 대한 문제이다. 기도와 자기 인식에 뿌리박힌 환대 말이다.

우리의 피지도자들은 경계심이 많고 약하다. 특히 우리를 신뢰하며 위험을 감수할 때는 더욱 그렇다. 때로 그들은 우리 모두와 마찬가지로 가장 깊은 진실과 두려움을 마주하길 피하거나 거부하려는

---

24. May, *Care of Mind*, 135.
25. Fischer, *Women at the Well*, 3.

경향이 있다. 눈썹을 찡그린다든지, 다리를 꼰다든지, 신경질적인 웃음을 보이는 등 그들이 우리에게 털어놓길 주저하고 있음을 확인하는 데는 단지 몇 초면 족하다. 그들은 우리가 무엇을 들어줄 수 있을지 우리보다 더 정확히 알고 있을 수 있다. 그렇다고 우리에게 무슨 문제가 있어서는 아니다. 우리 모두는 경청할 수 있는 내용에 자기만의 한계를 갖고 있다. 하지만 영성지도자가 피지도자들을 도와 자기 이야기를 꺼내도록 해야 할 주제들은 대개 피지도자들이 지도자가 들어줄 수 없을 거라고 믿고 있는 바로 그 내용일 때가 많다.

피지도자들이 말하는 내용에 상관없이, 그들 앞에 충분히 머무르며 그들을 환대하는 우리의 능력은 피로, 괴로움, 주의 산만, 타이밍 등 다른 여러 이유로 위태해질 수 있다. 그러나 이렇듯 개인적인 양가감정 내지는 불편을 성, 욕망, 또는 에로틱함과 관련된 주제와 뒤섞어버린다면, 우리 피지도자들이 이야기를 꺼내도록 들어줄 준비가 전혀 되어 있지 않은 셈이다.

나는 수잔과 나눴던 대화 즉, 그녀는 성적 오르가즘 가운데 하나님으로부터 얻은 "새로운 인식"에 대해 대화를 나누기 원했으나 나에겐 들어줄 능력이 없었던 일을 나의 수퍼바이저에게 들고 갔다. 내가 불안감을 느끼고는 미묘하게 대화 주제를 바꾸었던 것을 함께 돌아본 후, 수퍼바이저는 나에게 매우 훌륭한 질문들을 던졌다. 나 자신의 성에 대해 편안함을 느끼는 정도는 어디까지인가? 그 이유는 무엇인가? 수잔에 대한 감정은 어떠했는가? 수퍼바이저의 질문들은 훌륭한 수퍼비전이 가져다주는 결과를 갖고 왔다. 그 질문들은 나 자신의 개방성과 한계를 보다 깊이 깨닫도록 나를 부드럽게 독려해 주었다. 부록 D에 나는 이런 역할을 해줄 거라 기대하는 몇 가지 질문 목록을 실었다.

환대의 질과 관련된 주제들과 함께, 우리는 우리와 피지도자들 사이에 일어나는 성적인 느낌과 관련된 문제들 역시 경험할 수 있다. 물론 이런 느낌이나 설렘 등은 우리에게 선물로 주어진 것일 수도 있지만, 우리는 또한 지혜로우며 경계심을 늦춰선 안 된다. 전이와 역전이에 대한 논의 가운데, 제랄드 메이, 윌리엄 배리 William Barry 와 윌리엄 J. 코널리 William Connolly, 그리고 자넷 러핑은 영성지도 가운데 성적 감정이 오해되거나 잘못 인도될 수 있는 몇 가지에 대해 강조했다.

투사나 전이로 인해, 피지도자는 자신의 지도자와 "사랑에 빠질" 수 있다. 피지도자는 자기 마음 가장 깊은 갈망을 나누며, "다른 누구에게 꺼내본 적 없는" 이야기를 지도자에게 꺼내게 되고, 전에 그 누구도 지도자처럼 이야기를 들어주지 않았을 게 분명하기 때문이다. 제랄드 메이는 다음과 같이 말했다. "영성지도에서 요구되는 친밀감과 자기 노출의 정도가 다른 어떤 치료적 관계에서보다 크고, 수많은 내적 감정들이 풀려나 함께 나누어지기 때문에, 어떤 성적인 감정이 일어나 지도자의 인격에서 그 대상을 찾는 것은 놀라운 일이 아니다."[26]

만약 피지도자가 영성지도로 인해 하나님께 더 가까이 간다면, 우리의 피지도자가 하나님의 에로틱한 열망의 힘을 경험하기 시작한다면, 피지도자가 이 사랑에 무의식적으로 반응하게 되는 첫 번째 방법은 그것에 저항하는 것이며, 저항하는 가장 보편적인 방법들 중 하나는 전이를 통해 "지도자의 실제를 왜곡하는"[27] 것이다. 지도자는 하나님의 대리인이 되고, 피지도자는 하나님에 대해 느끼는 에로틱한 갈망을 지도자에게 투사하기 쉽다. 그 갈망이 우정이든, 동료애이든, 연합이든 상관없다.

만약 이런 일이 일어난다면, 배리와 코널리가 제안한 것처럼 우리는 우리 자신을 "비난하느라 시간을 낭비하지"[28] 말아야 한다. 결국 영성지도 사역은 성육신의 신비를 표현하는 것이다. 우리가 피지도자에게 반응하는 방법은 하나님 또는 예수가 그들에게 어떻게 반응하시는지 보여준다. 우리가 하나님을 향한 피지도자들의 갈망을 촉진시킨다면, 우리가 그들로 하여금 자신을 하나님 앞에 매력적인 존재로 보도록 돕는다면, 때로 그들이 우리가 피지도자 자신을 가장

---

26. May, *Care of Mind*, 135.
27. William A. Barry and Willam J. Connolly, *The Practice of Spiritual Direction* (New York: HarperSanFrancisco, 1986), 157.
28. 같은 책, 165.

갈망하는 건 아닌지 오해하는 것은 이상한 일이 아니다.

우리 자신이나 피지도자를 비난하는 대신, 우리가 해야 할 더 나은 반응은 무슨 일이 일어나고 있는지 주의를 집중하고, 우리가 전이에 말려들었을 때 보통 취해야 할 행동을 하는 것이다. 어떻게 하든, 우리는 "그들이 주된 관심을 그들과 우리와의 관계에 두지 않고, 하나님과 그들의 관계에 두도록 도와야 한다."[29] 러펑이 설명했듯, "가능하다면 언제나 우리는 피지도자가 하나님께 주목하도록 부드럽게 격려해야 한다. 그렇게 해서 우리 역시 그러했듯 그들이 기도 가운데 그들을 녹이시고 위로하시고 도전하시고 사랑하시는 하나님을 만나도록 해야 한다."[30]

한 예로, 나의 피지도자의 경우를 보자. 그는 하나님께서 안아주시기를 고통스럽게 갈망하고 있었다. 그런 갈망을 털어놓고 난 후 침묵이 이어졌다. 나는 자리에서 일어나 그를 안아주고 싶은 매우 강한 충동을 느꼈다. 나는 그가 하나님에 대한 강력한 경험들을 남성 소그룹에 참석했을 때 얻었음을 알고 있었다. 그 소그룹은 남성들끼리의 유대 관계가 끈끈하고 서로 안아주는 등 신체적 접촉도 쉽게 하는 분위기였다. 다른 날 다른 시간에는 하나님을 대신해 내 피지도자를 위해 적절하게 행동할 것을 쉽게 상상할 수 있었지만, 그날

---

29. Ruffing, *Spiritual Diretion*, 172.
30. 같은 책, 174.

만큼은 양가감정을 느꼈다.

나는 그를 안아주고 싶은 충동이 누구에게서 비롯된 것인지, 나에게서인지, 그에게서인지, 하나님에게서인지 확신할 수 없었다. 확신이 들지 않아 나는 하나님께서 이 문제를 해결하시도록 해야겠다고 결심했던 기억이 난다. 그 후 나는 피지도자에게 하나님께서 안아주고 계시다고 상상해 볼 것을 제안했다. 그리고 그에게 자신의 에로틱한 갈망을 진정 가장 그를 안아주길 원하시는 분에게 돌리도록 격려했다.

전이가 일어나고 있을 때 그것을 알아채기 어려울 수도 있다. 때로 우리 피지도자들은 우리를 정말 좋아한다. 때로 피지도자들은 우리가 그들을 향한 하나님의 은혜를 체화하는 방식에 고마움을 느껴, 감사하는 마음과 애정을 표현한다. 전이의 성격과 강도가 어떠하든 그것을 인식하는 법을 배우는 것은, 전이에 어떻게 반응할지 배우는 것만큼이나 수퍼비전을 통해 갖춰야 할 훌륭한 분별력이다.

우리가 전이에 의식적으로든 무의식적으로든 반응할 때 역전이가 발생하기도 한다.[31] 성과 하나님의 에로틱함의 역동성과 어우러져, 영

---

31. 어떤 지도자든 피지도자의 전이를 지도자 자신의 성장이나 자기 인식을 위해 이용하기로 의식적으로 선택할 수도 있다. 기술적으로 말해, 이런 경우는 역전이가 아니다. 역전이는 정의에 따르면 무의식적이기 때문이다. 피지도자의 전이를 이용하기로 선택한 지도자들은 대개 심리치료사로 훈련받은 이들이다. 나는 심리치료사로 훈련받은 적이 없기에 피지도자의 전이를 이용하기로 선택해 본 적이 없다. 덧붙여 말하면, 영

성지도 관계 내에서 역전이는 피지도자가 간절히 바라는 "친구" 또는 "연인"이 되어주려 애쓰는 것을 의미할 수 있다. 아니면 피지도자가 나에 대해 그런 감정을 갖고 있는 데 당혹감이나 심지어 분노를 느끼는 것을 의미할 수도 있다. 무의식적으로 전이를 받아들이든, 거부하든 간에 나는 나도 모르는 사이에 우리 지도자-피지도자 관계가 관심의 중심이 되게 허락한 셈이다. 하나님과 피지도자의 관계가 중심이 되어야 하며, 이는 이 영성지도 관계에서 기초적인 약속이다.

내가 아는 모든 영성지도자들은 얼마 안 가 역전이에 걸려들고 말았다. 해결하는 첫 단계는 깨닫고 정직해지는 것이다. 다시 강조하지만, 기도와 함께 정기적인 수퍼비전은 이럴 때 너무나 큰 도움이 된다. 일단 역전이에 빠졌음을 깨닫고 나면, 당신은 당신 안에 무슨 일이 일어나고 있는지 탐색해야 한다. 왜 그녀의 친구가 되어주고 싶어진 것인가? 왜 그에게 그토록 매력을 느끼는 것인가? 이 문제에서 어떤 점이 당신을 두렵게 만드는가? 당신이 그처럼 과도한 감정을 느끼는 것은 당신 안에, 즉 하나님, 다른 사람들, 아니면 당신 자신과의 관계에서 어디에 부족함이 있어서인가? 기도를 통한 하나님의 도우심과 우리 수퍼바이저들과 영성지도자들을 통한 성육신으로, 우리 대부분은 균형을 회복하고 관계에서 진정한 초점을 되찾는 데 필요

---

성지도에서 전이를 의식적으로 이용하는 데에는, 그것이 일시적이라 해도, 초점을 하나님과 피지도자의 관계가 아닌 우리의 관계로 바꿀 위험이 따른다.

한 방법을 찾았다.

그러나 때때로 우리는 그렇게 하지 못한다. 에로스와 성이 영성과 영성지도에서 긍정적인 역할을 할 수 있지만, 그 선물이 오용되거나 남용될 때 연관된 모두에게 매우 큰 해를 끼칠 수 있다. 지도자의 몸이 하나님이나 예수를 대신하는 역할을 하는 적절한 상황이 있을 수 있지만, 어떠한 경우에라도 피지도자와 신체적, 성적으로 친밀한 관계를 맺는 것은 신실하지도, 적절하지도 않으며, 하나님의 사랑을 성육화하는 것도 아니다. 당사자들의 가족과 공동체에 끼치는 피해는 제외하더라도, 이 같은 관계는 지도자와 피지도자 두 사람이 진실로, 정직하게, 친밀하게, 신실하게 사랑을 주고받는 능력을 영원히 망가뜨릴 수도 있다.

또 다른 오용이나 남용의 예를 들자면, 지도자가 영적으로 엿보길 즐기거나 조종하게 될 수도 있다. 이런 일은 지도자가 지도 관계를 이용해 피지도자를 돕기 보다는 자기 필요를 만족시킬 때 나타난다. 피지도자들이 하나님과 함께 일상을 보내는 곳에서 그들을 만나는 대신, 지도자는 피지도자를 설득해 자기가 원하는 곳으로 불러낼 수 있다. 하나님의 갈망에 부드럽게 밀고 당겨지는 대신, 피지도자는 지도자에 의해 밀고 당겨지는 느낌을 받을 수 있다. 아가서에서 반복되는 후렴 중 하나는 때가 되기 전까지 사랑을 "깨우지" 말라는 경고이다. 지도자들은 이것에 주의를 기울이고 경건하며 민감하고 분별해야 한다.

지도자들은 또한 피지도자들과 어떤 종류든 신체적 접촉을 해야 하는지 아닌지, 한다면 언제, 어떻게 해야 하는지 분별해야 한다. 우리가 우리 몸을 통해 주는 메시지는 말로 전달하는 메시지보다 더 강력하기도 하고 더 모호하기도 하다. 특히 피지도자가 신체적 또는 성적 학대의 피해자라면 더욱 그렇다. 이에 대해 자넷 러핑이 쓴 글은 지혜롭고 큰 도움을 준다. "정서적으로 연약한 사람이 목회자에게 자기를 내맡긴다면, 목회자는 적정한 한계를 유지하고 더 연약한 사람에게 해를 끼치지 않을 윤리적인 책임이 있다."[32]

### 수퍼비전 안에서 주의를 기울이기

수퍼비전은 성과 에로스의 주제와 관련해 특히 중요하다. 수퍼바이저들은 지도자들이 이미 정해진 선물인 성에 대해 느끼는 자신의 편안함과 불편함과 관련해 더 깊은 자기 인식으로 나아가도록 돕는다. 수퍼바이저들은 지도자들이 내적인 자유의 공간을 찾도록 도와줄 수 있다. 그곳에서 지도자들은 자신의 성과 친밀감을 포용하고 그 안에서 성장한다. 수퍼바이저들은 지도자들이 전이와 역전이를 인식하여 적절한 반응을 형성하도록 도울 수 있다. 이런 통찰들이

---

32. Ruffing, *Spiritual Direction*, 164.

지도자에게 얼마나 중요한지 생각해 보면, 수퍼바이저들은 영성지도자들의 사역에서 너무나 귀중한 역할을 감당하고 있는 셈이다.

영성지도 사역을 담당하는 남성들과 여성들이 그 일을 하는 것은, 대부분 하나님께서 자신이 이 사역을 하기를 원하신다고 믿기 때문이다. 이것은 거룩한 갈망이며, 그들의 사역은 그 자체로 우리를, 아니 지도자들과 피지도자들을 포함한 우리 모두를 더 깊고 더 진실하며 더 충만한 관계로 이끌기 원하시는 하나님의 에로틱한 갈망에 반응하는 것이다. 결점이나 약점, 전문적으로 부족한 부분이 무엇이든 간에 영성지도자들이 수퍼비전을 위해 찾아올 때 그들은 그들이 하나님에게서 경험한 이 갈망에 신실하게 응답하려 노력하고 있는 셈이다. 그렇다면 수퍼바이저가 영성지도자에게 줄 수 있는 가장 심오한 도움은, 영성지도자가 이 사역으로 자신을 설득하고 이끌고 초청한 거룩한 갈망에 늘 깨어 있고 주의를 기울이고 신실하도록 돕는 것이 아닐까.

여러 해 전에, 나는 강사들과 영성지도 훈련생으로 구성된 25명의 사람들과 한 강의실에 있었다. 우리가 함께 한 세 번째이자 마지막 해였고, (나를 포함해) 영성지도 훈련생들은 긴 여정을 걸어왔다. 3년간의 수업 활동, 강의, 과제물, 대화록들. 2년 여에 걸쳐 처음으로 다른 사람들을 지도해 주면서 지도와 수퍼비전 받기. 사람들 속으로 들어가면서 다양한 산고를 경험했던 3년간의 개인적이고 전문적인 도전들. 이 모든 것들이 하나님께서 우리를 지도자로 부르셨다고 믿었기에 감당해 온 일들이었다.

그날 우리 강사들 중 한 명인, 메리 로즈 범퍼스가 지난 3년 동안 우리가 이 여정을 어떻게 경험해 왔는지 조용히 다시 생각해 보도록 초청했다. 몇 분 후, 그녀는 우리에게 우리 각자 이 여정을 시작하도록 이끌었던 그 "갈망"을 기억해 보도록 초청했다. 이어진 침묵 속에서 우린 마치 강의실 바닥이 열리고 내려앉는 것 같은 느낌을 받았다. 하나님의 에로스가 갖고 있는 은혜로운 힘에 다시 연결되는 순간 우린 심오하고도 분명한 하나님의 임재를 함께 경험했다.

솔직히 요즈음 수퍼비전에서는 그때처럼 바닥이 "열리는" 경험을 거의 하지 않고 있다. 그리고 아직도 나의 수퍼바이저들이 나를 이 사역으로 처음 이끌었던 본래의 갈망을 다시 떠올리게 하던 순간들로 인해 힘을 얻고 있다. 하나님의 갈망. 영성지도 사역에서 나는 그 갈망을 체화시키기 위해, 피지도자들이 하나님께서 얼마나 그들을 원하시고 사랑하시는지 주의를 기울이도록 돕고 있다.

나의 수퍼바이저들이 내가 이 갈망, 즉 나를 향한 하나님의 갈망이자 동시에 하나님을 향한 나의 갈망을 신뢰하도록 초청할 때마다 은혜를 얻는다. 이 갈망을 더 신뢰할수록, 나는 더욱 열리고 간절한 마음으로 수퍼비전에 나아온다. 그리고 하나님에 대한 내 저항감, 내적인 충동과 당혹감과 직면하게 된다. 나를 통해, 나의 피지도자들의 삶 속에서 분명히 일하고 계신 하나님을 음미하게 된다. 내 모든 관계 속에서 하나의 기정사실이자 선물로 주어진 것들을 포용하게 된다. 나에게 동료들의 도움이 필요한 것은, 하나님께서 나에게 바라신다고 믿는 그 사람, 그리고 영성지도자가 되길 원하기 때문이다. 그들은 내가 나 스스로를 볼 때 단순히 하나님께 유용한 사역을 벌이는 사람으로 보지 않고, 하나님께서 갈망하시는 사람으로 보도록 도와준다. 수퍼비전은 내가 주의를 기울이게 한다.

### 계속해서 주의를 기울이기

에로스, 성, 영성지도 그리고 수퍼비전이라는 주제에 대해 다루지 못한 부분이 아직 많을 것이다. 나는 비록 잠정적이지만 나의 의견을 통해 동료들이 서로와 수퍼바이저, 그리고 나에게 그들의 사역에 존재하는 에로틱하고 성적인 차원에 반응한 경험들을 활발히 나누게 되길 바란다. 우리를 향한 하나님의 갈망, 하나님을 향한 우리의 갈망, 공동체와 서로와의 교제, 그리고 피조 세계에 대한 우리의 열망. 이 모든 것들은 영성지도에서 매우 신성한 기초가 된다. 앞으로도 계속된 주의가 필요한 부분이다.

# 7장°
## 윤리적 예측으로 흔히 일어나는 곤경을 막기

조셉 D. 드리스킬

윤리적 딜레마를 다루는 장이라니, 이 장은 건너뛰고 더 흥미진진한 다른 주제로 넘어가고 싶은 독자들이 있을지 모르겠다. 수퍼바이저로서 우리는 영성지도자들이 수퍼비전에 가지고 온 그들의 소망, 몸부림, 두려움, 부족함, 돌파구, 저항뿐만 아니라 그들의 피지도자들에게도 있는 동일한 그것들에 대해서도 귀 기울여 듣는다. 우리는 수퍼비전에 앞서, 그리고 수퍼비전 회기 동안 수퍼바이지들을 위해 기도하며, 하나님의 임재의 빛 안에서 우리 수퍼바이지들을 붙들어주는 것이 우리의 특권이자 의무로 여긴다. 이 은혜로운 사역을 하는 와중에 윤리적인 딜레마에 대해 염려하는 것은 불필요해 보이기 쉽다. 심지어 영성지도자들을 위한 윤리 강령을 읽어야 한다니, 이 얼마나 재미없고 무미건조한 일인가! 이런 거룩한 사역에 참여하다가 어떻게 예기치 못한 윤리적 수렁에 빠질 수 있는가?

    수퍼바이저로서 우리는, 영성지도를 받기 위해 우리 수퍼바이지에게 오는 사람들은 자신의 신앙 여정의 "안내자"를 찾으려는 선한 의도를 가진 사람들이라고 가정한다. 우리는 또한 우리가 수퍼비전을 해주는 지도자들은 안내를 구하는 자들에게 고의로 해를 끼치지 않는, 선한 의도를 가진 사람들이라고 가정한다. 그럼에도 불구하고 우리는 스스로에게 몇 가지 중요한 질문을 던져야 한다. 영적 안내를 구하는 모든 사람들이 선한 의도와 투명한 동기를 갖고 있는 게 사실일까? 우리가 수퍼비전을 해주는 지도자들이 피지도자들을 이타적으로 섬기는 가운데 자신의 의무와 무의식적인 의도를 지켜나갈 수 있다는 것 또한 사실일까? 우리 수퍼바이지들의 의도가 선하며, 영성지도를 구하는 자들을 향한 우리의 소망이 큼에도 불구하고 우리는 이 두 질문에 대한 답이 "아니오"임을 알고 있다. 그리고 두 질문에 대한 답이 "예"라 하더라도, 영성지도를 반복적으로 실습하는 가운데 표면화되는 윤리적 딜레마에 대해 깊이 고려해 봐야 할 필요성이 없어지는 것은 아니다. 수퍼바이저로서 우리가 우리 사역에 신실하고자 한다면, 우리는 영성지도를 수퍼비전해 주는 과정에서 나오는 윤리적 주제 연구를 우선시하는 만큼이나 윤리적 관행에 대해서도 사려 깊게 생각해 봐야 한다.

    현대의 포스트모던 상황에서 영성지도를 찾는 사람들은 대개 종교적 전통에 깊이 발을 들여놓지 않거나 기독교 공동체에 속하지 않은 경우가 많다. 하나님과 실험적 관계를 추구하는 많은 사람들이 더 이상 자기 영혼을 종교 기관이나 종교 전문가들에게 쉽게 의탁하지 않는다. 종교 지도자들에 의해 자행된 아동 학대 소식이 신문이나 TV를 통해 전해지기 전에, 이미 제도화된 종교에 대한 회의주의가 문화 저변에 깔려 있다. "나는 영적이지만 종교적이진 않다"I am spiritual, but I am not religious.는 문구 속에 자주 표현되고 있지 않은가. 최근 밝혀진 사실들로 인해 일반인들은 종교 지도자들에게 윤리적 행동에 대한 책임을 물어야 할 필요에 더 예민해졌으며, 제도화된 종교에 반대하는 경향이 더 강화되었다. 수퍼바이저로서 우리는 영성지도자들이 우리에게 맡긴 신성한 신뢰를, 의식적으로든 무의식적으로든 배신해서는 안 된다는 사실을 잊지 말아야 한다. 우리는 영성지도를 수퍼비전하는 가운데 윤리 강령과 널리 인정된 기준을 따르는 일에 조금도 방심해서는 안 된다.

연방정부 규정에 속해 있는 조력 관계들은 의료정보보호법 HIPAA [1] 에 의해 현재 재정의되고 있다. 이 법안이 통과되면 연방정부의 지원을 받는 단체들의 환자 권리와 비밀성에 대한 경계가 더 엄중해질 것이다. 영성지도자들이 HIPPA 규정을 따라야 하는 것은 아니지만, 이

---

1. 의료정보보호법(The Health Insurance Portability and Accountabilty Act, HIPAA) 법안이 1996년에 통과되었음에도 불구하고, 2003년까지는 준수를 요구하지 않았다. 정신건강 기관에서 일하는 상담사들(예를 들어, 정신과 의사, 심리학자, 사회복지가, 결혼 및 가정 상담사 등)은 이제 이 사생활 및 비밀보장 조항에 충실하도록 요청받고 있다.

법안은 조력 관계 전반에 큰 영향을 미칠 것이다.

이 장에서는 영성지도자들이 수퍼비전에 가져올 수 있는 여섯 가지 통상적인 윤리적 딜레마를 들여다본다. 각 딜레마는 관련된 짧은 예화로 시작해, 주요 사항에 대한 논의로 이어질 것이다. 추가로 정보를 원하는 이를 위한 현대 자료들은 이 장 말미에 제공해 두었다.

### 역동과 경계

2년 동안 앤 오말리 수녀는 한인연합감리교회 존 리 목사에게 영성지도를 해주었다. 재미 한인 교포 2세인 존은 교회 사역이 너무 많아 개인기도 시간이 부족해지자 영성지도를 받기로 했다. 하나님과의 관계가 성장하고 깊어지자, 존은 영성지도 시간에 대한 감사가 늘어갔다. 그들의 마지막 회기에서 앤은 존이 자신에게 동정심과 배려심이 많다고 끊임없이 칭찬하고 있음을 감지했다. 앤은 존이 영성지도를 받는 첫 일 년 동안 말수가 적었던 점이 기억났다. 그녀는 존이 영성지도 회기들을 의미 있게 받아들여 기뻤으며, 크리스마스 선물로 신앙 서적을, 부활절에는 작은 초를 선물해 주었던 것을 회상했다. 그녀는 자신도 고마움을 표현하기 위해 작은 선물을 해야 할지 고민이 되었다. 그에게 줄 선물 두세 가지를 떠올리다가 그녀는 영성지도 관계에서 건넬 수 있는 선물에 대한 지침이 있는지 궁금해졌다. 그녀는 선물과 관련된 난처한 고민을 수퍼비전에 꺼내놓기로 했다.

### 심리적 역동

앤 수녀의 수퍼바이저는 존으로부터 받은 긍정적 관심에 대한 앤 자신의 반응과 함께, 존에게 선물을 주는 데 대한 자신의 생각과 느낌을 탐색해 보도록 도와줄 것이다. 존은 앤에게 "동정심과 배려심이 많은" 점에 대해 칭찬하며, 자기 삶에서 하나님의 임재를 더 깊이 의식할 수 있게 도와주어 고마워하고 있다. 수퍼비전을 하는 동안 앤은 존으로부터 받은 긍정적인 지지와 선물을 생각해 보다가, 자기 안에 인정받지 못한 감정이 있음을 떠올린다. 대화를 나누다가 그녀는 정서적으로 냉담했던 아버지와의 관계로 인해 자기 마음속에 권위 있는 남성으로부터 긍정적인 지지를 받고 싶은 마음이 생겼음을 깨달을 수도 있다. 아니면, 칭찬받고 싶은 마음은 이미 과거에 다루었던 주제이며, 존에게 작은 선물을 주려는 마음과 이것은 아무 관계가 없음을 인지하게 될 수도 있다. 자신의 동기에 대한 통찰을 얻는 데 필요한 자기 성찰과 대화를 한 후 앤은 선물이라는 주제로 돌아갈 수도 있다. 그녀는 존에게 선물을 주는 것이 적절하다고 생각하게 될까? 선물을 주려는 생각은 자유롭게 떠오른 것일까? 아니면 자신의 동기가 혼합되어 있음을 그녀는 인지하게 될까?

수퍼바이저는 또한 최근에 나타난 존의 행동 변화를 돌아보고 전이로 인한 역동을, 그 "긍정적", "부정적" 특징들을 모두 포함해 살펴보도록 요청할 것이다. 예를 들어, 존이 앤의 "동정심과 배려심이 많은 성품"에 대해 이야기할 때, 그녀는 그의 이전 행동과는 어울리지 않는 강도를 느낀다. 그 결과 그녀는 고마워하는 그의 마음이 하나님과의 관계에서 일어난 일에 대한 진정한 반응으로 자유롭게 표출된 것인지, 다른 동기에서 온 것인지 고려할 필요를 느낀다. 수퍼바이저는 존이 권력이나 권위를 가진 다른 사려 깊고 배려심 많은 여성에게 하듯 그녀에게 반응한 것은 아닌지 물어볼 것이다. 예를 들어, 그의 어머니가 매우 사려 깊은 사람인데 아이들에게 자주 칭찬 받기를 바랐다면, 그는 앤에게도 그렇게 해야 한다고 느낄 수 있다.

또 다른 가능성으로 앤의 동정심은 존에게 성적인 매력으로 다가올 수도 있다. 행동은 때로 복잡하며 다층적이다. 수퍼비전에서 한 가지 목표는 은혜와 신뢰가 이해를 돕는 분위기에서 영성지도자가 자기를 돌아보도록 돕는 데 있다. 이는 적절한 경계 boundary 를 유지하고 윤리적 난국을 피하는 데 필수적이다. 앤 수녀는 천천히 이런 가능성들을 정리해 본 후에, 존에게 선물을 주는 것은 존과 하나님과의 관계가 아닌 앤에게 집중된 감정을 일으킬 수 있다고 결론 내릴지도 모른다.

내담자와 상담자 사이에 일어나는 전이가 치료의 원천이 되기도 하는 심리치료와는 반대로, 영성지도에서 전이는 오직 하나님께만 초점을 맞춘다. 영성지도자들은 시시때때로 피지도자들이 하나님께 관심과 감정, 기대를 돌리도록 초청해야 한다. 다음과 같은 부드러운 질문이 도움이 될 것이다. "이 문제를 두고 기도해 보았나요?" 지도자와의 전이가 아닌 하나님과 피지도자의 실험적 관계가 이루어지는 곳, 여기가 바로 치유와 진실을 위한 주된 장소이다.

수퍼바이저들은 수퍼바이지가 알아차리지 못했으나 문제가 되는 전이와 역전이의 역동을 특히 민감하게 살필 필요가 있다. 영성지도 관계에서 전이와 역전이 문제를 밝히고, 필요하다면 해결해야 할 책임은 지도자에게 있다. 전이와 역전이 문제를 제대로 인식하지 못하고 그 역동으로 문제가 발생할 때, 윤리적 침해가 일어날 수 있다.

수퍼바이저들은 지도자들이 그들 자신의 맹점에 대한 통찰을 얻도록 도울 수 있어야 한다. 수퍼바이저들은 수퍼바이지가 맡고 있는 영성지도 관계에 대해 수퍼바이지 또는 수퍼바이저가 감지한 내용을 돌아보도록 수퍼바이지에게 청할 수 있다. 예를 들어, "당신의 피지도자가 그렇게 말했을 때 어떻게 느꼈을지 궁금하군요"라든가 "당신이 그렇게 말했을 때 어떤 기분이었는지 생각해 봅시다" 등과 같은 전형적인 질문을 통해 얻게 되는 통찰들은 수퍼바이지들이 전이와 역전이와 연관된 역동들을 파악하도록 도와준다. 무엇보다 지도자와 피지도자 사이에 분명하고 적절한 경계를 유지하는 것이야말로 이런 문제들을 다루는 가장 건강한 방법이다.

### 문화간 현실과 체계 생각하기

존에게 선물을 주는 것이 윤리적인지 결정하기 전에, 앤의 수퍼바이저는 그녀에게 그들의 현실을 구성하는 문화간 intercultural 현실과 제도 체계를 탐색해 보도록 권할 것이다. 코카서스 백인인 앤 오말리 수녀는 한국계 미국인, 존 리 목사와 영성지도를 하고 있다. 그들 관계에서 문화간 현실을 고려하기 위해서는 양쪽 모두를 민감하게 살펴보아야 한다. 미국에서 한국인으로 살아가고 있는 이 목사는 이런 역동에 매우 예민할 수밖에 없다. 지배적인 문화에서 "아웃사이더"로 살아왔기 때문이다. 그와는 달리 지배적인 문화의 구성원인 앤은 문화간 현실로 제기되는 문제들에 상대적으로 무지할 것이다. 그럼에도 종교 공동체에 몸담은 그녀의 생활방식은 핵가족처럼 보다 보편적인 생활양식과 대조되기 때문에, 그녀는 문화간 현실로 인한 문제뿐만 아니라 자신의 "특이함"에 민감해 있을 수 있다.

이 주제들을 탐색하기 위해, 수퍼비전에서 다룰 수 있는 질문들이 많다. 한국인 공동체에서 조그마한 선물을 주는 것은 어떤 것을 의미하는가? 직업상 관계를 가진 사람에게 작은 선물을 주는 것이 관례인가? 만약 선물을 주고 나면, 다시 선물을 받게 될 거라고 기대하는가? 한국 사회에서 선물은 하나의 감사 표시로, 또는 환대의 행동으로 이해되는가? 만약 그렇다면 존은 앤이 작은 선물을 기대했을 거라고 믿고 있는가? 앤은 또한 종교 공동체에서 주는 선물에 대해 얼마나 많이 알고 있는지 궁금하다. 공동체에서 그녀의 삶에 의해 형성된 기대감은 어떠한가? 앤 수녀의 수퍼바이저는 이런 사례에 존재하는 다양한 가정에 대해 상세히 알지는 못하겠지만, 적절한 질문들을 던지기 위해 문화간 현실과 체계의 존재에 대해 인식하고 민감해야 할 것이다.

지침

감사의 뜻으로 건네는 작은 선물은 주는 사람과 받는 사람 둘 다 그 의미를 명확히 알고 있다면 영성지도 관계에서 적절하다. 크리스마스나 부활절, 또는 영성지도 관계 종료 때처럼 적절할 때에 선물을 건넬 수 있다. 선물은 보통 작아야 하며, 영성지도 과정이나 관계를 존중하고 축하하는 역할을 해야 한다. 선물을 너무 자주 준다거나, 영성지도 관계보다는 지도자를 높이 사기 시작하는 것은 적절하지 못하다. 통상적으로, 영성지도자들은 선물을 먼저 건네지 않는다. 크리스마스 같은 날, 지도자가 먼저 작은 선물을 건넬 경우, 자신의 모든 피지도자들에게 선물을 주고 있음을 분명히 해야 한다. 이런 방법을 통해 지도자는 피지도자와 특별한 관계로 발전하는 걸 피할 수 있다. 이런 제안들이 선물을 주는 것에 대한 일반적 지침 역할을 하겠지만, 영성지도 상황에서 선물을 주는 행동에 포함될 수 있는 역동들을 탐색하는 데 숙고해야 할 부분들을 수퍼비전 회기 사례를 통해 제시해 보았다.

## 성과 경계

중년의 평신도인 루스 자비스는 여러 해 동안 제일장로교회의 활동적인 성도였다. 최근 루스는 이웃에 있는 장로교회에서 상담 목회를 하고 있는 루이스 와이어트 목사에게 영성지도자가 되어줄 수 있는지 묻는다. 루이스 목사는 루스의 요청에 흔쾌히 그러겠다고 한다.

두 번째 회기가 끝날 때, 루스는 새 영성지도자로 인해 만족감을 느낀다. 자리에서 일어나면서, 그녀는 루이스에게 포옹하려고 팔을 뻗는다. 루이스 목사가 루스의 손을 잡고, 피지도자의 유익을 위해 포옹하지 않는 게 좋겠다고 부드럽게 설명하면서 어색한 분위기가 흐른다. 루스는 놀란 것 같다. 왜냐하면 루스와 루이스 목사는 교회에서 서로 축복하는 시간에 여러 차례 안고 뺨에 키스를 한 적이 있기 때문이다. 루이스 목사 또한 양가감정이 공존한다. 그녀는 여러 해 동안 피지도자들과 포옹해 오다가 최근 들어 이 의식을 하지 않기로 했다. 루이스 목사는 이렇게 주의하는 게 필요한지 고민하다가 자신의 양가감정을 수퍼비전에 가지고 오기로 결심한다.

수퍼비전에서 루이스는 영성지도 회기 말미에 접촉을 시도하는 피지도자에게 포옹해 주지 않은 것에 대한 양가감정을 털어놓는다. 루이스는 수년 동안 목회를 해왔고, 자신이 섬기는 사람들과 가깝게 지내왔다. 그녀는 영성을 체화시켜야 한다는 점을 믿고 있으며, 이제 자신이 갖고 있는 신학적 의무와 전문가들에게 신체적 접촉을 피하라고 교육시키는 현대 분위기 사이에서 갈등을 겪고 있다. 루이스는 때때로 그런 경고를 무시한 채 피지도자를 가볍게 포옹해 주기도 했음을 인정한다. 그러나 이번 회기에서 루이스는 그 규칙을 준수했지만, 막상 호의가 담긴 루스의 몸짓을 피하면서 만들어낸 어색한 분위기로 당혹감을 느꼈다.

### 신학적, 심리학적 고려사항

수퍼바이저는 루이스와 함께 세 가지 주제를 탐색할 것이다. 터치하는 것에 대한 그녀의 신념과 감정들, 결정을 내리는 데 영향을 끼치는 사회적 요소들, 그리고 영성지도자들을 위해 개발된 특정 윤리적 지침들. 루이스가 갖고 있는 신학적 의무에는 페미니스트로서 신체의 중요성에 대해 이해하는 것도 포함된다. 신앙에 대한 전인적 접근에는 인간의 삶에서 신체의 역할을 축하하는 것도 포함된다. 수퍼바이저는 루이스에게 영성지도 회기 동안 이 같은 신학적 지지를 존중할 방법을 탐색해 보도록 인도할 수 있다. 몸을 편안하게 해주는 것뿐만 아니라 미술과 음악을 포함한 물리적 환경에 대한 고려 또한 의논해 봄직하다.

수퍼바이저는 또한 루이스에게 지도자들과 피지도자들이 포옹할 때 어떤 필요가 충족되는지에 대해 물어볼 것이다. 루이스는 피지도자에게 지지받는다고 느끼기 위해 이런 접촉이 필요한가? 피지도자는 작별 인사 차원에서 신체적 접촉을 하려는 건가? 아니면 용납 받는다는 느낌을 위해 포옹하려는 것인가? 루스가 신체적 접촉을 시도했기 때문에 그녀는 포옹과 관련해 별 문제가 없는 것으로 보인다. 그러나 그것이 꼭 필요한가? 루스는 포옹으로 회기를 마치는 게 당연하다고 생각했을 수 있다. 수퍼바이저는 루스가 애정과 감사를 표현할 다른 방법이 있을지 루이스에게 물어볼 수 있다. 이 같은 질문들을 충분히 숙고해 본 후, 다른 질문들로 넘어가는 것이 중요하다.

### 제도적, 사회적 상황

우리가 속한 제도적, 사회적 상황에서 터치와 관련해 우리가 발견하는 메시지들은 종종 모호하다. 한편으로는, 서로 인사하며 가볍게 포옹한다든지 서로 축복해 주며 다정하게 안아주는 것 같은 접촉과 관련된 문화가 교구와 신자들 사이에 아주 흔하다. 주일학교에 다녀 본 사람들은 일주일에 한 번씩 아이들을 만나는 곳에서 신체적 접촉이 얼마나 흔하게 일어나는지 알 것이다. 교구 공동체의 안수 받은 직분자들과 구성원들은 치유와 온전함, 신체 회복에 대한 신학적 헌신 속에는 애정을 공적으로 드러내는 것뿐만 아니라 안수라든가 마사지와 같은 치유적 접촉과 연관된 사역도 포함됨을 알 것이다.

다른 한편, 성직자와 종교 지도자들이 저지르는, 특히 여성과 아이들에 대한 높은 성범죄율은 섬뜩할 정도다. 종교기관들은 자격이 없는 사람들이 영성지도자로 훈련받는 것을 금하거나, 혹여 훈련받더라도 사역하는 것을 금하는 방안을 마련하고 있다. 인도받기 위해 찾아온 사람들에게 자신의 성적 필요를 행동으로 옮기는 사람은 누구라도 영성지도를 해선 안 된다. 이런 사람들은 치료가 필요하며, 다른 사람들의 유약함을 이용할 수 있는 자리에 있어선 안 된다.

터치와 관련된 문제들은 터치가 다양한 인종과 민족 공동체마다 어떻게 이해되는지 관찰해 볼 때 더욱 복잡해진다. 흑인, 백인, 아시아인들은 터치에 대해 같은 태도를 갖고 있는가? 내 세미나 수업에서 한 필리핀 출신의 여성은 주로 백인으로 구성된 교회 출신의 목사를 필리핀 가정교회에 초청했던 경험을 나누었다. 그녀를 수퍼비전해 주는 그 목사는 모임 중간에 소개를 받고 일어나 그녀의 사역에 고마움을 표현하면서 그녀의 어깨에 팔을 둘렀다. 그녀가 말하길 그 순간 참석자들 사이에서 헉 하는 소리가 났다. 그들에겐 여성에게 그런 식으로 터치하는 것이 적절하지 않다고 느껴졌기 때문이다. 다행히도, 그녀의 수퍼바이저는 그런 문제에 민감한 편이었으며, 비록 자신의 행동이 그녀의 은사들을 지지해 주고 싶은 마음에서 나온 것이지만, 그 상황에서는 리더인 그녀의 품위를 떨어뜨리지 않았어야 했다는 점을 깨달았다. 문화나 인종, 민족적 배경이 다른 누군가를 수퍼비전해 줄 때에는, 차이와 관련된 문제들을 자유롭게 논의하는 분위기를 형성해 상호간에 배워나가는 것이 좋다.

터치에 대한 사회 규범에 영향을 주는 또 하나의 제도적 요소로는, 각 공동체나 교구의 관습들이 있다. 특정 공동체 신자들 사이에는 명확히 표현되진 않아도, 그들의 행동을 제한해 주는 사회 관습이 존재한다. 한 종교 공동체의 구성원들이 다른 공동체 구성원들을 수퍼비전해 주는 상황이라면, 사회적 기준이 다양해질 것이다. 신체접촉의 의미와 그에 대한 해석은 이들 제도적 요인에 의해 결정되는 경우가 많다.

지리적 환경 또한 터치에 대한 관점에 영향력을 발휘한다. 얼마 전 나는 윤리와 영성지도에 대한 워크숍을 진행했는데, 신체 경계에 대한 문화적, 공동체적 기준이 미국의 다른 여러 지방보다 하와이와 캘리포니아에서 가장 유연함을 알 수 있었다. 하와이에서 온 한 수퍼바이저는 안전한 터치가 전인적 치유에 포함될 수 있다는 기대를 밝혔다. 미국 남부와 중서부에서 온 참가자들은 자기 지역에서 그런 터치는 의심받기 쉽다고 밝혔다.

어떻게 하면 안전한 터치에 대한 신념을 포기하지 않은 채 부적절한 터치로 상처 입은 많은 사람들에 대한 관심을 통합성 있게 유지할 수 있을까? 우리가 수퍼비전을 하고 있는 개인적, 사회적, 제도적, 그리고 인종간적 배경에 민감한 태도를 유지하는 것은 우리에게 큰 도움이 될 것이다. 뒤에 소개된 지침들은 이런 관심을 가진 사람들의 연구로 개발된 것이다.

윤리적 지침

국제 영성지도자 협회의 『윤리적 행동 지침』에서는 다음과 같이 말한다. "영성지도자들은 피지도자와의 적절한 신체적, 심리적 경계를 확립하고 유지함으로써…(그리고)…조작적이거나 학대적이거나 위압적인 말과 행동을 포함한 성적 행동을 삼가함으로써 피지도자의 품위를 존중한다."[2]

거룩한 심리학 센터 the Center for Sacred Psychology에서 만든 『영성지도자

---

2. *Guidelines for Ethical Conduct* (Bellevue, WA: Spiritual Directors International, 1999), 4-5.

들을 위한 윤리 규약』은 세 개의 단락에 걸쳐 신체적 경계를 다루고 있다. "피지도자들과 어떤 성적 친밀감"이라도 피해야 할 필요성을 언급한 후에 지도자들에게 터치에 대한 문화적 태도뿐만 아니라 "터치하려는 자신의 동기에 대해 잘 인식하라"고 권면한다. "손을 잡고 기도한다든지, 정감 있는 포옹을 나눈다든지 하는 것은 모두에게 용납 가능하고 자연스러우며 영성지도 관계에 도움이 될 수 있다. 그러나 지도자들은 우발적으로가 아니라 주의하면서 이런 행동을 해야 한다.…현명한 지도자라면, 피지도자에게서 시작된 신체적 접촉이 공동의 목표에 유익이 되는지 해가 되는지 평가하지 않은 채 무작정 받아들이지 않을 것이다."[3]

많은 영성지도 훈련 프로그램에서는 영성지도자들에게 피지도자들을 터치하지 말라고 권한다. 말로 건네는 지지가 가장 적절하며, 신체적 경계는 넘지 않는 게 좋다. 팔이나 어깨를 가볍게 토닥이는 것 같이 안전해 보이는 터치라 하더라도 신체적, 성적 학대 피해자들에게는 다시 트라우마를 안겨줄 위험이 있음을 배웠듯, 지도자든 피지도자든 터치와 관련해 복잡한 동기를 가질 수 있음을 알고 있듯, 요즘은 터치를 피하는 게 일반적으로 안전하다고 여기는 분위기다.

---

3. Thomas M. Hedburg, Betsy Caprio, 그리고 The Center for Sacred Psychology 직원들 지음, *A Code of Ethics for Spiritual Directors* 개정판 (Pecos, NM: Dove Publicaitons, 1992), 9.

주로 여성과 아이들을 상대로 남성에게서 자행되는 신체적, 성적 학대가 널리 퍼져 있는 만큼, 이에 대해 사회적으로 합의를 보기까지는 일대일 상황에서 터치하는 것은 매우 주의하는 게 좋다. 잘못하면 오해의 빌미를 제공할 수 있다. 몇 년 전, 한 친구가 나에게 건넨 다음과 같은 말에서도 터치에 대한 문화적 태도가 어떠한지 느낄 수 있었다. "난 70년대 후반까지 서로 '평화의 인사'를 나누는 시간에 포옹하는 게 편하지 않더군. 이제 90년대 후반이 되니, '모든 사람이 포옹하길 원한다고 가정하는 것은 현명하지 않다'는 말이 나오더라."

이 짧은 예화에서 루이스는 루스에게 종교적이든 비종교적이든 조력하는 직업군에서 포옹을 나누는 데 대한 사회적 분위기가 변했음을 간략히 설명해 줄 수 있다. 루이스는 공예배 때 만나 서로 포옹하며 축복해 주는 시간에는 얼마든지 포옹할 의향이 있음을 나누어도 좋다.

### 비밀보장 및 익명성

종교 교육 디렉터인 메리 브래들리는 가까운 교회의 활동적인 평신도 존 클리브스로부터 자신의 영성지도자가 되어달라는 부탁을 받았다. 첫 회기를 마친 후, 메리는 존에게 비밀보장과 익명성 원칙에 대해 설명하면서 계약을 체결한다. 메리는 영성지도자들은 정기적으로 수퍼비전을 받으며, 수퍼비전 동안 영성지도 회기와 관련된 몇 가지 사항들을 함께 나눈다고 설명한다. 그녀가 말하길, 수퍼비전의 초점은 영성지도자로서 자기가 수행한 사역에 있으며, 피지도자의 익명성은 이니셜이나 별칭을 사용해 보장될 것이다.

테레사 수녀는 메리의 수퍼바이저이다. 그녀는 메리가 버바텀 verbatims 작성시에는 조심스럽게 이니셜만 쓰고 있지만 이야기를 나눌 때에는 피지도자들의 이름을 실수로 말하곤 하는 것을 감지한다. 테레사는 메리에게 익명성 보장에 더 신경 쓰라고 권해야겠다고 생각한다. 하지만 이런 실수에 대해 크게 괘념치 않는다. 왜냐하면 테레사가 모든 것을 비밀로 하고 있으며, 수퍼비전 회기에 사용된 모든 자료는 폐기처분하는 데 주의를 기울이고 있기 때문이다.

몇 달 전, 테레사 수녀와 존은 노숙자 문제를 다루는 지역 위원회에서 섬겨달라고 그들의 신앙공동체로부터 부탁을 받았다. 그들은 분과 위원회에서 함께 일한 후로 친구가 된다. 존과 테레사의 우정이 자라면서, 존은 그녀에게 충동적인 자기 남동생이 아버지를 학대하는 일에 대한 염려를 털어놓는다. 테레사는 이 상황이 메리의 피지도자들 중 한 사람의 상황과 매우 유사하다는 것을 깨닫는다. 그녀는 존이나 메리에게, 메리가 존의 지도자인 것 같다는 이야기를 하기로 마음먹는다. 그러나 존이 테레사의 사무실에 자료를 주러 왔다가 수퍼비전을 받으러 온 메리를 만난다. 메리는 테레사에게 이게 무슨 상황인지 묻는다. 테레사는 당황스럽다. 테레사는 존이 테레사가 메리의 수퍼바이저인 것을 알고 화를 내지 않을까 염려한다. 그녀는 또한 존이 메리의 피지도자인 것 같다고 의심이 들었을 때 진작 무슨 일이든 했어야 한다고 생각한다. 테레사 수녀는 이 문제를 자신의 수퍼비전을 수퍼비전해 주는 수녀에게 들고 가기로 결심한다.

### 계약 체결하기

메리는 존과 함께 비밀보장의 성격에 대해 알려주는 정책들과 수퍼비전에서 익명성을 유지하는 방법들을 포함한 계약을 체결했다. 계약서는 문서로 남기는 것이 좋다. 처음 영성지도를 시작하는 사람일수록 서면화된 기본 규칙을 지니고 있는 것을 감사하게 여긴다는 것을 알게 되었다.

피지도자가 말한 것에 대해 비밀을 유지하는 것은 영성지도자의 의무이지만, 어떤 지도자들은 지도자가 말한 개인적 경험들에 대해 피지도자 역시 비밀을 지켜줄 것을 요청한다. 지도자에 의한 자기 노출은 큰 도움이 될 때가 있다. 그리고 피지도자에게 그 역시 비밀을 보장해 달라고 요청하는 것은 지도 회기의 거룩한 분위기를 강화하는 데 도움이 된다. 그러나 지도자에 의한 자기 노출은 피지도자의 유익을 위한 것이어야지, 무의식적이거나 충족되지 않은 지도자의 필요 때문에 이루어져서는 안 된다. 상호 비밀유지를 위한 계약을 체결할 때, 지도자들은 이 계약이 지도자의 보호를 위한 것이 아님을 피지도자들에게 분명히 할 필요가 있다. 지도자들은 수퍼비전에 제출하지 않을 이야기를 피지도자와 나누어선 안 된다.

### 연속되는 작은 결정들과 예상치 못한 결과들

때로 윤리적 곤경은 일련의 작은 결정들로부터 출현해 어느 순간 예상치 못한 결과를 가져온다. 첫 작은 실수는, 테레사가 메리와 피지도자와의 사역을 논의할 때 메리에게 이니셜을 사용하도록 권하지 않는 데서 나타난다. 단순한 실수일 뿐이다. 그 다음 문제가 될 만한 상황은, 테레사가 새 친구 존의 상황이 수퍼비전 동안 들은 사례와 비슷하게 들린다는 것을 깨달았을 때였다. 테레사는 존의 익명성이 위태로워진 것은, 그의 상황이 독특해서도 있지만 메리가 비슷한 상황에 놓인 피지도자가 "존"이라고 지칭하는 걸 들었기 때문임을 깨달았다.

이제 테레사는 여러 가지 선택을 할 수 있다. 우선 메리에게 메리의 피지도자 중 한 사람을 우연히 알게 되었다고, 이제 존의 수퍼비전을 위해 다른 수퍼바이저를 찾아보라고 말할 수 있을 것이다. 또한 테레사는 존과의 우정이 시작 단계이므로 그와 만나는 것은 위원회 모임만으로 제한할 수도 있을 것이다. 테레사가 존과의 우정도 지속하고, 존을 인도하는 메리에 대한 수퍼비전도 지속한다면, 그녀는 우정 관계를 통해, 그리고 메리에게서 존에 대한 정보를 얻게 될 것이다. 테레사 자신만 아무 말 안 하면 두 사람은 테레사가 둘 모두를 안다는 것을 모를 거라고 생각한다면, 이는 명백한 실수이다. 메리에 대해 수퍼비전을 하면서 존과 우정을 발전시켜 나가다가, 메리와 존이 테레사의 사무실에서 마주쳐 테레사가 그 두 사람을 알고 있음을 발견할 때 테레사는 이도 저도 할 수 없는 상황에 빠진 것이다. 일련의 실수들로부터 야기된 예기치 못한 사건으로 비밀보장과 익명성 모두 위태로워졌다.

테레사의 사무실에서 메리와 존이 우연히 만난 상황 자체가 윤리조항 위반인 것은 아니다. 이 상황이 문제가 된 것은, 이 만남에 앞서 이루어진 테레사의 결정들 때문이다. 모임 장소에 대해서만큼은 꼭 완전한 익명성을 유지해야 하는 것은 아니다. 수많은 지리적 장소 중에서도 사람들이 수퍼비전이나 영성지도를 할 만한 장소는 한정적이다. 대기실을 가지고 있는 수퍼바이저들도 있는데, 그곳에서는 회기 시작 전이나 종료 후에 수퍼바이지나 피지도자들이 서로 마주칠 수도 있다. 그러나 그렇게 우연히 만난다고 해서 지도자가 부주의하다고 여기진 않을 것이다. 그러나 나 같은 경우 내 피지도자 두 사람이 함께 사역하고 있거나 서로를 알고 있다면, 두 사람과의 약속을 연이어 붙여두지는 않으려 한다. 혹여 그런 상황이 불가피하다면, 내가 다음에 만날 사람이 피지도자의 지인임을 밝히고(물론 다음 피지도자의 이름을 알려주지 않고) 좀 더 일찍 자리에서 일어나 달라고 부탁할 것이다.

### 동의 구하기

영성지도자들은 사생활에 대한 피지도자들의 권리를 존중해야 할 윤리적 의무가 있다. 메모나 파일, 언급한 내용 등은 변호사, 의사,

심리치료사, 상담가 등을 포함해 누구와도 공유해선 안 된다. 단, 그런 내용을 특별히 제공할 수 있는 사람을 피지도자가 명시한 서면 허가서가 있을 때는 예외로 한다. 예전에는 구두로 허가하는 경우에도 일반적으로 용인되었지만, 요즘 미국처럼 소송을 일삼는 분위기에서는, 서면 상 합의를 권장하고 있다.

피지도자들의 사생활 권리에는 당사자의 허락 없이 영성지도에서 만나는 사람들의 이름을 말하지 않는 것도 포함된다. 만일 누군가 어떤 영성지도자에게 특정인을 지도하고 있는지, 아닌지 물어볼 경우, 지도자는 그 정보를 나눌 권리가 없다. 지도자는 이런 말로 거절해야 한다. "물론 당신이 나쁜 목적으로 질문한 건 아니라는 걸 알아요. 하지만 내 피지도자들의 사생활 권리를 존중하기 위해, 내가 영성지도해 주고 있는 사람들의 이름을 누구와도 공유하지 않는답니다. 또한 당신이 묻고 있는 사람을 지도해 주고 있는지 아닌지 확인해 줄 수도 없고요." 종교 공동체나 다른 작은 공동체에 속해 있는 사람들의 경우 그런 정보가 서로에게 공유되어 있어 이 의무가 극단적으로 보일 수 있다. 그럼에도 불구하고 일반적으로는 지나치다 싶을 정도로 사생활 권리를 보호해 주는 편이 안전하다.

### 신고할 의무

초등학교 교사인 팸 필즈는 로마가톨릭 평신도인 린 홀리스에게 영성지도를 받기 위해 찾아갔다. 첫 회기 때 서로를 알아가는 시간에, 팸은 자기 가족에 대해 소개했다. 그러다 팸은 갑자기 눈물을 터뜨리며, 남편이 매우 엄격한 규율주의자여서, "매를 아끼면 아이를 망친다"는 격언을 신봉한다고 말했다. 때때로 그는 멍이 들 때까지 아이들을 때렸다. 린은 감정을 이입하며 이야기를 들었다. 팸은 하나님과 더 깊은 관계를 맺고 싶으며, 영성지도를 통해 그렇게 되길 바라고 있다.

린은 두 번째 회기에, 함께 할 영성지도 시간을 위해 기도한 후 일반적인 계약 사항에 대해 소개한다. 이 계약에서 중요한 측면은, 영성지도자 눈에 아동 학대가 합리적으로 의심될 경우 비밀유지 조항이 파기되어야 한다는 점을 피지도자에게 명시해야 한다는 점이다. 지도자는 학대가 우려되는 상황에 아동보호센터나 경찰에 그 상황을 신고할 의무가 있다. 불행하게도, 린이 관계당국에 알려야 할 법적 의무가 있음을 팸에게 알려주기 전에, 팸이 먼저 이런 문제를 꺼내놓았다. 린은 팸과 다시 이야기하기 전에 우선 수퍼바이저와 이 문제를 논의하기로 한다. 그녀는 또한 팸이 이미 말한 부분을 토대로 보고를 해야 할지 수퍼바이저와 결정하고 싶어 한다.

### 피지도자에게 알려 줘야 할 사항들

린은 피지도자와 함께 할 초반의 회기들을 위한 적절한 계획을 가지고 있다. 첫 회기에 서로를 알아가고 앞으로의 목표와 기대감을 나누고 나면, 두 번째 회기에 체결할 계약 사항들을 소개한다. 계약 시 알려야 할 사항에는 모임 날짜와 시간, 회기의 일반적 구성 등과 같은 정보뿐만 아니라, 아동이나 노인 학대의 경우 신고할 의무가 있다는 것도 포함된다. 린은 지금 처한 것과 같은 상황을 피하기 위해 피지도자와의 만남 초반에 이렇게 한다.

### 법적 의무 사항들

수퍼비전에서 린은 신고 의무에 대한 법적 사항을 서로 확인하고 가기를 원한다. 이는 각 주마다 다르게 적용될 수 있는 법령에 대한 지식이 필요한 매우 복잡한 분야이다. 어떤 주의 법규에 따르면, 아동 또는 노인 학대를 의심하는 사람은 누구든 이에 대해 신고할 의무가 있다. 그러나 주마다 해당 법규는 다양하며, 수퍼바이저는 이 법규에 대한 최신 정보를 알아두어야 한다. 관련 법규가 때때로 개정되기 때문에 미국의 수퍼바이저들은 아동 학대와 방치에 대한 각 주의 현재 법규 정보에 대해 국가정보센터 웹사이트 nccanch.acf.hhs.gov/general/statespecific/index.cfm에서 확인할 수 있다. 이 정보는 미국 보건복지부에서 제공받은 것이다.

린은 팸의 남편이 신체적 학대를 하고 있는지 여부를 최선을 다해 결정해야 한다. 그리고 합리적인 의심의 여지가 있다고 판단하면, 법적으로 보고할 의무가 있는지 여부를 알아내야 한다. 린의 수퍼바이저는 팸이 엄격한 양육방식에 대해 했던 말을 되짚어보라고 요청할 것이다. 그가 내리는 체벌이 학대에 해당할 만큼 심한가? 신고해야 할 정도인가, 아니면 경계선상에 있는가?

이 경우에서 중요한 사실은 정보가 간접적인 성격을 띠고 있다는 점이다. 린은 팸에 대해서는 아동 학대를 의심하지 않고 있는데, 이런 경우에도 린이 신고해야 하는가? 미국 열여덟 개 주에서는 아동 학대를 의심하는 누구든 경찰이나 아동보호센터에 신고해야 한다고 명시하지만, 다른 주에서는 학대 피해자나 학대자로 생각되는 사람을 본 사람이 직접 신고하도록 하고 있다. 대부분의 사법권에서는 간접 정보에 따른 신고는 의무가 아니다. 그러나 얼마 전 캘리포니아에는 그런 정보 역시 신고해야 한다는 판결이 나왔다.

### 도덕적 문제들과 공동체의 기준

수퍼바이저는 린이 신경 쓰고 있는 도덕적 문제들에 대해 팸에게 성찰해 보도록 안내할 것을 권할 수 있다. 팸은 자기 아이의 안전을 보장하기 위해 행동으로 옮겨야 할 필요를 느끼고 있는가? 팸은 자기 남편을 어떻게 이해하고 있는가? 초등학교 교사로서 받은 교육이 신체적, 성적 학대에 대한 바른 관점을 형성했는가? 이런 교육은 팸이 남편의 행동을 제대로 평가하도록 돕고 있는가? 아니면 남편을 사랑하거나 또는 두려워하는 탓에 자기가 본 것을 현실적으로 평가하지 못하고 있는가? 만약 팸의 부모님은 어떤 형태의 신체적 체벌을 내리는 것에도 강하게 반대하신다고 팸이 말했다면, 린은 팸에게 이런 점이 그녀의 가치관에 어떤 영향을 미쳤는지 생각해 보길 권해야 한다. 팸이 살아온 삶의 배경이 남편과 다르지는 않은가? 이런 차이가 양육방식에 미친 영향은 없는가? 팸은 자기 기준을 다른 사람들에게 일반화해야 하는가? 팸은 자기가 남편의 행동에 과잉반응하고 있다고 결론을 내릴 수도 있고, 아니면 하나님의 도우심 가운데 자기가 옳다고 믿는 대로 남편을 신고하기로 결정할 수도 있다. 팸은 결과가 어떻게 될지 모르는 상황에 필요한 용기와 지지를 구하기 위해 영성지도를 받으러 온 건지도 모른다.

만약 린이 학대가 실제로 일어났다고 결론을 내린다면, 그녀는 팸이 거부할 경우에도 보고를 할 것인지 여부를 결정해야 한다. 이런 경우, 문제는 꽤 애매해져 린은 아마도 신고하지 않을 수도 있다. 그러나 린이 누군가 다른 사람을 학대하는 것을 본 게 확실하다면 그녀는 신고하지 않겠는가? 많은 지도자들이 피지도자를 잃을까 두려워 신고하기를 주저한다. 이런 경우, 수퍼바이저는 어떻게 결정하든 자유라는 점을 분명히 하고 싶을 것이다. 피지도자의 상황뿐만 아니라, 힘이 없고 연약한 사람들의 유익을 가장 고려해야 한다. 연약한 사람을 위한 정의와 긍휼이 가장 중요한 도덕적 가치라면, 영성지도 관계를 잃는다 해도 어쩔 수 없다. 어떤 주에서는 아동 학대가 명백한 상황임에도 신고하지 않은 경우 지도자에게도 법적 책임을 물을 수 있다.

판례

1976년 타라소프 대 캘리포니아 주 평의회 Tarasoff vs. The Regents of the State of California 사건에 대한 법원 판결을 통해 사람을 돕는 전문직에 종사하는 사람들이 즉각적 위협에 처한 사람에게 경고를 주기 위해 비밀 보장의 약속을 깨트릴 법적 의무가 확립되었다. 이는 대상으로 삼은 피해자뿐만 아니라 경찰에게 신고하는 것까지 요구한다. 이 "경고할 의무" 또는 "보호할 의무"는 판례법을 따르고 있고, 그러므로 각 주마다 다양하다. 모든 주의 변호사들과 남을 돕는 직업 종사자들이 타라소프 판례의 지침을 배우지만, 텍사스 같은 주에서는 타라소프 판례가 적용되지 않은 판결을 내리기도 했다. 피지도자가 살인 또는 자살을 심각하게 고려하고 있다면 언제든, 지도자는 이를 경찰과 대상으로 삼은 사람에게 알릴 도덕적 의무가 있다. 폭력이 임박한 상황임에도 공적 보호 조치를 통해 폭력을 막기 위해 신고하기를 게을리 하는 행위를 지지하는 주는 없다.

평가와 위탁

토드 아놀드는 대도시에 있는 루터교회 목사이다. 근처에 미국 연합 그리스도 교회 목사인 사라 윌슨이 6주 전부터 영성지도를 받기 위해 토드를 찾아오기 시작했다. 두 번째 만남 때, 사라는 지난 두 달에 걸쳐 에너지가 바닥났다고 말했다. 그녀는 침체되어 있었고, 하나님의 만지심을 느낄 수 없었다. 그녀는 지금까지 자신을 지탱해 오던 특히 레즈비언들을 위한 사회 정의 사역에서 더 이상 부르심을 느낄 수 없다고 말했다. 그녀가 영성지도를 찾은 것은 이번이 처음이며, 그녀는 영적 생활에 집중함으로써 "영혼의 어두운 밤"과 같은 나날에서 벗어나고 싶다.

조심스러운 질문을 통해, 토드는 사라의 연인인 편이 사라가 우울증에 걸려 있고 치료가 필요하다고 생각한다는 것을 알게 되었다. 사라는 자기 어머니가 우울증에 걸린 바 있었지만, 자신에겐 "그런" 문제가 없다는 믿음을 토드와 나눈다. 사라는 매일 기도하지 못해서 이렇게 메마르게 되었다고 믿고 있다. 토드가 보통 4-6주 간격으로 사람들을 만난다고 설명하자, 사라는 처음에 매주 만나길 바란다고 말한다. 토드는 사역하는 동안 우울증에 걸린 성도들을 많이 만나 왔으며 사라를 치료 기관에 위탁$^{referral}$해야 한다고 생각하고 있다. 그는 이 문제를 수퍼바이저와 의논하기로 결심한다.

### 심리적 고려 사항들

수퍼비전에서 토드는 사라의 삶에서 영성지도에 대한 열망을 이끌어준 요소들과 심리 평가를 받는 게 필요하다고 알려주는 측면들 둘 다 고려해 보도록 요청받을 것이다. 토드는 사라가 동성애자들을 위한 사회 정의 사역에 헌신한 것은, 하나님께 대한 헌신에서 나온 것이라고 말한다. 그리고 연합그리스도교회 목사가 되도록 이끌어준 부르심에 대한 신념이 사라 마음 깊은 곳에 있다고 말한다. 사라는 자신의 기도 생활이 메말랐다고 묘사한다. 사라는 "영혼의 어두운 밤"이 영성 훈련 부족 때문이라고 여긴다. 토드는 이 "어두운 밤"이라는 말이 기도의 신비주의적 형태에서 그 쓰임새에 대한 깊은 이해를 담고 있지 못하며, 대신 그 단어는 한 인간의 삶에서 어려운 시기를 지칭하는 말로 더 널리 쓰이고 있다고 여긴다. 사라가 하나님과 자기 관계가 메말랐다고 느끼는 것은, 이전에 그녀가 하나님과 보다 활발한 관계를 맺었음을 말해 주는 것일 수 있다. 다른 한 편, 이것은 그녀가 사회 정의 사역으로부터 받아온 에너지로 지금껏 버텨왔음을 말해 주는 것일 수도 있다.

여러 지표들은 사라를 상담 받도록 위탁할 것을 제안하고 있다. 첫 번째와 두 번째 회기 모두에서 사라는 대화에 집중하는 데 어려움을 보였다. 토드는 영성지도에서는 문제 해결 그 자체보다 영성 생활에 초점을 우선적으로 맞추고 있다고 나누었지만, 사라는 계속해서 자기 증상을 나누기에 바빴다. 에너지 고갈, 기능적 수준 변화, 이 같은 증상이 적어도 두 달 이상 지속된 사실 등, 그녀는 우울증과 관련된 것으로 보이는 몇 가지 사실들을 나누었다.

토드가 3-6주 간격으로 만나자고 제안했을 때, 사라가 처음 보인 반응은 더 자주 만났으면 좋겠다는 것이었다고 토드는 말한다. 이는 때로 이 사람이 치료를 통해 더 유익을 얻을 수 있다는 신호이기도 하다. 심리 치료 과정에서는 상담사와 내담자 관계에서 치료에 초점을 두고 더 잦은 만남을 가질 수 있기 때문이다. 가까운 가족들의 조언 또한 당사자의 필요를 평가assessment하는 데 도움이 될 수 있다. 또한 사라의 애인, 편이 사라의 행동에서 변화를 감지하고 상담이 필요하다고 생각한다는 점을 아는 것도 도움이 된다. 뿐만 아니라 사라의 어머니가 우울증을 앓았던 상황인데, 우울증에 유전적 요인이 존재한다는 것은 널리 인정된 사실이다.

토드는 사라에게 지금이 영적으로 "영혼의 어두운 밤"일 수 있지만, 심리 문제들을 조절하기 위해 자격이 있는 상담사를 만나야 한다는 자신의 신념을 이야기할 것이다. 공동체에서 성직자로 오래 섬겨온 만큼, 토드는 사라를 진단해 줄 뿐만 아니라 사라의 영성지도 사역 또 평가해 줄 전문 심리 치료사를 추천하고 싶을 것이다.

### 치료 방식 선택하기

토드의 수퍼바이저는 또한 그가 영성지도를 위해 지금 사라를 계속 만날 것인지 질문할 것이다. 그들 앞에는 몇 가지 가능성이 있다. (사라가 이야기한 몇 가지 증상과는 달리) 상담사가 판단하기에 사라가 우울증을 앓고 있는 것이 아니라면, 사라는 본래 자신이 갖고 있던 계획을 좇아 영성지도를 위해 토드를 만나면 된다. 상담가가 판단하기에 사라가 임상우울증을 앓고 있다면, 사라는 심리치료사나 목회상담가에게서 치료를 받으면 된다. 물론 약물 치료를 위해 정신과 의사를 만날 수도 있다. 사라는 우울증 치료와는 별개로 영성지도를 위해 토드를 계속 만나기로 결심할 수도 있다. 많은 치료사, 의사, 그리고 상담사들은 다른 문제로 치료를 받는 동안에도 영성지도를 지속하는 데 호의적이다. 물론 어떤 전문가들은 이 둘을 병행하는 것이 좋지 않다고 여길 수 있으며, 이런 경우 영성지도자는 보통 이 요청을 따라 치료가 완벽히 끝난 후 피지도자를 만나는 데 동의할 것이다. 사라는 영성지도를 해본 적이 없었기 때문에, 상담과 지도를 함께 받는 것에 따른 시간과 에너지 문제로 거부감을 느낄 수 있다. 토드는 상담 과정에 어느 정도 적응한 후라든지, 아니면 상담을 완전히 마친 후 다시 만나자고 제안할 수 있다.

여기서 토드는 평가와 위탁 사역에 집중함으로써, 자신이 훈련받은 수준을 넘어 사역하는 윤리적 곤경에 빠지지 않을 수 있다. 윤리적으로, 영성지도자는 자신의 전문지식 경계 내에서 실습해야 한다. 훈련 프로그램을 통해 체계적으로 교육 받고 영성지도 분야 자격증이나 학위를 받은 지도자들이 점차 늘어감에 따라, 영성지도자의 실습을 안내할 지침이나 경계에 대해 더욱 명확히 할 필요가 있다.

사례를 받고 서비스를 제공하는 훈련받은 지도자들이 늘어가고 있는 만큼, 그 사례가 대단치 않다 해도 서비스에 대한 사례를 받는 데에는 윤리적이고 법적인 책임이 따른다는 것을 인식해야 한다. 어떤 보험사에서는 정신 건강을 다루는 광범위한 일대일 조직적 대화에 대한 책임보험을 내놓기도 한다. 예를 들어 미국 전문인 협회에서는 이렇게 말한다. "정신 건강 전문가'란, 정신 건강 상담사, 사회복지사, 상담 목회자, 최면술사, 정신분석가, 심리치료사, 인생 상담 코치,

결혼 및 가정 상담사, 그리고 우리에게서 공인받은 다른 여러 형태의 정신 건강 분야에서 일하는 사람들을 의미한다."[4] 소송이 잦은 사회적 분위기 속에서, 누군가 영적인 문제에서 "위법 행위"로 소송 받는 것은 시간문제가 아닐까 한다. 추가적인 도움이 필요한 사람을 적절히 위탁하는 것은 지도자와 피지도자 모두에게 중요하다.

## 이중 관계

앨리스 워드는 거의 6년간 톰 마틴 신부에게서 영성지도를 받아 왔다. 톰은 신학교 교수로서, 즐겁게 영성지도를 해오고 있다. 몇 년 전, 톰은 앨리스가 속한 교구의 세인트 마크 성당에 배정되어, 몸이 아파 몇 가지 직무를 내려놓아야 하는 본당 사제를 6개월간 도운 적이 있었다. 이때에도 앨리스는 영성지도를 위해 톰을 만났다. 앨리스가 세인트 마크 성당에서 교육 프로그램 편성 직무를 맡고 몇 주 지나지 않아 톰은 신학교에서 은퇴하게 되었다. 주교는 톰 신부에게 세인트 마크 성당에서 주임 사제로 섬겨달라고 요청했다. 톰이 앨리스를 만나 더 이상 그녀의 영성지도자로 섬길 수 없을 가능성을 내비치자 앨리스는 화가 났다. 그녀는 몇 년 전 톰이 자신이 속한 교구에서

---

4. American Professional Agency, Inc., Amityville, NY, for D33543 (April 2004).

일할 때에도 영성지도를 계속했던 일을 상기시킨다. 앨리스는 두 사람이 함께 일하는 것은 처음이지만, 두 사람의 영성지도 관계에 아무런 영향이 없을 거라고 말한다. 톰은 앨리스와의 다음 지도 회기 전에 수퍼바이저와 이 문제를 상의하기로 결심한다.

### 상호관계의 역동

두 사람이 한 교구의 스태프라는 새로운 역할을 갖게 되어 영성지도 관계를 유지하기 어렵다고 톰 신부가 앨리스에게 말하기로 결정한 것은, 그가 이중 관계는 상호관계의 역동을 혼란스럽게 할 수 있음을 인식한 데서 나왔다. 이중 관계란 "지도자와 피지도자가 영성지도 만남 외에 다른 곳에서 정기적인 관계를 맺게 되는 상황"[5]을 의미한다. 거룩한 심리학 센터에서 만든 『영성지도자들을 위한 윤리 규약』에는 잠재적 이중 관계에 대해 다음과 같이 설명한다.

> 이중 관계의 유형에는 다음과 같은 것들이 포함된다. 피지도자와 교제하거나 사업적 거래를 하는 것, 영성지도 관계가 양방향 우정으로 발전되어 서로 도움을 주고받는 것, 친구, 가족, 학생 또는 수퍼바이지와 영성지도를 하는 것, 그리고 가까운 친구들 또는 가족들 가운

---

5. Anne Winchell Silver, *Trustworthy Connections: Interpersonal Issues in Spiritual Direction* (Cambridge, MA: Cowley Publications, 2003), 38.

데 한 명 이상과 영성지도를 하는 것 등…물론 두 당사자 사이에, 또는 지도자와 피지도자의 배우자, 또는 연인 사이에 은밀하든 공공연하든 성적 관계를 맺는 것 또한 금지되어 있다.[6]

인간을 돕는 다른 전문직에서도 이중 관계를 엄격하게 금하고 있지만, 영성지도자들에게 이 문제는 훨씬 더 복잡하다는 것을 종종 발견한다. 예를 들어, 지도자와 피지도자가 한 교회나 교구의 구성원인 경우도 있다. 이들 이중 관계가 문제가 되느냐 하는 것은 이 공동체의 규모와 개인적 요인에 달려 있다.

이 경우에, 톰 신부는 앨리스가 있는 교회에서 리더십 역할을 짧게 했으므로 이중 관계에 신경을 크게 쓰지 않았다. 앨리스가 과거에 같은 교구에 속했을 때도 그가 지도를 계속했던 점을 상기시킬 때, 톰은 그런 결정에 영향을 주었던 여러 요인을 밝힌다. 첫째, 그 교구에서의 사역은 짧고 제한적이었다. 그는 자기 역할 변화로 짧게 형성될 역동이 지도 관계에 문제를 일으킬 정도는 아니라고 판단했다. 둘째, 앨리스는 톰에게서 직접 수퍼비전을 받는 교구 리더십에 속해 있지 않았다. 셋째, 개신교와는 달리 로마가톨릭 교구와 모임에서는 사제가 때로 영성지도자로 섬기고 있다고 인식하고 있다.

---

6. Hedberg와 Caprio, 8.

### 역할 변화와 기대의 충돌

앨리스가 톰 신부에게 수퍼비전을 받는다면, 또 다른 역동들이 일어날 수 있다. 예를 들어, 그들이 한 위원회에서 섬긴다고 생각해 보자. 앨리스는 자기 의견을 자유롭게 표현할 수 있을까? 아니면 톰이 내놓은 의견을 지지해야 한다고 느낄까? 반대로, 톰은 앨리스가 내놓은 생각을 지지해야 한다고 느낄까? 그들이 주어진 문제에서 대립되는 의견을 가질 경우, 이 상황이 그들의 지도 관계에 영향을 주지는 않을까? 톰이 앨리스의 사역을 평가할 때, 앨리스는 지도 관계에서는 지지받는다고 느꼈는데 비판을 받게 되면 분개하지 않을까? 지도자든 피지도자든 자신들의 영성지도 관계가 다른 역할 관계로 인해 어떻게든 위태로워질 때 불편함을 느낄 수 있다. 인간의 상호작용은 복잡하기 때문에, 의식적으로는 이런 이중 관계가 "깔끔해" 보이더라도 지도자든 피지도자든 무의식적으로는 문제가 있을 수 있으며, 이중 관계가 빚어내는 여러 상황에서 그런 문제는 금방 드러나기 마련이다.

영성지도 관계의 역동과 회기의 분위기는 경험 그 자체에 중대한 영향을 끼친다. 지도자는 하나님을 사랑하는 경청자로 피지도자와 하나님과 함께 머무르며, 피지도자는 그 방 안의 성스러움에 일조한다. 피지도자는 이 은혜로운 시간에 하나님의 현존과 지도자의 현존 모두와 함께 연합해야 한다. 지도자의 역할 속에서 거룩한 사역은 실행된다. 만약 지도자가 다른 역할을 하고 있을 때 피지도자가 지자를 대해야 한다면 어떤 일이 일어날 수 있을까?

### 제도적 상황

어떤 이중 관계가 수용될 만한지, 또 어떤 관계가 특별히 문제가 될 우려가 있는지 결정하는 데 있어 제도적 상황도 충분히 고려되어야 한다. 개신교회에서 목회자들은 대개 교인들과 일대일 영성지도를 하지 않는다. 왜냐하면 이는 특정 성도들에 대한 편애로 받아들여질 수 있기 때문이다. 개신교인들은 고해성사를 하지 않기 때문에, 목회자들이 성도들에게 구조화된 영성지도를 정기적으로 하지 않는다. 영성지도를 하려고 훈련받은 목회자들은 보통 자기 교인들을 지도하지 않는다. 이는 이중 관계에서 나오는 문제가 될 만한 역동을 피하기 위해서다.

로마 가톨릭 교회의 상황에서는, 신자들과 수도자들이 그들의 동료들과 역할이 바뀌는 경험을 많이 한다. 영성지도 관계 밖에서 누군가 역할 상 상관이 되었다가도 종속된 위치에 가기도 한다. 이런 분위기에서는 가능하다면 이런 환경의 역동으로부터 떨어져 관계를 지속하도록 명확한 계약을 유지하는 것이 중요하다. 이렇게 주의하더라도, 관계 상 평가나 감독, 또는 어떤 형태로든 책임이 수반될 경우 의식적이든 무의식적이든 의사소통의 역기능적 패턴이 나타날 수 있음을 기억해야 한다.

## 윤리 자료

영성지도를 위해 특별히 만들어진 세 가지 윤리 자료가 있는데, 모든 지도자들과 수퍼바이저들에게 읽기를 추천한다. 처음 두 가지는 윤리 조항이며, 세 번째 자료는 이 주제와 관련한 새로운 책이다.

- *The Guidelines for Ethical Conduct*, 국제 영성지도자 협회에서 발간한 팜플렛, www.sdiworld.org에서 확인 가능함, info@sdi-world.org.
- *A Code of Ethics for Spiritual Directors*, 1992, 토마스 M. 헤드버그 Thomas M. Hedberg, 베치 카프리오 Betsy Caprio, 그리고 거룩한 심리학 센터 직원들 지음, (Dove Publications, Pecos, NM 87552, 505-757-6597).
- *Trustworthy Connections: Interpersonal Issues in Spiritual Direction*, 앤느 윈첼 실버 Anne Winchell Silver 지음, (Cambridge, MA: Cowley Publications, 2003).

## 3부

**세계관과 수퍼비전**

## 8장.
## 수퍼비전, 지평을 넓히기

엘리자베스 리버트

"우리는 우리가 볼 수 있는 것을 봅니다"라고 수퍼비전 그룹의 한 회원이 말한다. "아닙니다. 우리는 우리가 보기 원하는 것을 봅니다"라고 다른 회원이 대답한다.

위의 문장은 각각 그 의미와 타당성에 대한 열띤 토론을 일으킬 수 있다. 여기서 이 문장들의 의미를 밝히려는 것은 아니다. 나는 그저 이 문장들을 나의 논제를 위한 포인터로 사용하려 한다. 영성지도에서 우리가 "볼" 수 있는 것은 우리가 인식하는 수준보다 훨씬 더 많다. 하나님께서 우리에게 당신을 드러내시는 방식에는 정말 많은 수준과 복잡성, 정말 많은 풍부함이 있다. 우리는 우리가 하는 영성지도의 지평을 어떻게 넓힐 수 있을까? 우리는 이 새로운 지평들을 어떻게 가르칠 수 있을 것인가? 어떻게 하면 명백한 것 너머를 보는 능력이 자라도록 할 수 있을까?

   그러면 누구의 지평에 대해 말하고 있는 것인가? 물론, 영성지도를 받으러 오는 추구자들<sup>seekers</sup>의 지평이다. 하나님께서 현존하시고 활동하신다고 우리가 인식하는 장소, 또는 하나님이 부재하시거나 침묵하신다고 우리가 인식하는 장소에서 우리가 하나님을 보는 방식은 우리의 지평을 제한한다. 우리 안에 내면화된 거룩에 대한 이미지, 기도와 활동 사이의 헐거운 연결성, 기도에 대한 제한된 개념, 또는 기도에 대한 훈계에서 실제 기도로 나아가는 데 있어서 무능력 등에 의해 우리의 지평은 제한을 받는다. 나는 피지도자가 이렇게 말할 때 항상 슬프다. "나는 그런 것이 (자연 속에서의 산책, 아름다운 음악이나 예술에 압도됨, 죽어가는 친척이나 힘없는 아기 곁에 사랑하는 마음으로 머물기, 붐비는 교실에서 아이들을 각각 돌보려고 노력하기, 차별적인 법을 바꾸려고 투쟁하기 등등) 기도의 한 부분임을 깨닫지 못했어요! 나는 평생 그런 일을 해왔어요. 그러면서도 항상 내가 기도를 잘 못하는 사람이라고 생각했어요." 또는 어떤 학생은 기독교 전통의 풍성함을 배운 후에, 때로는 화를 내며 때로는 아쉬워하며 이렇게 말한다. "어떻게 이런 것을 전에 듣지 못했을까요? 나는 교회에서 자랐어요. 그런데 이런 얘기를 처음 들었단 말이에요!" 또 (교리 수업에서 한 여인이 했던 것처럼) 다음과 같이 탄성을 지르는 사람도 있다. "오, 성경에는 지금도 정말 중요한 일이 일어나고 있네요. 성경을 그냥 책상 위에 내버려둬선 안 되겠네요!"

누구의 지평인가? 물론 추구자들의 동반자로 섬기는 영성지도자들이다. 지도자들은, 개인적이든 공동체적이든, 기도라는 형식의 "영적" 요소들 안에서 그리고 우리 내면의 "골방"에서 가지는 침묵 속에서 하나님을 알아가도록 교육받는다. 우리는 진정한 관상가란, 테레사의 영혼의 성 interior castle에 있는 방들과 요한의 어두운 밤 dark night에 나오는 단계들을 통과하여 지나가는 자들이라고 은근히 믿고 있을 수도 있다. 그들은 대개 수도원에 살거나 적어도 안수 받은 성직자들이다. 평범한 우리는 그저 거룩한 삶에 잠시 발만 담가볼 뿐이다. 우리는 관상적 침묵의 여유를 누리기에는 먹고 살기 바쁘지 않은가.

누구의 지평인가? 영성지도자들이 그들의 사역을 잘할 수 있도록 동반해 주는 사람들, 즉 수퍼바이저들. 그렇다, 바로 우리다. 심리학적 가정들과 수퍼비전 모델의 임상적 기원에 사로잡히다 보면, 우리의 지평 역시 폭이 좁아지게 된다. 우리는 실수나 저항을 찾으려 하고, 지도자들이 피지도자들의 이야기를 들을 때 내적 장애물로부터 자유로워지게 도우려 한다. 분명히 잘하는 것이다. 그러나 그 과정에서 우리는 지도자와 피지도자의 만남 안에 있는, 또는 피지도자와 하나님과의 만남 안에 있는 하나님의 신비의 넓이와 깊이를 놓칠 수 있다. 진정으로 하나님의 신비를 경험하고자 한다면, 애니 딜라드 Annie Dillard는 우리가 준비되어 있어야 한다고 경고한다.

대체로 나는 카타콤 밖에서 상황이 어떻게 돌아가는지 충분히 감지하는 기독교인을 찾을 수 없다. 우리가 어떤 종류의 힘을 너무나 경솔히 불러오는지 희미하게라도 알고 있는 사람이 있는가? 아니면, 내가 의심하는 것처럼, 그런 말을 믿는 사람은 아무도 없는 것은 아닌가? 교회는 주일 아침 시간을 날려버리기 위해 한 묶음의 고성능 폭탄을 뒤섞은 화학물질 세트를 갖고 교회 바닥에서 노는 아이들과 같다. 여인들이 밀짚모자나 벨벳 모자를 쓰고 교회에 오는 것은 미친 짓이다. 우리는 모두 안전모를 쓰고 있어야 한다. 안내자들은 구명조끼와 신호탄을 나누어주어야 한다. 그들은 우리를 재촉해서 빨리 좌석에 앉게 해야 한다. 왜냐하면 잠자는 신이 어느 날 깨어나 공격하거나, 깨어난 신이 우리를 결코 돌아올 수 없는 곳으로 끌고 나갈 수도 있기 때문이다.[1]

구도자들, 지도자들, 그리고 수퍼바이저들 모두 제한된 시야 때문에 고통을 경험하고 있다. 그리고 우리 모두는 너무 자주 우리가 거룩한 땅 위에 있음을 인식하는 데 실패한다. 시인 라이너 마리아 릴케 Rainer Maria Rilke는 "이웃 하나님" neighbor God에 대해 다루면서 우리의 딜레마를 언급한다.

---

1. Annie Dillard, *Teaching a Stone to Talk: Expeditions and Encounters* (New York: Harper and Row, 1982), 40-41. 『돌에게 말하는 법 가르치기』, 민음사.

당신과 저 사이에는 얇은 벽이 있을 뿐입니다,
아주 우연한 기회에
당신의 입술에서나 나의 입술에서 나오는 한 마디로도
벽은 허물어질 수 있습니다,
소리 하나 없이.
벽은 당신의 이미지들로 만들어졌습니다.
벽은 당신 앞에 서서 이름처럼 당신을 감춥니다.…[2]

우리는 깊이 뿌리박힌, 때론 검증되지 않은 수많은 가정들을 붙잡고 있다. 그 가정들은 이름처럼 우리 주변에 이미지들을 생성한다.

- 영성생활은 내적인 생활이다.
- 한 사람의 영성생활은 사적이고 개인적인 것이다.
- 심리학은 우리를 하나님과 영성생활에 대한 협소하고 교리적인 관점으로부터 자유롭게 해줄 수 있다.

---

2. Rainer Maria Rilke, "You, neighbor God"("Du Nachbar Gott, wenn ich dich manchesmal"), *Poems from the Book of Hours*, Babette Deutch 역 (New York: New Directions Publishing Corporation, 1941), *A Christian's Prayer Book: Psalms and Prayers for the Church's Year*에서 재판, Peter Coughlin, Ronald C. D. Jasper, 그리고 Teresa Rodrigues 편 (Chicago: Franciscan Herald, n.d.), 124. 이름들이 그런 것처럼, 하나님을 둘러싼 이미지들로 이루어진 벽이라는 은유는 원리적으로 특정한 번역 기능을 한다.

- 도덕적인 삶은 성 sexuality 에 대한 것이지, 경제학이나 정치학에 대한 것이 아니다.
- 기도는 하나님께 말씀드리는 것이다.
- 내 교회가 진짜 교회다.
- 몸은 영과 반대다. 몸은 우리의 영혼을 포로로 삼는다.
- 하늘나라는 "위"에 있고 "우리가 죽은 다음에" 가는 곳이다.
- 하나님은 하늘나라에 계신다.
- 하나님은 아버지이시다.
- 인간의 본성은 영적인 것이 되도록 길들여져야 한다.
- 하나님의 뜻은 궁극적으로 헤아릴 수 없다.
- 신학과 과학은 서로 배타적인 세계를 말한다.
- 교회는 영성생활을 위해 있고 세상은 그 밖의 모든 것을 위해 있다.

이런 목록은 끝없이 만들어낼 수 있다. 우리는 그런 가정들을 꽤 순진한 상태에서 "자연스럽게" 만났다. 우리는 우리가 가진 신념들 중 하나 또는 여러 개를 자명한 것으로 만드는 가정으로 가득찬 세상에서 자라왔다. 우리 모두가 갖고 있는 일련의 가정들은 우리를 자유롭게도 하며, 우리가 하나님을 경험하리라 기대하는 방법을 끊임없이 제한하기도 한다. 추구자로서, 추구자의 지도자로서, 또는 지도자들의 동반자로서 우리가 지속적으로 마주하는 도전은 양면적이다. 이런 가정들 각각에 있는 진리의 맹아를 인식하는 것, 그러나 또한 그것들이 우리에게, 대개는 무의식적으로, 갖게 하는 상상의 제한으로부터 자유로워지는 것. 우리의 지평을 넓히려는 데 있어 우리가 수행해야 하는 과업은 검증되지 않은 가정들의 파편들을 치우고 안전모를 쓰는 것이다.

### 우리의 지평을 확장하라는 두 가지 초청

우리가 시인들로부터 문제를 제대로 보는 데 도움을 얻었다면, 영성의 대가 이그나티우스 로욜라 Ignatius of Loyola 와 신학자 칼 라너로부터는 해결책을 찾는 데 도움을 얻을 수 있다. 『영신수련』Spiritual Exercises 의 결론부에 나오는 "사랑을 얻기 위한 관상" the Contemplation to Attain Love 에서, 이그나티우스는 죽음을 통해 부활에 이르기까지 예수와 동반해 온, 사랑받은 죄인에게 감사하도록, 그리고 하나님이 노동하시듯 노동하도록 초청한다. 이 사람을 위해 하나님의 신비는 모든 것을 가득 채우고 계신다.

나는 하나님 우리 구주께서 나를 위해 얼마나 많은 것들을 행하셨는지, [하나님께서] 나에게 [당신이] 지닌 것을 얼마나 많이 주셨는지, 그리고 그 결과 [하나님께서] 거룩한 계획에 따라 [하나님] 자신까지도 나에게 주시고자 얼마나 갈망하시는지 깊은 애정을 지니고 묵상할 것이다.

나는 하나님께서 지면에 있는 모든 피조물들 속에서 나를 위하여 어떻게 노동하고 일하시는지 즉, 노동하고 있는 사람처럼 일하시는지 생각할 것이다. 예를 들어, [하나님께서는] 하늘, 원소들, 식물들, 열매들, 가축들, 그리고 다른 모든 것들 안에서 일하고 계신다.…

나는 내가 바라는 것을, 내가 받은 위대한 모든 것들에 대한 내적 지식을 구할 것이다. 그리하여 내 안에 심오한 감사가 일어나 모든 만물 가운데 거룩하고 존엄하신 분을 사랑하고 섬길 수 있길 바란다.[3]

간단히 말해, 우리의 소명은 하나님께서 행하신 일 안에서 그리고 하나님의 일을 통하여 하나님의 임재를 경험하고, 감사를 드리며, 이 일을 완성하시려는 하나님과 연합하는 것이다. 피조세계의 모든 부분이 하나님의 일이기 때문에, 피조세계의 어느 부분에서나 하나님을 만나는 것이 가능하다. 자연세계 안에서, 우리 이웃 안에서, 문화 안에서, 우리 자신의 마음 깊은 곳 안에서 말이다.

칼 라너는 심오하게도 세상 지향적이고 삶을 긍정하는 이 영성에

---

3. Ignatius of Loyola, *Spiritual Exercises, in Ignatius of Loyola: Spiritual Exercises and Selected Works*, George Ganss, S. J. 편 (New York: Paulist, 1991), #234, #235, #233.

오늘을 위해 신학적이고 철학적인 언어로 옷을 입혔다.[4] 이그나티우스와 같은 맥락에서, 라너는 하나님은 자신을 계속해서 주시는 분이라고, 그로 인해 우리가 은혜의 세상에서 존재하게 해주신다고 말한다.[5] "우리를 둘러싸고 있는 하나님은, 지평선처럼 늘 멀리 계시는 것 같지만 예수 안에 계시되어 은혜로운 자기 희생 가운데 언제나 우리에게 가까이 오시는 분이다."[6] 그러므로 하나님을 경험하는 것은 우리가 하는 많은 경험 중 하나가 아니다. 그것은 모든 영적이고 개인적인 경험의 근본적인 요체이다. 사실 우리가 일상생활에서 갖는 구

---

4. 라너의 주요 에세이들이다. "The Experience of God Today," *Theological Investigations XI* (New York: Seabury, 1974), 149-165; "Experience of Self and Experience of God," *Theological Investigations XIII* (New York: Seabury, 1975), 122-132; 그리고 "Institution and Freedom," *Theological Investigations XIII* (New York: Seabury, 1975), 105-121. 또한 다음 글을 보라, *Foundations of Christian Faith* (New York: Seabury, 1978), 서론 및 1-4장; 그리고 *The Practice of Faith* (New York: Crossroad, 1983), 10-11장.

5. 라너는 하나님의 자기 소통(self-communication), 즉 우리와 함께 하시는 하나님을 설명하는 데 주된 관심이 있었다. 그는 이런 관심을 토대로, 이 소통이 어떻게 일어나는지 설명하는 신학적 인간학을 세웠다. 캐서린 라쿠나(Catherine LaCugna)는 이 논의가 삼위일체 역설이라는 다른 개념으로 균형을 맞출 필요가 있다고 지적한다. 즉 "하나님은 인간과의 만남 가운데 하나님 자신을 자유롭게, 궁극적으로, 완전하게 내어주신다. 그러나 피조물은 주어지신 그분을 온전히 받거나 이해할 역량이 없기 때문에, 하나님은 설명할 수 없는 상태로 머물러 계신다." 다음 책을 보라. *God For Us: The Trinity and Christian Life* (San Francisco: HarperCollins, 1993), 231. 『우리를 위한 하나님』, 대한기독교서회.

6. Ron Modras, *Ignatian Humanism: A Dynamic Spirituality for the 21st Century* (Chicago: Loyola University Press, 2004), 223. 라너가 하나님의 은혜와 인간의 자유를 어떻게 이해하고 있는지에 관한 짧고 분명한 요약을 읽으려면, 218-230쪽을 보라.

체적인 경험 안에는 언어적 표현이 불가한 요소가 존재한다.[7] 우리가 볼 때, 인간은 독특하게 초월적인, 다시 말해, 영적인 존재이다. 우리는 우리를 제한하는 시간과 공간을 넘어서 인식한다. 우리는 우리 자신에 대한 진리와 하나님에 대한 진리를 알기 위해 발돋움한다. 우리의 탐구를 설명할 언어가 있든지 없든지 간에, 모든 인간은 신성한 빛 안에서 우리 자신을 이해하고 싶어 하는 이 끌어당김을 지니고 있다. 또 우리 인간의 고유한 반응은 다른 사람을 자유롭게 사랑하는 것이다. 라너는 거룩한 창조자와 인간 피조물 사이에 역동적인 교류가 있다고 확신했기 때문에 하나님 사랑과 이웃 사랑은 같은 실재를 의미하는 두 가지 이름이라고 주장했다. 즉, 하나님에 대한 경험은 자신의 깊은 곳을 경험하는 것이면서 동시에 이웃의 근본적인 타자성을 경험하는 것이다. 이 "동시성" simultaneity 은 영성지도자들과 수퍼바이저들에게, 우리가 보게 되겠지만, 가장 유용한 통찰들 중 하나를 제공해 준다.

라너는 또한 경험하는 인간이라는 표현에 대해 숙고했다. 그는 주지하기를, 하나님에 대한 우리의 경험은 우선적이며 보편적인 것이고, 그것을 개념화하려는 어떤 부수적인 시도에 앞선 것으로서, 그것은 빈번하게 흩어져 주제를 잡기 어렵다. 그러나 우리 인간은 우리의

---

7. DeClan Marmion, *A Spirituality of Everyday Fait: A Theological Investigation of the Notion of Spirituality in Karl Rahner* (Louvain, Belgium: Peeters Press, 1998),

경험을 성찰하고, 그것을 한 발 물러서서 바라보며, 그것에 관해 생각하고, 그것을 범주화하고, 그것에 대해 결정을 내릴 수 있다. 이런 라너의 통찰에 기초해 보자면, 우리는 여러 단계의 명확함을 통해, 우리의 경험을 인식하게 된다고 말할 수 있다. 여러 단계란, 어렴풋한, 거의 신체적 인식(비주제적)에서부터 출발해, 성찰과 정서, 상상이 담긴 인식을 거쳐, 마지막으로 논리적으로 명확한 해석이 가능한 인식의 단계에 이르는 것을 말한다. 주어진 순간에 우리에게 일어나는 일에 대한 우리의 의식은 매우 산만하며 말로 표현하기 힘들다(비주제적). 그러다가 정서적으로 강력한 꿈이나 이미지 속에 담길 수 있다(정서-상상적). 그러다가 그것을 주의 깊게 들여다보는 가운데, 우리는 그것을 논리적으로 묘사하고, 진술할 명제를 계발하게 되며, 그 관점에서 어떤 결정을 내릴 수 있게 된다(해석적). 우리가 경험을 다룰 때 일어나는 명확성의 이런 변이 과정들은 특별한 순서 없이 유기적으로 흘러 들어갈 수도, 심지어는 동시에 존재할 수도 있다. 이를 테면 우리가 진술한 명제 안에 포함된 이미지가 강력한 감정을 불러일으키고 우리 몸 안에 느껴진 감각과 함께 저장될 수도 있다. 경험에 대한 우리의 인식을 이렇게 묘사하는 것은 영성지도자들과 수퍼바이저들에게 또 다른 핵심적인 통찰을 제공해 준다.

## 수퍼비전의 역할

우리는 이제 그런 현실을 염두에 둔 수퍼비전에 대한 이해의 틀을 짜려 한다. 수퍼비전은 상대적으로 더 숙련된 영성지도자가 다른 영성지도자를 도와서 자기 인식과 내적 평안, 다른 사람이 하나님 임재의 경험에 들어갈 수 있게 도와주는 능력, 그리고 그 만남으로부터 일어나는 부르심에 감사함으로 반응하는 능력에 있어서 자라가게 해주는 사역이다.[8] 그러나 수퍼비전의 목표들 중 우선적인 것은, 하나님이 세 종류의 극장에서 하나님 자신을 드러내기로 하실 때, 하나님의 신비를 경험하게 해주는 것이다. 여기에서 세 종류의 극장이란 수퍼바이저와 지도자 사이의 대화, 지도자와 피지도자의 대화, 그리고 피지도자의 삶이다. 영성지도와 수퍼비전의 우선적인 목표는 거룩한 신비 the Holy Mystery를 인식하고 성찰하는 것이다. 윌리엄 크리드 William Creed는 이렇게 주장한다. "영성지도는 기술들을 사용한다. 그러나 경청하고 반응하며 피지도자의 언어적, 비언어적 움직임을 알아차린다고 좋은 영성지도자가 되는 것은 아니다. 지도자들은 그런 기술들을 알고 있을 필요가 있지만, 핵심은 거룩하신 분과 인간이

---

8. Maureen Conroy, R. S. M., "The Ministry of Supervision: Call, Competency, Commitment," *Presence* 1 (September 1995): 13.

입을 맞추는 신비이다."⁹

그렇다면 수퍼비전은, 기술적인 문제나 지도자 속에 감추어진 장애물을 다루는 것일 수도 있지만(빈번히 그렇게 한다), 우선적으로 우리 기독교인이 하나님이라고 부르는 거룩한 신비를 인식하고 반응하는 주된 목표를 섬기기 위한 것이다.

지금까지는 무난해 보인다. 그러나 문제는 하나님의 경험에 주의를 기울이는 것에 있다. 우리의 경험 중 하나님에 대한 경험 즉 "영적인 경험"은 별로 없어 보인다. 우리의 경험 중 하나님에 대한 경험이 아닌 것 즉 "비영적인 경험"이 너무 많아 보인다. 브롱크스의 영성과정의 센터에서는 이 논의와 딱 들어맞는 사례 하나를 제공해 준다. 이 센터 직원들은 그들의 인턴들이 "영성지도자 가면" spiritual director personas 을 쓸 때, 사회적 영성과 죄의 사회적 차원에 대한 헌신이 반복해서 길을 잃는 것을 발견했다. 외견상 다루기 힘든 이 이분법에 다리를 놓을 수 있을까? 이제는 고전이 된 에세이에서, 엘리노어 시어는 기도에 대한 고전적 가르침과 사회 정의에 헌신하는 영성지도를 통합해 줄 더 적절한 모델을 구축할 잠정적인 단계를 서술한다.¹⁰

---

9. William Creed, S. J., "Supervision Plus Reflection: A Way to Form Spiritual Directors," *Presence* 4 (January 1998): 37.
10. Elinor Shea, "Spiritual Direction and Social Consciousness," *The Way Supplement* 54 (autumn 1985): 30-42.

다른 한편, 워싱턴 D.C.에 있는 관심 센터에서는 "사회의식" social consciousness과 이그나티우스 영성의 관계를 연구하기 시작했다. 칼 라너의 신학적 인간학에 기초를 둔 피터 헨리옷 Peter Henriot과 토마스 클라크 Thomas Clarke의 작업은 영성과 정의 센터 스태프들에게 그들이 찾고 있던 해결의 실마리를 제공해 주었다.

오늘날 인간의 현실에 대해 말하려면 인간 실존의 세 가지 차원을 충분하게 고려해야 한다. 개인적 individual 차원, 상호관계적 interpersonal 차원, 그리고 공적 public 차원. 이것들은 세 가지 구별된 차원이라기보다는 단일 실재에 대한 우리 인식의 세 가지 순간들, 또는 세 가지 상호 연관된 상호 침투된 양상들이다. 그래서 인간의 정체성은 부적절하게도 세 가지 측면 모두를 동시에 고려하는 것 바깥에 위치해 있다.[11]

모든 인간은 자신을 이처럼 다차원적인 방식으로 경험한다. 그러나 인간 의식의 본성은 다른 것들로부터 주의를 철수시키면서 한 번에 한 가지에만 주의를 집중시킬 수 있다. 그래서 개인이 하는 경험

---

11. Peter Henriot, "The Public Dimension of the Spiritual Life: The Problem of Simultaneity," *Soundings* (Washington D.C.: Center of Concern, 1974), 13-14, 13쪽에서 인용.

의 전체적인 측면을 인식하지 못하거나 주의를 기울이지 않는 일이 일어날 수 있다. 관심 센터의 스태프들은 "영적인 것"과 "세속적인 것" 사이를 구분하는 데서 생기는 문제가 적어도 부분적으로는 영성지도자의 관점이 대체로 인간 경험의 한 영역에, 예를 들어 상호관계적 측면에 국한되어 있다는 사실 때문인지 의심하기 시작했다. 종교적 경험이라는 개념이 상호관계적인 면과 사회-구조적인 면을 포함하는 것으로 확장되고, 모든 영역이 하나님의 신비를 경험하는 극장으로 보일 때, 영성지도자의 작업은 놀랍게 확장된다.

### 경험의 원, 우리의 지평을 넓혀주는 도구

이렇게 시작된 이론적 관점을, 우리는 경험의 원 The Experience Circle이라 부르는 도구로 표현하고 있다. 이어서 미국의 여러 지역에서 네 번째 영역이 인간 경험의 개념에 추가되었는데, 자연, 환경, 그리고 생태-환경 Eco-environment 등으로 다양하게 불린다.[12] 영성과 정의 센터에서

---

12. 경험의 원에는 다양한 버전이 존재한다. Nancy Wiens는 경험의 원의 발달사를 다양한 이름들 중심으로 조사했다. 다음 논문을 보라. "The Definition and Role of the Environment in Christian Spiritual Discernment," 미출판 소논문, *Graduate Theological Union*, December 14, 1998. 그녀는 또한 경험의 원에 영향을 끼치는 자연과 환경의 의미에 관한 신학 및 자연과학 문헌들을 연구하며 철학적이고 신학적인 성찰을 계속해 왔다. Wiens의 이메일 주소, nswsj@aol.com.

【 도표. 경험의 원 】

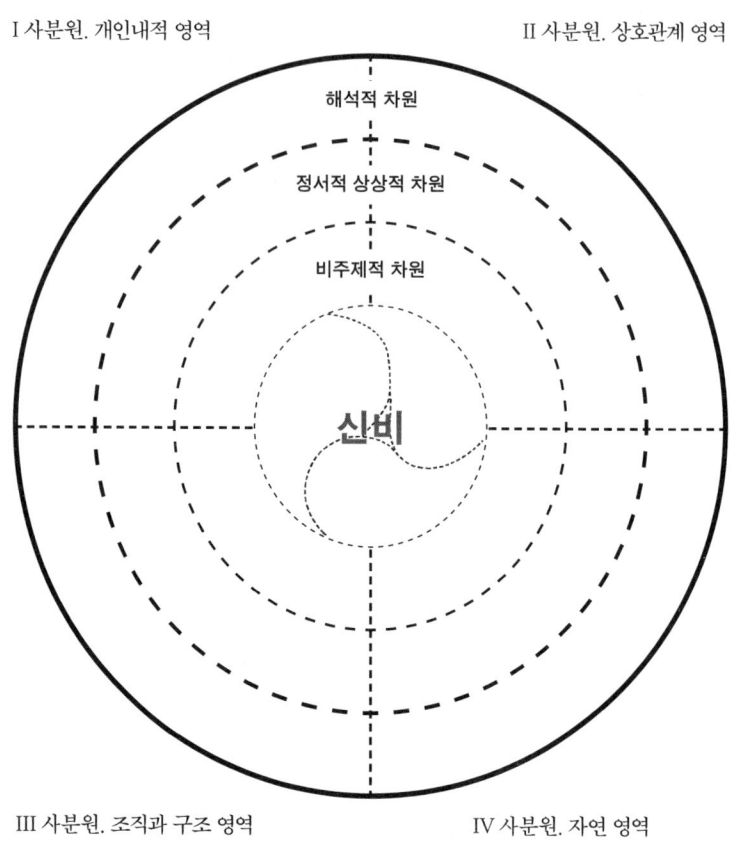

2004년 6월 수정 E. 리버트와 N. 윈즈, SFTS

사분원의 의미: 1. 인간의 하나님에 대한 경험을 문자로 표현한 영역들; 2. 관점의 각도들, 인식의 순간들. 원들은 인간이 인식하는 차원을 의미하며 비주제적, 정서 상상적, 그리고 해석적 차원으로 구분된다. 가운데 원은 신비(Mystery), 즉 거룩하신 분의 말로 표현할 수 없는 터치를 의미하는데 이는 하나님, 자기, 자연과의 접촉에서 경험된다.

개발된 직사각형 도표는 곧 원으로 바뀌었는데, 원은 경험의 통일성을 보여주는 더 적절한 상징이며 또한 칸으로 막힌 행과 열의 상징보다 유동성, 상호성, 그리고 동시성을 더 쉽게 보여준다.

경험의 원[13]에서는 하나의 도표 안에 두 개의 이론적 초점들을 겹치게 했다. (1) 인간 경험의 사분원적인 성격에 대한 이해(경험은 동시에 내면적 interior/개인내적 intrapersonal, 상호관계적 interpersonal, 조직적 systemic/구조적 structural, 그리고 환경적 environmental/자연적 natural이다)와 (2) 그 경험을 인식하는 데 있어 명확성의 다층적인 수준(우리는 우리가 한 경험에 대해 정서적으로 affectively, 해석적으로 interpretively, 그리고/또는 비주제적으로 nonthematically 주의를 기울이게 된다)이다.

요체는 동시성에 있다. 비록 경험에 대한 우리의 성찰 과정은 시간을 두고 다양한 차원을 통과하면서 발전해 나가지만 (또는 흐릿해지지만), 경험의 모든 영역은 동시적으로 일어나는 것이다. 더 나아가 인간 경험의 동시성은 라너가 이해했던 것처럼 창조주와 피조물 사이에 있는 동시성이라는 우선하는 개념과 마주하고 있다. 자아의 심층을 경험하는 것 또는 이웃의 근본적인 타자성을 경험하는 것은 동시에 하나님을 경험하는 것이다. 우리는 이제, 영성지도자들과 수퍼바이저들이 작업할 때 사용할 수 있는, 거룩에 대한 인간 경험 이론의

---

13. 본래 도표는 Lorraine Nelsen의 승낙을 받았다.

핵심에 이르렀다.

도표의 중심에 "신비"라고 이름 붙인 흐린 부분은[14] 창조주와 피조물 사이에 일어나는 연합의 경험을 가리킨다. 이 경험은 자기 자신, 자신의 하나님, 그리고 전 생애의 상황을 신비로울 정도로 심오하고 더욱 폭넓은 방식으로 알게 되는 순간에 일어난다. 그것은 하나님, 자기, 그리고 자연을 가리키는 세 개의 서로 맞물린 부분들로 나누어진다.[15] 점선은 이 세 행위자가 서로에게 영향을 끼친다는 것을 가리킨다. 그러나 그들은 서로를 "점령"하지도, 붕괴되어 다른 행위자 속으로 들어가 버리지도 않는다. 오히려 그들은 상호 의존과 영향이라는 삼위일체적 춤에 참여한다. 신비 the Mystery 를 기학학적 중심에 놓은 것은 실재의 심층에 있고, 우리 존재의 중심에 있으며, 우리 경험의 "기반"인 거룩한 신비 Holy Mystery 의 "위치"를 가리킨다. 거룩한 신비를 세 가지 상호의존적인 행위자들 즉, 하나님, 자기, 그리고 자연으로 표현한 것은, 라너의 통찰 즉, 하나님 경험은 동시에 자기 경험이자 이웃─여기서는 모든 자연을 포함한다─경험이라고 말한 것을

---

14. 이 도표는 샌프란시스코 신학대학원의 영성지도 프로그램에서 사용하는 경험의 원의 여러 버전을 수정한 것이다.
15. 인간은 자연의 일부이기도 하면서 또한 그들이 성찰 능력과 성찰을 바탕으로 행동하는 능력을 지니고 있다는 점에서 다른 피조 질서와 구분된다. 그런 점들을 이 글에서 탐색하기는 힘들지만, Wiens의 글(각주 12를 보라)을 통해 확인할 수 있다. 이 글의 목적에 맞게, 나는 "자연"이라는 개념을 상식적인 의미로, 즉 인간을 제외한 피조세계라는 의미로 사용할 것이다.

묘사한 것이다.

인간 경험의 네 가지 차원은 경험의 다양한 차원에 초점을 맞춘, 원 안에 있는 네 개의 사분면들로 표현된다.

- 개인내적 영역(왼쪽 위)은 다른 사람과는 구별된 자기 경험에 초점을 맞춘다. 이 영역은 우선적으로 내적 역동에 주의를 기울인다.
- (시계 방향으로 돌아) 상호관계적 영역은 개인인 다른 사람들과 함께 한 자기 경험에 초점을 맞춘다. 이 영역은 얼굴을 대하는 그룹 안에 있는 둘 또는 그 이상의 사람들 사이의 관계에 초점을 맞춘다.
- 조직과 구조 영역은 조직-안의-자기 the self-in-systems에 초점을 맞춘다. 이 영역은 의식적, 무의식적으로 존재하면서 부분적으로 개인적 행위자들을 제한하는 데 일조하는 공식적인 일련의 규칙들, 규정들, 그리고 관계들(조직 또는 구조)을 다룬다. 이 영역의 초점은 역할을 이행하는 개인들보다는 역할 그 자체나 역할 사이의 관계에 맞춘다.
- 자연의 영역은 우주 전체와 연속되어 있는, 그리고 단절되어 있는 자기에 초점을 맞춘다. 이 영역은 우주에 있는 모든 피조물들의 상호의존성과 자연세계와 개인의 상호적인 영향력에 주의를 기울인다.

몇 가지 유의사항과 그에 대한 예들은 다음과 같다.

첫째, 영역들은 우리의 경험에 꼭 들어맞는 고정불변의 현실은 아니다. 오히려 그것들은 관점과 강조점에 의존하는 학습을 돕는 장치일 뿐이다. 예를 들어, 당신이 피터의 영성지도자라고 하자. 그는 최근에 자신의 배우자 마르타가 겨울이 다가오면서 더욱더 우울에 빠지는 것 같아서 극도로 염려된다는 이야기를 한다. 그들은 의사소통하는 데 어려움이 있다. 큰 아이 토비는 학교에서 전보다 더 어려움을 겪고 있고 담임 선생님이 상담을 위해 여러 차례 전화를 하는 통에 피지도자의 불안은 가중되었다.

당신과 피터는 여러 통로를 통해 피터의 경험을 열어볼 수 있다. 당신은 우선 그것을 대부분 개인 내적 경험으로 여기고 피터가 마르타에 대해 품고 있는 염려와 토비에 대한 관심에 주의를 기울이며 접근할 수 있다. 연상에 의해 불안의 다른 원인들이 자연스럽게 대화하는 중에 흘러나올 수 있다. 그러면 당신은 이 불안의 시기에 하나님께서 피터와 함께 해주시기를 요청한다.

또한, 당신은 마찬가지로 쉽게, 상호관계적 차원에 주의를 기울여 피터와 마르타 사이의 관계에 일어난 변화에 초점을 맞출 수도 있다. 그들의 관계를 하나님의 사랑의 빛 앞으로 가져가는 것이다. 뿐만 아니라 당신은 부부와 아이들로 이루어진 조직으로서의 가족에 — 즉, 특정한 가족 구조 안에서 개인들이 맡은 역할들에 — 주의를 집중할 수도 있다. 당신은 피터가 하나님께서 남편과 아버지로 부르신 데 어떻게 반응해야 할지에 대한 것으로 대화 주제를 이끌어갈 수도 있다. 또한, 당신은 계절이 그 상황에 크게 영향을 끼치고 있다는 것을 알아차림으로써 대화를 시작할 수도 있다.

당신은 피지도자의 슬픔 안에서(개인내적), 부부 사이의 의사소통 문제 안에서(상호관계적), 또는 가족 구조에서(아이들이 혹독한 날씨에 실내에 갇혀서 긴 오후 동안 말다툼하고 싸우고 있음) 계절이 어떤 역할을 하고 있는지 질문을 던져볼 수 있다. 아마도 12월 납빛의 하늘은 하나의 은유로 작용할 수 있을 것이다. 어쩌면 계절은 이 드라마(자연)에서 문자 그대로 하나의 "배우"가 될 수 있다. 여기서 다른 모든 통로들을 배제시킬 정도로 한 가지 통로만 "올바르다"고 할 수 없다. 네 개의 영역들이 잠재적으로 이 하나의 이야기 안에 존재한다. 피터는 하나의 풍부한 다차원적 경험을 이야기하고 있는 것이다.

둘째, 사분면들 사이의 경계는 분명하게 구분되는 것이 아니다. 위의 예에서 피터와 마르타를 결혼이라는 친밀한 관계 안에 있는 사람들로 볼 수도 있고(상호관계적 차원), 또는 피터와 마르타를 남편, 아내, 그리고 부모로서 그들의 역할에 초점을 맞추어 볼 수도 있다(구조적 차원). 둘 다 유효하며, 둘 다 적절할 수 있다.

셋째, 수많은 영성 관련 글들에는 신체의 역할이 등장하지 않는데 이를 바로잡자면, 신체는 모든 영역에 존재하는 것으로 이해할 수 있다. 이것은 우리가 어떤 측면에 초점을 맞추기 원하는지에 달려 있다. 몸은 우리의 내적 움직임과 정서의 기반이자 매개체이다(개인내적). 우리는 다른 사람들에 대해 몸을 지닌 자기들 body-selves 로 여기며 관계를 맺는다(상호관계적). (그리스도의 몸의 경우에서처럼) 몸은 조직 그 자체이며 다른 조직들을 대표한다. 그리고 몸과 몸을 구성하는 요소들은 우주의 다른 모든 것들과 함께한다(자연).

넷째, 언어와 심상 imagery 은 종종 특정 영역과 관계있는 경우가 많다. 우리 문화에서 우리가 "영적인" 언어라고 생각하는 것은 대체로 개인내적이거나 상호관계적 영역의 언어이다. 구조적 영역을 묘사하는 언어는 영적인 것으로 보이거나 느껴지지 않는다. 그렇기에 우리는 구조 안에 있는 사람들뿐만 아니라 구조 그 자체에서 하나님의 역사를 "보는" 법을 배워야 하며, 또한 "듣는" 법 역시 배워야 한다. 자연에서의 경험을 묘사하는 언어는 영적인 것으로 인식되기 쉽지만, 그 경험은 종종 기독교적인 것이 아니라 "경계를 벗어난 것"으로 규정된다.

마지막으로 영성지도에서 매우 중요한 의미가 있는 동시성 simultaneity 이란 개념은 한 영역에서 거룩한 분 the Holy 을 경험하면 그 경험이 삶의 다른 모든 영역으로 "넘쳐흐른다는" 또는 "흘러 들어간다는" 것을 의미한다. 한 영역에서 자유를 새롭게 경험하면, 비록 그것이 미묘하고 비주제적이라서 알아차리지 못할 수도 있지만, 다른 영역들에서 반향이 일어난다. 동시성이라는 개념을 알고 있는 영성지도자들은 이런 "메아리들"을 더 잘 알아차리고, 그것들이 드러나도록 잘 도우며, 피지도자들을 도와 주의를 기울이고 명명하고 반응함을 통해 그것을 더 깊이 통찰하게 할 것이다.

이런 관점에서 우리는 영성지도란 지도자와 피지도자가 '하나님께서 피지도자의 삶의 모든 영역에서 일하실 것'에 대한 기대 속에 "함께 들어가는" 특별한 관계로 이해할 수 있다. 이와 유사하게, 수퍼비전은 영성지도자들이 피지도자의 삶에 그리고 지도자들의 사역 안에 나타나는 거룩한 신비에 다면적으로 주의를 기울이도록 돕는 사역이다.

도표에 있는 동심원들은 우리가 경험을 받아들이고 다루는 데 있어 여러 수준의 명확성을 가리킨다. 신비를 가장 가까이에서 에워싸고 있는 원은 비주제적 인식을 가리킨다. 뭔가 신체적으로 기록되기는 하지만, 아직 특별히 명명되거나 특정 경험으로 분류되거나 그 풍부함을 드러낼 만큼 주의를 기울이지는 않은 영역이다. 이 직접적인 경험은 아직까지 우리의 인식 과정에 의해 공식화되거나 관리되지 않은 것이다. 종종 이런 경험들은 무척 미묘해서 우리의 의식에 분명한 모습을 드러내지 않는다. 그러나 그럼에도 불구하고 그것들은 실재한다. 거룩하신 분을 접촉한 우리의 깊은 경험은, 말로 표현할 수 없는 깊은 탄식, 새로움의 홍수, 갑작스러운 눈물의 분출, 또는 표현 불가능한 매혹 등이 표현하는 것같이, 종종 비주제적으로 등록된다. 비주제적인 경험은 때로는 단순한 관상적 현존과 인식을 요청한다.

정서-상상적이라고 이름 붙인 두 번째 차원은 우리가 경험하고 작업하는 모든 비직선적이면서 종종 비언어적인 방법들을 가리킨다. 느껴진 감각, 직관, 은유와 이미지, 색깔, 냄새, 환상, 꿈, 우화와 신화, 이야기 등이 그 예다. 이 차원으로부터 나오며 이 차원을 풍성하게 해주는 작업들은 예술, 음악, 춤, 시를 비롯해 정서적이고 상상적이고 대체로 비추리적 인식에 내재하는 다층적인 가능성을 열어주는 창의적이고 도발적인 다른 여러 종류의 작업들을 포함한다.

세 번째 차원은 우리의 의식적인 성찰과 해석을 가리킨다. 그것은 합리적이고 논리적인 영역이자 아이디어, 정의, 개념적 통찰, 그리고 분석의 영역이다. 이 차원은 언어적인 것에 크게 의존하고 있기 때문에, 공통 언어를 통해 상대적으로 의사소통이 가능하다. 신학적 성찰과 추리적 묵상은 이 차원에 속해 있다.

이 차원들은 어떻게 서로 연관될까? 관심의 여부와 상관없이 비주제적 차원은 모든 경험의 바탕이 된다. 어떤 의미에서 이 차원은 다른 두 개 차원이 세워지는 기초가 된다. 마찬가지로, 정서-상상적 차원은 해석적 차원의 바탕이 된다. 왜냐하면 생각이란, 생각하는 사람이 인식하든 하지 않든 간에 자극을 일으켜 행동하게 하는 정서적 요소를 지니고 있기 때문이다.

한 번에 한 차원에만 주의를 기울이는 경향 때문에, 우리는 다른 두 가지를 간과하거나 가치를 낮추어 보기가 쉽다. "심리 분석"을 주로 하는 사람들은 경험의 정서적인 측면이나 비주제적인 측면에는 별로 주의를 기울이지 않고 해석적 차원에서 작업하는 경향이 있다.

그러나 우리는 통합해서 작업할 것을 권한다. "비현실적인 이상주의자들"이나 "예술적 성향"을 지닌 사람들은 자신의 정서-상상적 경험을 논리와 분석 안에서 다루어보도록 요청할 수 있다. 대체로 비주제적 차원에 머물고 있는 사람들은 그들의 경험을 판단하고 그에 대해 의사소통하거나, 그 경험을 더 큰 기독교 이야기에 연결시키거나, 그 경험이 요구하는 분별 작업을 할 언어를 떠올리지 못하고 있을 것이다. 그러면 영성지도자는 정서적이고 상상적인 차원이 더 강화되도록 도와줄 것이다.

우리가 말하고 싶은 모든 것을 하나의 도표 안에 다 묘사하는 것은 불가능하다. 예를 들어, 신비를 원의 가운데 놓음으로써 오직 비주제적 차원만이 하나님과 직접 접촉하는 경험으로 이어지고, 다른 두 개의 차원들은 진정한 영성지도 작업, 즉 하나님 앞에 비주제적이고 직접적으로 현존하는 상태에 도달하기 위한 준비일 뿐이라는 인상을 줄 수 있다.

피지도자가 "머리에만 머물러 있는" 영성지도 회기는 기대했던 것만큼은 좋지 않은 것으로 평가될 수 있다. 왜냐하면 피지도자가 거룩하신 분을 직접 경험하는 데 "빠져들지" 않았기 때문이다. 물론 우리는 신비 앞에 직접적으로 현존하는 경험을 하도록 격려하고 싶다 (그것은 항상 하나님의 선물로 주어지는 것이지 우리의 영성지도 기술이나 피지도자의 관대함을 통해 나타나는 것은 아니다). 그러나 우리는 신학적 성찰을 하도록 신실하게 격려해야만 한다. 그렇게 할 때 피지도자는 자신의 경험을 더욱 큰 전통에 연결시킬 수 있고 하나님을 이해하는 일에 더 성장하게 될 것이다. 그리고 해석적 차원에서 사는 경향이 있는 사람과 고요하고 비주제적인 쉼이라는 첫 번째 차원을 갈망하는 경향이 있는 사람은 둘 다 정서-성찰적 차원에 저장된 거대한 에너지를 이용할 때 자신의 경험을 풍성하게 할 수 있다.

이 도표를 계속 염두에 둘 때 영성지도자의 작업, 그리고 더 확장하면 수퍼바이저의 작업은 두 번째 양상으로 나아가게 된다. 영성지도자는 피지도자가 경험의 모든 차원을 거쳐 나아가고, 각각의 열매에 주목하고 그것을 음미하도록 초청하고 도와준다.

## 경험의 원의 관점에서 보는 영성지도와 수퍼비전

이것을 배경으로 할 때, 영성지도 회기는 다음과 같은 성격으로 진행된다.

- 영성지도자와 피지도자는 함께 하나님의 신비에 주의를 기울이고 그에 반응할 수 있는 은총을 구한다.
- 피지도자는 자신이 경험한 것의 한 부분을, 일상생활에서 자신의 주의를 사로잡았던 것을, 하나님과 피지도자와의 관계에서 의미 있어 보이는 것을 이야기한다.
- 지도자는 피지도자의 이야기에서 "하나님이 일하신 흔적"을

감지할 가능성이 높은 지점은 어디인지 분별한다. 그리고 피지도자의 경험에서 이 측면을 중심으로 반응해 주기 시작한다. 또는 어떤 특정한 것에 관해 이야기하도록 요청하면서 대화의 방향을 잡아간다. 두 가지 경우 모두에서 그 경험은 대체로 한 영역에서 분명히 모습을 드러낸다.

- 첫 번째와 두 번째 수준의 관상적 경청을 사용하는 지도자는[16] 대화의 문이 열림에 따라 대화의 주제를 앞뒤로 다루면서 피지도자가 해석적, 정서적, 그리고 비주제적 차원으로 경험을 확장하도록 도와준다. 하나님이 원하신다면, 피지도자는 하나님께서 피지도자를 직접 즉각적으로 접촉하셨던 순간으로 다시 들어갈 수도 있다. 그럴 때면 지도자와 피지도자는 이 관상적 순간에 오래 머물면서 그 순간을 음미한다.

- 그들은 또한 다른 영역에도 주의를 기울이며 하나님의 생명이 이 영역에는 어떻게 나타날지 질문해 본다. 동시성으로 인해 하나님의 생명이 다른 영역으로 확장될 것을 믿기 때문이다. (이 부분은 여러 회기에 걸쳐 다룰 수 있다.)

- 지도자와 피지도자가 피지도자의 경험의 또 다른 영역으로 이

---

16. 돕는 기술들은 관상적 인식에 기반을 두고 있으며 우리의 훈련 프로그램 전반을 통해 가르쳐지고 실습될 것이다. 관상적 경청 기초 과정은 경험을 감지하고 확장하는 기술들을 포함한다. 반면 관상적 경청 고급 과정은 탐색 및 도전 기술을 추가한다.

끄는 동시성이라는 실마리를 따라갈 때, 그들은 이 새로운 영역에 나타나는 피지도자의 경험의 모든 차원에 주목한다.
- 지도자는 지금까지 한 대화를 요약해 주고 피지도자가 하나님이 주도하시는 일에 반응하도록 초청한다. (다시, 이 과정은 여러 회기에 걸쳐서 다룰 수 있다.)
- 지도자와 피지도자는 영성지도 회기 중에 경험한 하나님의 은혜, 자비, 그리고 임재를 축하한다.

이 모델을 사용할 때, 수퍼비전 관계는 다음과 같이 진행된다.

- 영성지도자와 수퍼바이저는 하나님의 신비에 주목하고 그에 반응할 수 있는 은혜를 구한다.
- 지도자는 자신의 영성지도 경험의 한 부분을 이야기한다. 피지도자와의 관계에서 중요하게 생각되는 부분, 빠뜨린 부분, 일시적으로 주의를 놓친 부분, 뭔가 놓친 게 있다는 생각, 피지도자나 지도자에게 돌파구가 되었던 순간 등이다.
- 수퍼바이저는 지도자의 이야기에서 하나님이 일하신 흔적을 감지할 가능성이 높은 지점은 어디인지 분별한다. 그러나 더 일반적으로는, 수퍼비전을 받으러 오는 사람이 어떤 질문을 던진다든가 특정 영성지도 회기를 예로 든다든가 하면서 초기 단계 대화를 이끌어간다.

- 지도자와 수퍼바이저는 첫 번째와 두 번째 수준의 관상적 경청을 사용해 지도자가 파악하기 원하는 경험을 확장해 간다. 그들은 다음과 같은 세 개의 극장에서 하나님의 손길을 찾는다. 피지도자의 삶에서, 지도자가 지도자 역할을 하는 중에 하나님이 하신 일 안에서, 그리고 지금 지도자와 수퍼바이저 사이에 오가는 대화 속에서. 동시성은 이 세 극장 안에서 하나님의 사역이 연결되어 있음을 일깨워준다.

- 수퍼바이저와 영성지도자는 대화의 문이 열림에 따라 대화의 주제를 앞뒤로 다루면서 해석적, 정서적, 그리고 비주제적 차원을 통해 첫 번째 주제의 실마리를 따라간다. 하나님이 원하신다면, 지도자는 하나님께서 자신을 직접, 즉각적으로 접촉하셨던 순간으로 다시 들어갈 수 있다. 그럴 때면 수퍼바이저와 지도자는 이 관상적 순간에 머물러 음미할 수 있으며, 이는 지도자와 피지도자가 영성지도 회기 중에 관상적 순간에 머무르는 것과 같다.

- 지도자와 수퍼바이저는 수퍼비전 대화에 들어갈 때, 다른 영역에도 주목하면서 하나님의 생명이 이 영역에는 어떻게 나타날지 질문한다. 동시성으로 인해 하나님의 생명이 다른 영역으로 확장될 것을 믿기 때문이다. 수퍼비전은 지도자의 심리내적 역동과 지도자-피지도자, 지도자-수퍼바이저의 상호관계적 관계를 넘어서는 넓은 영역을 아우른다. 수퍼비전은 작동하는 다양

한 역할들에(구조적), 그리고 영성지도나 수퍼비전이 이루어지는 배경과 환경에, 자연 세계가 지도자의 주의력에 미치는 영향에, 영성지도 관계의 원천인 지도자 자신의 기도 등과 같은 데 관심을 기울일 수 있다.

- 지도자와 수퍼바이저가 그들을 또 다른 영역으로 이끄는 동시성의 실마리를 발견했을 때, 그들은 지도자의 성찰 속에 모든 차원들을 고양하기 위해 반복해 주목한다.
- 그들은 지도자가 다른 피지도자들과의 영성지도 사역에 이런 새로운 통찰을 어떻게 적용할 수 있을지 주목한다.
- 수퍼바이저는 지금까지 나눈 대화를 요약해 주고 지도자가 하나님의 초대에 반응하도록 초청한다. 그들은 이 새로운 경험이 지도자가 피지도자와 사역할 때에도 나타날 수 있게 "실습"해 볼 수 있다.
- 그들은 수퍼비전 회기 중에 경험한 하나님의 은혜, 자비, 그리고 임재를 축하한다.

**수퍼비전의 실제 모델**

이번에는 수퍼비전에서 발생한 중요한 한 사건을 살펴보기로 하자.[17] 영성지도자가 수퍼비전에 가져온 영성지도 회기와 함께 시작해 수퍼비전 회기로 이어지는 예를 따라가보려 한다. 이를 통해 앞서 살펴본 모델을 조명해 보고 그것이 실제 영성지도 회기에 대한 수퍼비전에서 어떻게 기능하는지 명확히 해보려 한다. 피지도자는 안드레아, 지도자는 메리, 그리고 수퍼바이저는 아트이다.

안드레아는 장로교 성직자로서, 신학교를 졸업하고 중형 교회에서 기독교 교육 및 영성 형성 담당 부목사로 사역하기 위해 그 지역으로 옮긴 이래로 약 2년 정도 그녀의 지도자인 메리를 만나 왔다. 그녀는 교회로부터 환영받았다고 느꼈으며, 외부 활동과 문화에 있어서 다양한 선택이 가능한 그 지역을 사랑한다. 그녀는 독신이고 많은 시간을 사역과 관련된 일에 보내는 경향이 있다. 그녀는 천천히 다른 목회자들 사이에서, 특히 종파를 초월한 성직자 그룹 여성들 사이에서 지지자 네트워크를 구축해 가고 있다. 그녀는 또한 자전거 타기를 좋아해서 쉬는 날 규칙적으로 자전거 타기를 통해 비성직자들과의 우정 관계를 세워가기 시작했다.

담임목사는 그 교회에 그녀보다 18년 전에 부임했고 모든 성도들의 사랑과 존경을 받고 있다. 성도들은 담임목사가 그렇듯이 항상 은

---

17. 이 사례를 놓고 여러 차례 토론한 것에 대해 Catharine Collette 목사에게 감사드린다. 이 사례는 그녀가 샌프란시스코 신학대학원(San Francisco Theological Seminary)의 영성지도 프로그램(the Diploma in the Art of Spiritual Direction)에서 발표한 것이다. 나는 이 글의 목적에 맞게 그 내용을 각색했다.

혜로웠다. 사실 이것은 안드레아가 이 교회에 매력을 느끼게 된 장점 가운데 하나이다. 결과적으로, 그녀가 담임목사에게 자신의 아이디어와 계획을 이야기할 때마다, 그 만남이 특유의 은혜로운 분위기 속에 이루어짐에도 불구하고, 아무 일도 일어나지 않는다는 것을 알아차리는 데 1년 이상 걸렸다. 최근 그녀는 교육위원회와 일하면서 비슷한 역동이 있는 것을 알아차렸다. 위원회 멤버들이 담임목사로부터 허락을 받지 않는 한 그녀의 아이디어들은 사장되고 마는 것 같았다. 최근 영성지도 회기들에서 안드레아는 담임목사에게는 은혜로, 교육위원회 멤버들에게는 담임목사에 대한 충성심인 것처럼 가려진 나머지, 오랫동안 이 패턴을 알아차리지 못한 데서 오는 분노를 포함해 실망감과 당혹감이라는 감정을 짚어내고 이름 붙였다. 그녀는 아마도 더 직접적인 행동을 취해야 한다는 것을 알고 있지만, 일을 망칠까 봐 두려워한다.

가장 최근 회기에서 안드레아는 담임목사와의 상황을 둘러싼 그녀의 기도의 결과에 대해 털어놓으면서 대화를 시작한다. 그 상황은 지난 여러 회기 동안의 대화 주제였다. 그녀가 기도할 때 경험한 지배적인 느낌은 하나님이 담임목사가 모든 문제를 은혜로 포장하는 기술을 약화시키지 않으셨다는 사실에 대한 노여움이라고 말했다. "나는 그 문제를 직접 거론해야 한다고 생각해요. 그런데 그렇게 하면 더 이상 나에게 은혜롭게 대하지 않을 것 같아서 두려워요. 나도 모르게 그 관대함에 의존하고 있었던 거죠"라고 그녀는 결론을 내렸다. "기도하는 중에도 주로 일어났던 일이에요. 그렇지만 우선은 어젯밤에 봤던 한 텔레비전 프로그램에 대해 이야기하고 싶네요. 정말 감동적인 데다가 하루 종일 생각났기 때문이에요. 그것은 아프리카를 배경으로 한 내셔널지오그래픽 프로그램 중 하나예요. 촬영기사가 아프리카 소들이 이동하는 것을 따라가고 있었어요. 한 마리 암소와 송아지에 대한 이미지가 나에게 남아 떠나지 않아요. 그들은 송아지의 보폭에 맞추어 말라가는 물구덩이로부터 물과 풀이 많이 있는 목초지를 향해 이동하고 있었어요. 그들이 거의 말라버린 강바닥을 건너고 있을 때, 송아지가 진흙에 빠졌어요. 빠져 나오려고 할수록 더 깊이 가라앉았지요. 암소는 송아지에게 따라오라고 계속 불렀지요. 그런데 나의 마음을 사로잡은 것은 다음 장면이에요. 카메라가 고군분투하는 송아지를 지나 천천히 멀리 사라지고 있는 소떼를 보여주는 거예요. 진흙에 빠진 송아지를 내버려둔 채 말이에요. 촬영기사는 어떻게 되었는지 보여주려고 다음 날 거기로 돌아갔어요. 송아지는 굳은 진흙에 완전히 갇혀 죽어 있었어요. 그것을 보았을 때, 나는 눈물을 흘렸어요. 내가 왜 그랬는지 확실치 않지만, 그 장면은 정말 내 마음을 사로잡았어요." (눈물이 넘쳐 한두 줄 그녀의 뺨으로 흘러내렸다.) "내가 왜 지금 우는 건지 모르겠네요. 그건 텔레비전에 나오는 한 장면일 뿐, 실제로 본 것도 아니잖아요."

메리는 안드레아가 눈물을 흘리며 그 느낌을 지니고 앉아 있도록 잠시 침묵한다. 잠시 후 안드레아가 말한다. "정말 믿을 수 없을 정도로 슬픈 것 같아요."

"그것을 기억하는 지금 이 순간도 무척 슬퍼보이는군요."

"네, 그래요.…"(잠시 침묵)

"그 슬픔 아래 다른 느낌도 있나요?"(잠시 침묵)

"잘 모르겠어요. 슬픔이 너무 강해요."(잠시 침묵)

"당신이 그토록 강하게 슬퍼하는 건, 송아지가 당신에게 어떤 의미를 담고 있는 것 같아요."(잠시 침묵)

"내 생각에는 내가 송아지 같아요. 나는 교회와 담임목사 톰과 관련된 일들이 이런 식으로 드러난 게 매우 슬퍼요. 그래서 슬프고…화가 나요. 맞아요. 슬픔과 화 둘 다예요."

메리와 안드레아는 계속해서 감정에 주목하면서, 그 순간 실제로 존재하는 다른 모든 감정들을 감지해 보려 애쓴다. 그 목록에는 더 나아가 "옴짝달싹할 수 없는 기분", "무력감", 그리고 "저항감" 등이 포함된다.

메리는 가장 마지막에 나온 감정에 대해 이야기를 꺼내고, 안드레아는 이렇게 반응한다. "저항감. 그것은 다른 감정들과는 다르게 느껴져요. 그 감정은 내 마음과 연결되어 있어요. 왜냐하면 내가 사역 방식에 대해 톰에게 말해야 한다는 것을 알고 있는데, 실은 원하지 않기 때문이지요. 나는 내가 지닌 '착한 여자' 이미지를 벗어나는 게 정말 힘들어요. 톰에게 이야기한다면, 더 이상 '착한 여자'로 취급받지는 못하겠죠. 내 생각에 내가 이렇게 슬픈 이유는 속으로 완전한 교회를 희망했기 때문인 것 같아요. 내가 화나는 이유는 이 교회가 완전한 교회가 아니라는 것이 드러났기 때문이에요. 그리고 이렇게 가라앉는 느낌이 드는 이유는 내가 전진하고 싶다면 해야 한다고 생각하는 일을 하고 싶지 않기 때문이에요."

"당신은 정말로 '착한 여자' 이미지에서 빠져 나오기를 원하지 않나요? 톰에게 말을 꺼내는 것은, 당신이 더 이상 착한 여자가 아님을 의미하나요?"

"예. 나에게 이런 면이 있어요. 나는 엄마로부터 항상 완전하고 착한 사람이 되어야 한다고 잔소리 듣는 게 싫었어요. 나는 아무 것도 하지 않았어요. 왜냐하면 엄마를 실망시킬 것을 알았기 때문이에요. 나는 착한 여자가 되는 법을 배웠어요. 지금껏 그렇게 하며 살아 왔어요."

"당신은 일찌감치 그것을 배웠고 그렇게 실습해 왔군요."

"맞아요."

"여기가 바로 당신이 자유롭고 싶지만 그렇지 않은 영역인 것 같네요. 하나님이 당신에게 원하시는 만큼 자유롭지 않은 영역이요."

"맞아요. 머리로는 내가 이 모든 것을 톰에게 말해도 세상이 끝나지 않을 것을 알지만, 내 마음 깊은 곳에서는 그것을 믿지 않지요."

"잠시 거기에 멈춰봅시다. 잠시 동안 가만히 앉아서, 착해야 한다는 필요에 대한 깊은 갈망을 감지할 수 있을지 살펴봅시다." (잠시 침묵)

몇 분 후, 안드레아는 다시 눈물을 흘리기 시작한다. "내 생각에 내가 이토록 슬픈 이유는 그 송아지처럼 내가 갇혀 있기 때문이에요. 착해야 한다는 필요성이 나를 얽어매고 있어요. 옴짝달싹할 수 없어요. 나는 죽은 것처럼 있기는 싫어요."

"그것을 하나님께 말씀 드리는 게 좋겠네요. 당신이 원하는 것을, 바로 지금요." (잠시 침묵)

몇 분이 더 지난 후, 안드레아는 웃으며 말한다. "방금 깨달았어요! 아프리카 소와 야수. 내 안에 이 큰 진흙구덩이에 갇힌 야수와 같은 부분이 있어요. 그래서 나는 진흙에서 빠져 나와, 내가 만들어 온 나보다 더 나다운 내가 되기를 원해요."

"그거야말로 이번 주에 기도제목으로 삼고 구할 큰 은혜 같네요!"

메리는 시편 69편이 수렁에 빠진 경험을 다루고 있음을 떠올리고 안드레아로 하여금, 한두 주에 걸쳐, 날마다 그 시편을 가지고 기도하도록 초청한다. 그리고 자유를 향한 열망을 감지하려 노력하면서 기도를 시작할 때 하나님께 자유를 구하도록 한다.

그런 후 대화는 다른 주제들로 향한다. 메리가 주목한 한 가지는 안드레아가 이번 주에 자전거를 수리점에 맡기는 바람에 자전거를 타지 못했다는 것이다. 그녀는 다음 주에 자전거를 찾아서 언덕으로 타러 나가길 기대하고 있다. 회기를 마칠 때, 메리는 시편 69편에 나오는 몇 구절을 가지고 기도한다.

메리는 자신의 수퍼바이저, 아트에게 이 회기에 대한 이야기를 꺼낸다. 그녀는 그 아프리카 송아지 이야기와 안드레아가 거기서 얻은 통찰에 관심이 있다. 그녀가 영성지도 대화 가운데 이 부분을 고른 이유이기도 하다. 메리는 그녀와 안드레아가 가능성들을 모두 잘 탐색했는지 확신할 수 없다. 거기에 더 밝혀져야 할 무언가가 아직 남아 있을까? 메리가 놓친 것은 무엇일까? 그녀가 아트와 가진 수퍼비전 회기의 한 부분은 다음과 같다.

아트 : 오늘은 대화록을 읽으면서 시작합시다. 당신은 안드레아가 되고, 나는 당신 파트를 읽을게요. (그들은 대화록을 소리 내서 읽는다.)

메리 : 내가 안드레아 파트를 읽을 때 첫 번째로 인상적인 것은 "저항감"이란 단어보다 "옴짝달싹할 수 없는 기분"이란 단어에서 더 큰 에너지를 느낀다는 점입니다. 그런데 내가 안드레아와 있을 때 고른 단어는 "저항감"이었어요. 그 단어를 따라가다 보니, 다시 상호관계적 영역, 즉 그녀와 그녀의 엄마와의 관계로 돌아갔어요. 우리가 그 관계에 도달한 것은 처음이었어요. 물론 이전부터 안드레아에게 착해야 한다고 느끼고 있음을 어느 정도 알고 있었지만 말이에요. [그렇게 해서 메리는 "옴짝달싹 할 수 없는 기분"이라는 표현에서 더 큰 에너지를 경험한다는 것을 감지하며, 내적 영역, 정서적 차원에서 시작한다. 그러나 그녀는 안드레아와의 작업에서 효과적이었는지 평가하기 위해 해석적 차원으로 재빨리 이동한다.]

아트 : 그리고 "야수" 이미지가 앞으로 당신에게 이 영역을 열 방법을 주었군요. 그녀는 더 많은 연상을 가지고 올 수 있겠네요. 하지만, 당

신은 "옴짝달싹할 수 없다"는 표현에서 에너지를 느꼈고, 안드레아는 야수 이미지를 떠올리며 "갇혔다"라는 표현을 썼음을 기억하세요. 안드레아가 다시 불러일으킨 감각과 동일한 부분에서 당신 역시 에너지를 느낀 거예요. [아트는 메리가 머물러 있던 해석적 차원에서 시작한다. 그러나 그는 자연의 영역이 안드레아가 한 경험의 핵심이라고 강조하면서, 그 이미지에 앞으로 탐색해 볼 많은 가능성이 있음을 감지한다. 그런 후에 그는 메리에게 자기가 한 경험의 정서-상상적 차원으로 돌아가 안드레아를 위한 무언가가 더 있는지 살피도록 초청한다.]

**메리**: 어쩌면 갇힌 듯한 느낌은, 담임목사와의 상황 외에 그녀의 삶의 다른 영역에도 존재할 수도 있겠네요. [메리는 해석적 차원에서 또 다른 연결고리를 가지고 재빨리 반응한다.]

**아트**: 방심하지 않고 지켜보는 것이 좋겠지요. 그렇지만 당신이 확실히 안다고 가정하지는 마세요. 그녀가 어떤 식으로든 당신에게 "이야기"할 때까지 기다리세요. 그 대화에서 어떤 정보가 있나요? [메리의 해석이 안드레아의 경험으로부터 너무 멀리 가지 않기를 바라면서, 그는 그녀를 그 지점으로 다시 보낸다.]

**메리**: 글쎄요. 분명한 것은 안드레아가 담임목사와 교육위원회 둘 다에 의해 옴짝달싹할 수 없게 되었다는 것이지요.…그리고 거기에 더해 자전거가 수리 중이었다는 문제도 있어요. 그녀는 이번 주에 자전거를 탈 수 없었는데, 그래서 늘 하던 운동을 못하고 "옴짝달싹할 수 없는" 상태에 있게 되었죠. 생각해 보면, 그녀가 일상적으로 하던

외부활동은 그녀로 하여금 옴짝달싹할 수 없는 상태로부터 벗어나게 해주었는데, 이제는 도보로 이동하는 것 외엔 자유롭게 다니지 못하게 된 것입니다. [메리는 안드레아가 해준 이야기의 다른 영역에서 또 하나의 옴짝달싹할 수 없는 경험을 발견했다. 그 때에는 두 이야기 사이에 연결고리가 없었다.]

아트 : 아, 그래요. 그래서 성찰하는 시간에 안드레아는 자신이 갇힌 송아지 같다는 생각이 들었던 것입니다. 당신이 그때 알아차린 것을 가지고 어떻게 했는지 생각납니까?

메리 : 오, 나는 그것을 자유에 대한 질문으로 돌렸어요.

아트 : "갇힌 느낌"을 들여다보기 위해 잠시 침묵의 시간을 갖지 않았죠. 당신은 너무 빨리 해결책으로 이동했어요. [아트는 메리로 하여금 중요한 이미지의 다양한 측면을 더 충분하게 탐색하기 위해 속도를 늦출 것을 권면한다.]

메리 : (깊이 생각하면서) 맞아요, 내가 그랬네요, 맞지요? 내가 안드레아의 부분을 읽을 때 에너지를 느꼈던 단어가 "옴짝달싹할 수 없는 기분"이었어요. 어쩌면 그것은 나에게 해당되는 단어일 수도 있겠네요. [메리는 그녀와 그녀의 피지도자가 같은 단어에 에너지는 느낀 사실로 미루어 어떤 동시성이 있다고 추측해 본다.]

아트 : 한 가지 질문해 볼게요. 그 표현을 떠올리면서 그 표현이 당신에게 무엇을 말해 주는지 생각해 보세요. 어떤 단어나 어떤 이미지, 어떤 기억, 어떤 상황 등 무엇이든지요. (그들은 침묵에 들어간다. 메리

는 눈을 감고 조용히 앉아 있다.) [아트는 비해석적이고 잠재적으로 관상적인 순간을 가짐으로써 어떤 인식이 일어나도록 돕는다.]

메리 : 이상하긴 하지만, 나에게 떠오른 것은 시편 139편에 있는 단어들인데, "주께서 나를 둘러싸시고"라는 부분이에요. 그 다음에 어떻게 이어지지요? "주께서 나의 앞뒤를 둘러싸시고 내게 안수하셨나이다." 어떤 사람들은 이 시편을 읽을 때 모든 것을 관찰하시는 하나님께 도망칠 데 없이 둘러싸여 있는 것 같아 갇혔다는 느낌을 갖는다는 것을 알아요. 하지만 나는 갇혔다는 느낌이 전혀 들지 않아요. 나에게 이 시편은 항상 위로가 됩니다. 오늘도 그래요. 나를 아신다는 것을 알기 때문에, 괜찮고 위로가 됩니다. [메리는 자기가 느끼는 감각에서부터 비주제적으로 시작하는데, 그런 후 그 단어들로부터 재빨리 해석적인 영역으로 갔다가, 하나님께 알려지고 위로를 얻는다는 비주제적 감각으로 돌아간다.]

아트 : 거기에 좀 더 머물러 보세요. 그 시편의 단어들에 머무르세요. 시편 기자가 당신을 통해 그 단어들로 기도하게 하세요. (몇 분가량 침묵한다.) [아트는 메리에게 지성적으로 처리하려는 경향이 있음을 감지하고, 그녀가 더 다양한 차원들을 통해 경험할 수 있게 돕는다.]

메리 : (숨을 내쉬고 눈을 뜨면서) 그것은 정말 달콤했어요. 그것은 마치, 내가 알려졌기 때문에, 내가 원하는 것, 내가 해야 하는 것은 무엇이든지 할 수 있을 것 같은 느낌과 같아요. 그래도 괜찮다는 것을 나는 알아요. (음미하면서, 잠시 멈춤)

**아트** : 이것이 안드레아를 위해 기도하는 하나의 방법이에요. 그 갇힌 느낌은 완전한 투명성과 사랑 안에서 하나님께 붙들린 삶으로 녹아 들어갈 수 있어요. [아트는 메리가 지금 갖게 된 경험으로 그녀가 안드레아와 하고 있는 영성지도와 연결점이 생기길 기대한다.]

**메리** : 오 맞아요!

**아트** : 이렇게 해서 적어도 오늘 "갇힌"이란 단어를 통해 당신은 자유를 향한 안드레아의 갈망을 지지해 줄 당신의 고유한 기도 방식을 깨닫게 되었네요. 하나님이 주신 선물 같아요, 그렇지요?

**메리** : (웃으면서) 그래요. (그들은 잠시 하나님의 은혜로움을 음미한다.)

**아트** : 나는 또한 안드레아가 하나님으로 인해 화가 났다고 감지한 것에 대해 당신이 아무런 반응도 보이지 않았다는 것을 발견했어요. 당신의 제안들은 대개 효과가 있지요. 안드레아는 그 제안을 받아들여 뭔가를 해내요. 그런 면에서 안드레아는 "좋은 피지도자"예요.…[아트는 현재의 대화록에서 다른 시점, 즉 메리가 너무 빨리 이동해 버린 시점으로 대화를 옮겨가기 시작한다.]

**메리** : (끼어들면서) 오 세상에! 안드레아는 나와 함께 있기 위해 얼마나 좋은 사람이어야 했을까요? [메리는 동시성에 의지해, 안드레아와의 영성지도에서 중요한 의미를 함축하고 있을 새로운 연결점을 깨닫는다.]

**아트** : 좋은 질문이에요. 왜 그런 질문을 하게 되었나요?

**메리** : 왜냐하면 내 생각에 안드레아는 내가 제안했던 것을 정확하게

하지 않은 적이 한 번도 없기 때문입니다.

**아트** : 당신 말이 맞는지 여부는 안드레아가 최종적으로 확인해 줄 거예요. 그런데 그녀가 담임목사에게 화가 난 것을 표현하는 데 어려움을 겪고 있고 아마도 하나님께도 그렇게 하는 데 서툴 것이라는 점은 분명하네요. [아트는 상호관계적 영역과 구조적 영역 사이에서 안드레아가 경험하고 있는 자유의 결핍이라는 부정적 동시성을 주지한다.]

**메리** : 예, 맞아요. …

**아트** : 만약 그녀가 자유를 연습할 다른 장소와 관계가 필요하다면, 당신과의 시간을 제안해 줄 수 있어요.

**메리** : 오, 맞아요! (그녀는 얼굴을 찡그린다.)

**아트** : 아니, 정말이에요. 안드레아가 자신의 성장을 위해 "착한 피지도자" 역할 하기를 그만두도록 할 만큼 당신은 자유로운가요?

**메리** : 마침내 중요한 질문이 여기 나왔네요! 나는 사실 모르겠어요. 나는 안드레아와 영성지도하는 것이 즐거웠다는 것은 분명히 알고 있어요. 그런데 그런 점이 안드레아로 하여금 그토록 고분고분하고 듣기 좋은 말을 하게 만든 건 아닌지 의심스럽네요.

(메리와 아트는 메리의 다른 피지도자들을 계속 살펴본다. 그들은 그녀가 고분고분한 사람들을 좋아한다는 것을 알아차린다. 두 사람은 메리가 피지도자들이 "계속해서 착하길" 바라는 점에 대해 탐색하기 시작한다. 메리는 피지도자들이 자기와 함께 있을 때뿐만 아니라 자기 자신과 직접적으로 갈등하게 할 만큼 자유를 누리지는 못했던 것이다.)

한 영성지도 회기에 대한 수퍼비전의 한 예는 그 모델이 지닌 풍부함을 제시해 주고 있다. 내 생각에 그 모델의 가장 큰 강점은 우리를 하나님의 활동에 대한 매우 폭넓은 이해로 초청하며 신비이신 하나님의 다차원적 경험에 대한 다의미적 성찰을 고무시킨다는 것이다. 그것은 우리가 더 적절하게 볼 수 있게 해줄 뿐만 아니라 이 풍부함을 우리가 하는 영성지도와 수퍼비전에 가져오도록 초청한다.

그것은 시인인 제라드 맨리 홉킨스가 지녔던 비전을 우리가 의식하며 살아가도록 초청한다. "세상은 하나님의 위대하심으로 가득 차 있다."[18] 그리고 "왜냐하면 그리스도가 만 가지 장소에서 활동하시기 때문이네 / 십자가에서 사랑스럽게, 그리고 인간의 형상을 한 예수는 / 하나님의 눈에는 사랑스럽게 보이지 않네."[19]

---

18. Gerard Manley Hopkins, "God's Grandeur," in *Gerard Manley Hopkins*, Catherine Phillips 편 (Oxford and New York: Oxford University Press, 1986), 128.
19. Hopkins, "As kingfishers catch fire," in *Gerard Manley Hopkins*, Catherine Phillips 편 (Oxford and New York: Oxford University Press, 1986), 129.

# 9장

## 수퍼비전에서 "공동 문화" 개념 사용하기

클레오 몰리나 & 허치 헤이니

우리가 많은 문화로 구성된 다양한 사회에 살고 있다는 것은 전혀 새로운 소식이 아니다. 미국 사회에는 언제나 여러 가치관과 명백하고도 미묘한 행동 양식 모두를 지닌 다양한 문화들이 포함되어 있었다. 우리는 언제나 언어, 종교, 정치, 의복, 음식, 생활양식, 느낌과 감정, 생각과 사고에서 차이를 지녀왔다. 새로운 소식은, 다양성에서 오는 풍요로움을 즐기기 시작했다는 점이다. 전문가적 수준에서 사람들은 그다지 공통점을 많이 공유한 것 같아 보이지 않는 사람들과도 효과적으로, 그리고 공감을 나누며 일하도록 준비시키는 방법을 강조하고 있다. 이렇듯 다양성을 새로이 강조하게 된 것은, 지난 삼십 년 간 시민권 회복을 위한 다양한 노력이 축적된 결과와 대중매체의 영향 덕분일 것이다. 우리는 우리를 둘러싼, 그리고 우리 가운데 있는 다양성을 좀더 의식하게 되었다.

2000년 가을에, 우리는 한 가톨릭 대학교의 신학 및 목회학 석사 과정 학생들을 위한 수퍼비전 과목에 특별 "다문화" 수업을 열어 달라는 요청을 받았다. 우리 두 사람은 이 과정 졸업자였다. 클레오는 다양성 교육학자이자 상담가였고, 허치는 교육대학교 상담학과 학과장이었다. 우리는 학생들을 가르치고 수퍼비전을 해주며 오랜 세월을 보냈다. 우리가 이 수업을 진행해 달라고 부탁받은 것은, 우리가 공유하고 있는 지식과 경험뿐만 아니라 우리 둘 사이의 차이점 때문일 것이다. 클레오는 3세대 멕시코계 미국인 여성으로 남부 캘리포니아에서 자랐고, 허치는 백인 남성으로 콜로라도에서 자랐다. 우리가 같은 성별이거나 같은 민족 출신이었다면 아마 이 과정을 함께 지도해 달라고 부탁받지 못했을 것이다.

우리는 그 과목이 시작되기 몇 주 전까지도 서로를 알지 못했다. 너무나 놀랍고 기뻤던 것은, 서로 다른 점이 분명함에도 불구하고 우리가 많은 공동 문화 co-cultures를 공유하고 있다는 사실이었다. 우리는 같은 해 태어나 같은 시대에 자랐다. 우리 두 사람은 평화와 정의에 대한 열망이 있었다. 우리는 상담학을 전공했다. 우리는 같은 해에 아이를 얻었다. 우리는 미국 남서부 지방에서 상당 기간 머물렀다. 우리는 둘 다 자동차를, 특히 1950년대 미국에서 디자인하고 생산된 자동차를 좋아했다. 우리는 서로 공유하는 부분이 많다는 데 기쁘다가도, 학생들에게 갈등을 다루는 법을 가르치려면 어떻게든 차이점을 찾아야 하지 않나 걱정되기도 했다.

함께 긴 시간 점심식사를 하거나 스타벅스에서 몇 차례 이야기 나누는 것보다 더 빨리 공통점을 찾도록 도와준 도구는 공동 문화라는 개념이었다. 클레오는 사람들과 사역할 때 그들의 문화를 이해하기 위해 몇 년 간 이 개념을 이용해 왔다. 허치에게 이것은 새로운 개념이었지만, 곧 충격을 받았다. 이 도구를 사용해 2인 1조로 모인 학생들이 잠재적인 갈등 영역을 이해하고 조정하도록 돕는 데 익숙해지면서 우리는 이 개념이 대단히 유용한 것임을 깨달았다. 각 사람들이 문화적 정체성과 관련해 자신을 더 깊이 인식하도록 도우며, 각 그룹들이 신뢰를 쌓고 보다 효과적인 관계를 맺도록 돕는 강력한 도구였던 것이다. 처음 이 수퍼비전 과정을 가르치고 몇 년이 흐르는 동안 우리는 수업, 컨설팅, 상담, 다양성 훈련, 그리고 개인의 삶에서 이 개념을 사용해 왔다. 그러므로 이 자료는 수퍼비전에만 국한된 것이 아니다. 그러나 우리가 믿기로 이 단순한 개념은 영성지도자들의 수퍼비전에 중요한 차원을 더해 줄 것이다.

영성지도는 지도자가 피지도자를 하나님과의 깊은 관계로 이끄는 과정에 참여하도록 요구한다. 수잔 라코치 Susan Rakoczy는 이렇게 말했다. "영성지도 관계에서 각 사람의 독특성과 만나 머무른다는 것은 사실상 어마어마한 도전이다. 특히 문화가 우리 각 사람을 어떻게 형성했는지 이해하기 시작해야 한다."[1] 그녀는 옥스버거 Augsburger의 "상호감" interpathy이라는 개념을 사용한다. 공감 empathy도, 동감 sympathy도 아닌 이 상호감은 지도자들이 효과적으로 여겨지는 현존의 의미를 이해하도록 도와준다. 상호감이란 "다른 사람의 생각과 감정을 인지적으로 상상하고 효과적으로 경험하는 것이다. 비록 그 생각이 다른 사고 과정에서 나오고, 가치관 역시 다른 도덕적 추론의 틀에서 자라고, 감정 역시 다른 가정의 뼈대에서 나온다 하더라도 말이다."[2]

영성지도자들이 특히 자신과 무척 다른 문화에서 온 사람과 영성지도를 할 때, 진정으로 공감, 동감, 상호감에 들어가려면 지도자가 영성지도 과정 중에 자신이 사용하는 문화적 렌즈를 깊이 인식하는 것이 필수적이다. 공동 문화라는 개념과 공동 문화 지도 제작과 분석 실습은 이런 문화적 렌즈를 밝혀내는 데 유용한 도구이다. 그러나 마가렛 귄터가 관찰했다시피 자기 인식에 이르는 데는 도움이 필요하다.[3] 수퍼비전의 역할이 중대해지는 지점이 바로 여기다. 윌리엄 A. 배리와 윌리엄 J. 코널리는 이렇게 썼다. "지도자와 피지도자의 관

---

1. Susan Rakoczy, "Unity, Diversity, and Uniqueness: Foundations of Cross Cultural Spiritual Direction," in *Common Journey, Different Paths: Spiritual Direction in Cross-Cultural Perspective*, Susan Rakoczy, IHM 편 (Maryknoll, NT: Orbis, 1992), 21.
2. 같은 책, 18.
3. Margaret Guenther, *Holy Listening: The Art of Spiritual Direction* (Boston: Cowley, 1992), 11. 『거룩한 경청』(아침영성지도연구원)

계가 하나님과의 관계에서 피지도자가 성장하도록 돕는 최선의 수단이 되어야 하듯, 수퍼바이저와 영성지도자 관계는 지도자가 지도자로서 성장하도록 돕는 최선의 수단이 되어야 한다."[4] 그러므로 공동 문화 도구를 이해하고 수용하여 유익을 얻는 쪽은 (피지도자뿐만 아니라) 수퍼바이저와 지도자가 되어야 한다.

## 공동 문화의 개념을 명확히 하고 사용하기

이 장에서는 각 단계를 소개하면서 공동 문화라는 개념 이해를 돕고, 이 도구 실행 방법에 대한 사례와 지침들을 제시하며, 특히 영성지도 수퍼바이저들을 위한 제안들을 마련했다. 우리의 가설은, 우리 모두가 다양한 공동 문화를 통해 다양한 문화적 풍요로움을 나누고 있다는 것이다. 첫 단계는 우리의 공동 문화를 정의하는 것이다. 이렇게 함으로써 우리는 자기 이해, 다른 사람들에 대한 이해, 그리고 전문적 역량을 증진시킬 수 있다. 우리의 공동 문화를 이해하기 위한 두 번째 단계는 그 안에 깔려 있는 가치와 행동 양식을 탐색하는 것이다. 세 번째 단계는 특권과 억압 문제를 다루는 것이다. 특정 사람들은 다양한 수준에서 특권과 억압 모두를 경험하기 때문이

---

4. William A. Barry와 William J. Connolly, *The Practice of Spiritual Direction* (New York: HarperSanFrancisco, 1986), 176. 『영적 지도의 실제』(분도출판사)

다. 네 번째 단계는 공동 문화 안에서 문화적 정체성 발달에 초점을 맞추는 것이다. 마지막 단계는 수퍼바이지가 통합과 성찰 과정과 관련된 문제들을 거론하는 것이다.

우리는 1단계부터 시작하기를 권하지만, 그룹에 따라 다른 단계들은 다른 방식으로 흘러갈 수도 있다. 정해진 틀이 있는 것은 아니지만, 첫 단계에 포함된 공동 문화 지도 제작은 출발하기에 훌륭한 자리이다.

그러나 1단계를 시작하기 전에, 학생들 또는 참가자들에게 자기 자신을 소개하도록 하고 그 방 안에 있는 다른 사람과 자신이 어떤 점에서 다른지 말해 보도록 하라. 앞 사람의 대답을 그대로 따라 해선 안 된다. 누군가 "나는 유일한 아프리카계 미국인입니다"라고 말한다면, 다른 누군가는 이렇게 말할 것이다. "아니, 당신만이 아니에요. 저도 그렇습니다. 다만 생김새가 당신과 다를 뿐이에요!" 아니면 누군가 "나는 여기서 빨간색 셔츠를 입은 유일한 사람입니다"라고 말한다면, 다른 누군가는 이렇게 말할 것이다. "그렇네요. 집에 있는 빨간색 셔츠를 입고 왔다면 당신과 같을 수 있었는데!" 이런 활동은 서로간의 차이점과 공통점 모두를 인식하는 데 도움을 준다. 이런 과정의 일환으로 이렇게 질문하는 것도 좋다. "여러분 모두는 어떤 점에서 같나요?" 처음 이런 질문을 던졌을 때, 우리는 다음과 같은 뻔한 대답을 들을 거라고 생각했다. "우리는 모두 이 교실 안에 있습니다." 그러나 흥미롭게도 대부분의 그룹에서 합의에 이르기까지 쉽분 이상 걸렸다. 아마도 그들의 마음이 서로 얼마나 다른가에 집중되어 있었기 때문일 것이다. 이런 활동은 함께 모인 사람들 간에 존재하는 공동 문화의 많은 예, 즉 성별, 가시적인 인종, 불가시적인 정체성, 특정 스타일, 출신 지역, 현재 사는 곳, 취미 등을 열거하는 것으로 이어진다.

우리는 이 장에서 다양한 사례들을 사용해 특정 요점들을 설명해 보고자 했다. 사례에 등장하는 사람들의 신원 보호를 위해 이름, 출신 인종, 성별 등을 포함한 공동 문화 요소를 변경했다.

### 1단계: 우리의 공동 문화 파악하기

문화는, 우리가 발레, 오페라 또는 심포니 같은 고급문화<sup>high culture</sup>에 엮여 있지 않는 한, 많은 시간을 보내며 생각하는 단어는 아니다. 그러나 고급문화는 문화라는 개념 안에 포함된 극히 작은 일부에 불과하다. 문화는 한 집단 구성원들 사이에 존재하는 생활양식으로 정의될 수 있다. 셀마 마이어스<sup>Selma Myers</sup>와 바바라 필너<sup>Barbara Filner</sup>는 문화를 다음과 같이 정의한다. "문화란, 글로 표현되었든 그렇지 않든 간에, 각 개인이 다른 사람과, 그리고 자신을 둘러싼 환경과 효과적으로 작용하는 법에 대해 알려주는 학습된 규칙들이다. 그것은 행동하는 법뿐만 아니라 반응하는 법까지 정의하고 있어, 인간이 한 사회를 배경으로 살아가는 능력에 핵심 요소라 할 수 있다. 다른 말로 하면, '문화란 여기서 우리가 뭔가를 하는 방법이다.'"⁵ 문화는 사람들에게 그들이 누구인지뿐만 아니라 그들이 무엇을 하는지에 대한 모든 것을 알려준다. 우리가 나고 자란 문화는 우리에게 어떻게 먹어야 하는지, 입어야 하는지, 씻어야 하는지, 놀아야 하는지, 말해야 하는지, 그리고 접촉해야 하는지 가르쳐 주며, 우리가 맡은 모든 역할에 영향을 준다.

문화는 가시적이자 불가시적이다. 입고 있는 옷, 식기를 쥐는 방법, 먹는 음식, 다양한 행동들은 눈으로 볼 수 있지만, 행동을 이끄는 가치관, 품고 있는 종교적 신념, 중요한 전통, 삶을 구성하는 경험은 눈으로 볼 수 없다. 에드워드 T. 홀 Edward T. Hall 은 이렇게 말했다. "인간의 삶의 영역 가운데 문화에 의해 접촉되고 변화되지 않는 영역은 없다."⁶ 그러나 그 중요성에 비해 문화는 놀랍게도 당연하게 여겨진다. 공동 문화 정의 활동을 시작하기 전에는 자기가 문화라는 걸 갖고 있다는 사실조차 생각해 보지 않았다는 사람들도 더러 있다. 다양성 강사들은 이런 이야기를 종종 듣는다. "당신은 좋겠어요. 적어도 문화라는 걸 지니고 있잖아요. 난 나에게 문화가 있는지 정말 모르

---

5. Selma Myers와 Barbara Filner, *Mediation Across Cultures: A Handbook About Conflict & Culture* (Amherst, MA: Amherst Educational Publishing, 1994), 21.

6. Edward T. Hall, *The Silent Language* (New York: Doubleday, 1959), 169. 『침묵의 언어』(한길사)

겠어요." 이것은 "지배" 문화 속에서 자란 사람들의 공통된 반응이다. 그들의 언어, 가치관, 의복, 그리고 음식이 그들 주위 사람들의 그것과 비슷하기 때문이다. 그들은 독특하지 않다. 그들의 문화 역시 독특하지 않아 그들은 문화가 존재한다는 사실을 의식하지 못한다. 공동 문화를 정의해 봄으로써 사람들은 공동 문화의 독특한 패턴을 이해하고, 보다 중요하게는, 그들이 자신의 행동을 이끌어온 일련의 규칙, 가치관, 규범 등으로 다층화된 문화적 정체성을 지니고 있음을 이해할 수 있다.

래리 사모바 Larry Samovar 와 리차드 포터 Richard Porter 는 공동 문화의 개념을 다음과 같이 설명한다.

공동 문화를 정의함에 있어서 중요한 사항이 두 가지 있다. 첫째, 사람들은 종종 두 개 또는 그 이상의 문화에 속하며 이를 통해 학습되는 행위와 지각 능력이 만들어진다. 수년 동안 사회 과학 문헌에서는 지배 문화 속에 살지만 다른 문화의 일원인 사람들을 가리켜 "하위문화" subculture 라는 용어를 사용해 왔다. 그러나 최근 들어 그 용어는 대체되고 그 개념 역시 달라졌다. 이제는 "공동 문화"라는 용어가 사용되고 있는데, "하위" sub 라는 단어로 인해 지배 문화가 아닌 쪽이 뭔가 결함이 있고 부족하다는 암시를 내비치기 때문이다.…따라서, 우리는 다른 집단이나 공동체 그리고 지배문화와 확연히 구별되는 특이한 커뮤니케이션 유형, 지각, 가치, 믿음, 그리고 관습을 보여주

는 집단이나 사회공동체를 논할 때 공동 문화라는 단어를 사용할 것이다.[7]

그렇다면, 인종은 공동 문화의 한 범주일 뿐이다. 공동 문화의 다른 범주로는, 지리적 지역, 직업, 사회경제적 계층, 취미, 관심사, 정치적 연합이나 모임, 세대, 학교, 이웃 등이 있다. 성별 또한 하나의 문화적 범주로 점차 인식되고 있다. 테일러 콕스 Tayler Cox는 성별을 문화 정체성 집단에 포함하면서 이렇게 말했다. "세계 대부분의 사회에서 사람들의 사회화에 성별이 큰 역할을 한다는 사실은 여러 증거들이 말해 준다. 즉, 한 집단으로서의 여성은 남성과는 굉장히 다른 세계관을 지니고 있다."[8] 바이스 S. E. Weiss는 이렇게 관찰했다. "어떤 의미에서 성별 집단은 그들만의 문화를 지니고 있으며, 한 국가의 문화 내에서 성별 집단 간 상호작용은 이미 간문화적 cross-cultural이다."[9]

문화와 공동 문화 개념을 설명하는 것은 그 심층적 의미를 파악하는 데 있어 출발점일 뿐이다. 각 개인의 공동 문화를 정의하고 명

---

7. Larry A. Samovar와 Richard E. Porter, *Communication Between Cultures*, Fourth Edition (Belmont, CA: Wadsworth/Thomson Learning, 2001), 47. 『문화 간 커뮤니케이션』(커뮤니케이션북스)

8. Tayler Cox Jr., *Cultural Diversity In Organizations: Theory, Research & Practice* (San Francisco: Berrett-Koehler, 1994), 106.

9. S. E. Weiss, "Negotiating with 'Romans' Part 2," *Sloan Management Review*, 33, no. 3(1994) 중에서, 85-99.

명하도록 돕는 중요한 활동에는 지도를 사용하여 각 범주를 시각적으로 묘사하는 것도 포함된다. 아래의 도표에서 클레오의 공동 문화는 원으로 되어 있고, 허치의 것은 네모로 되어 있다. 첫 단계가 끝나고 나서도 추가적으로 공동 문화를 덧붙인다든지, 각각의 공동 문화와 관련해 더 상세한 정보를 넣어도 좋다. 예를 들어 대학은 교육으로, 그리고 취득된 학위로, 그리고 가입한 동아리나 연합회 활동으로 이어질 수 있다. 또 다른 중요한 단계는 각 사람이 가장 중요한

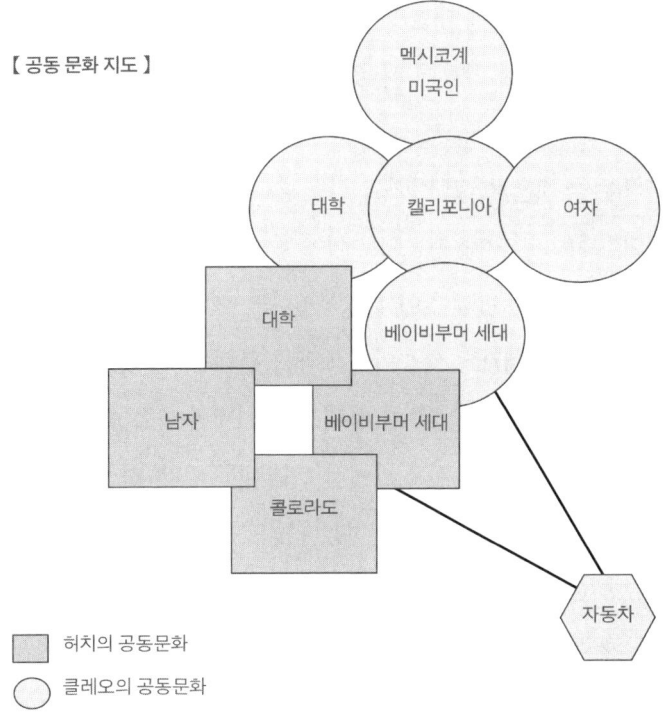

【 공동 문화 지도 】

□ 허치의 공동문화
○ 클레오의 공동문화

네다섯 개의 핵심 공동 문화를 정의하고 각 문화마다 핵심 가치관과 행동 목록을 적어보는 것이다(2단계).

그룹에서 이 활동을 할 때, 사람들에게 둘 씩 짝을 지어 유사점과 차이점, 잠재적인 갈등 영역, 그리고 그 갈등을 중재하는 데 도움이 될 공동 문화 유사점들을 찾아보게 하는 것이 무척 도움이 된다. 이 활동을 해보면서 우리는 너무나 많은 유사점들을 찾아서(아래 나오는 공동 문화 지도 도표에서 겹쳐진 부분을 보라) 각 문장을 끝맺지 못할 지경이었다. 우리는 또한 잠재적 갈등 핵심 영역들도 찾아보았다. 그 가운데 하나는 바로 시간에 대한 가치관과 개념이었다. 허치는 "시간을 어기지 않는다"는 것이 정해진 시간보다 더 일찍 도착한다는 것을 의미한다고 배워왔다. 클레오가 갖고 있는 핵심 시간 개념은 15분쯤은 봐줄 수 있다는 것으로, 그녀에게 시간은 좀더 유동적인 개념이었다. 우리가 이런 차이와 함께, 행동으로 이어지는 핵심 가치관과 그 저변에 깔린 공동 문화를 미리 찾아내지 못했다면, 이런 차이는 꼭 중대한 갈등까지는 아니더라도 짜증이나 오해를 불러올 수 있었을 것이다. 생기 넘치는 대화를 나눈 후에, 우리는 한 가지 약속을 했다. 클레오에게 "제 시간"이란 약속된 시간에서 15분 내를 의미하며, 그 이상 늦을 때에는 꼭 사과하는 전화를 하겠다는 것이었다. 우리는 둘 다 우리의 공동 문화 가치관에 대해 더 큰 이해를 얻게 되었다.

시간과 관련된 공동 문화적 차이에 대한 또 다른 예가 있다. 우리는 중국에서 온 한 손님에게 수업에 와서 이민자로 살아온 경험에 대해 나눠달라고 부탁했다. 그는 두 시간이나 늦게 왔지만 어떠한 사과도 하지 않았다. 그가 떠나고 난 후, 그가 어떤 공동 문화를 갖고 있어서 시간을 지키지 않고 사과도 하지 않았는지에 대해 질문이 오고갔다. 베트남에서 온 한 학생은 그가 한 행동이 아시아의 공동 문화에서 나온 것이 아닐 것 같다고 말했다. 왜냐하면 자신은 좀처럼 늦지 않을 뿐만 아니라 혹시 늦더라도 너무나 미안해 하기 때문이었다. 이것은 누군가의 공동 문화가 어떠할 것이라고 가정하고, 특정 행동이 어떤 문화에서 나온 것이라고 가정하는 위험성에 대한 토론으로 이어졌다. 베트남 출신의 그 학생은 아시아의 공동 문화 때문에 행동하고 있었고, 중국에서 온 손님은 그렇지 않았을 것이다.

문화적 인식을 증진시키는 중요한 다음 단계는 개인의 공동 문화 지도에서 서로 겹치는 공동 문화를 찾아내는 것이다. 이 과정은 내적 갈등 영역을 밝히는 데 도움이 된다. 한 학생은 자신이 동성애자이자 로마 가톨릭 교인이며, 라틴계 출신이자 여성인 데서 오는 문화 내적, 그리고 간문화적 모순을 표현했다. 그녀는 이 점을 지도에 명확하게 표현했고 자신의 정체성 발전에 중요했던 점을 통찰력 있고 감동적으로 기술했다. 공동 문화를 찾는 활동은 많은 학생들에게 내적 갈등 영역을 탐색하고 이해하는 데 도움이 된다. 그런 후에 가치관과 행동에 대해 이야기해 볼 수 있었다.

우리가 우리 지도에서 서로 겹치는 공동 문화를 찾아내고 잠재적 갈등 영역과 더불어 갈등 중재에 도움이 될 영역을 기술해 본 후에,

학생들도 짝을 지어, 그리고 그 후에는 소그룹으로 모여 같은 작업을 했다.

### 영성지도자들을 위한 수퍼비전에 적용하기

개인의 공동 문화 지도 활동은 수퍼바이저가 영성지도자들과 함께 사용하기에 효과적인 도구이다. 수퍼바이저의 안내를 따라 지도자들은 자신의 모든 공동 문화를 찾아내고 각 영역이 영성 발달에 미치는 영향에 특별히 주목해 볼 수 있다. 시간을 들여 영성지도 공동 문화를 기술해 보는 것도 도움이 될 것이다. 예를 들어, 영성지도자에게 핵심 가치관과 행동 양식은 무엇일까? 영성지도자들이 사용하는 전형적 언어, 즉 표현, 구절, 전문용어 등에는 무엇이 있을까?

공동 문화에 대한 고려는 수퍼비전에서 지속해야 할 요소이다. 지도자가 피지도자와의 상호작용을 통해 자기 안에 드러난 특정 문제에 대해 숙고할 때, 특히 그 피지도자가 지도자와 다른 민족 출신이거나 다른 공동 문화를 가졌을 때 이 도구는 매우 유용할 것이다.

### 2단계: 우리의 공동 문화의 가치와 행동 탐색하기

그룹 수퍼비전에서 학생들과 함께 작업할 때, 우리는 비록 우리가 서로 다른 문화적 유산을 지닌 사람들이지만, 그럼에도 한편으로 많은 부분에서 동일한 가치를 공유하고 있음을 알게 되었다. 사회적 불평등은 때로 인지된 가치의 갈등과 권력 불균형의 결과로 온다는 것을 우리는 경험상 알고 있다. 예상하다시피, 우리가 가치관을 서로 공유하고 학생들 역시 그러했을 때, 우리 사이의 공통성이 드러나고 갈등은 녹아내리며 공감이 싹텄으며, 또한 교사와 사역자로서 압제가 줄고 더욱 공평한 공동체를 만들기 위해 어떻게 해야 할지에 대한 대화가 시작되었다.

다문화 수퍼비전 과목을 가르치면서 배운 주요 교훈은, 학생들이 자신의 공동 문화 핵심 가치들을 파악하고 유사점과 차이점을 강조하면서 그것들을 공유하는 것이 중요하다는 점이었다. 학생들이 자신에게 영향력 있는 공동 문화 항목마다 핵심 가치와 행동 양식 목록을 적기 시작할 때, 이런 가치와 행동들이 서로 충돌하는 것을 발견하는 것은 흔한 일이다. 한 학생은 이렇게 말했다. "나의 문화는 독립적인 직업여성을 높게 평가하지만, 그와 동시에 여성은 유순하고 순종적이어야 한다는 기대를 받고 있다." 문화 지도는 핵심 가치와 그 결과 생긴 행동들을 찾아내는 데 도움이 된다.

브라이언 홀$^{\text{Brian Hall}}$은 그의 고전적인 책 『가치 이동』$^{\text{Values Shift}}$에서 이렇게 썼다. "개인의 변형은 조직의 변형과 복잡하게 연결되어 있다. 왜냐하면 사람들은 그들의 인생에서 주요 기관들 — 가족, 학교, 그리고 직장 환경들 — 로부터 긍정적인 강화를 받을 때 변화할 힘을 얻기 때문이다."[10] 이런 주요 기관들은 보통 학생들에게 성별, 민족성, 그리고 종교와 더불어 영향력 있는 공동 문화 가운데 하나로 손꼽히곤 한다. 홀은 이런 기관들, 즉 공동 문화들이 개인의 자유를 제한할 수 있다고 보았다. 그러나 그는 그런 주요 기관들이 언제나 한 사람의 행동을 이끄는 것은 아니라고 보았다.

왜냐하면 사람들은 대개 주어진 순간에 열 가지 핵심 가치 사이에서 균형을 찾기 때문이다. 가치와 행동 사이에 직접적인 연관성을 밝히기란 어렵지만, 이것은 가능한 연결점을 지도로 그려봄으로써 더 큰 통찰력과 잠재적 행동 변화로 이어지는지에 대한 이유이다. 홀은 더 나아가 이렇게 주장했다.

당신의 가치가 무엇인지 그리고 남성 또는 여성으로서 어떤 가치관을 갖고 있는지 아는 것이 중요하다. 당신의 직업, 종교, 문화가 당신에게 어떤 가치관들을 갖도록 영향을 미쳤는지 아는 것이 중요하다. 이런 작업을 하지 않는다면, 당신은 당신 스스로 삶을 선택하기 보다는 다른 사람들이 당신에게 기대하는 삶을 살게 될 것이다. 삶을 선택하기 위해, 우리는 다음 두 가지 작업을 해야 한다.

---

10. Brian Hall, *Values Shift: A Guide to Personal and Organizational Transformation* (Rockport, MA: Twin Lights, 1994).

1. 우리 삶에서 중요한 가치 인식하기.
2. 질문하기: 뛰어난 인간이 된다는 것은 무엇을 의미하는가? 내 삶에 존재하는 모든 영향력에도 불구하고 가능한 한 최선의 사람이 되기 위해 필요한 가치는 무엇인가?[11]

우리는 밀튼 로키치 Milton Rokeach 의 가치에 대한 정의를 좋아한다. 윌리엄 휴잇 William Huitt 은 발도스타 주립대학교 교육심리학 웹사이트에 실린 "가치들" Values 이라는 글에서 이 정의를 인용했다. "문학작품에서 가치란 영원한 생각에서부터 구체적 행동에 이르기까지 모든 것으로 정의된다. 이 글에서 사용된 것처럼 가치는 선, 값어치, 또는 아름다움의 척도를 구분하는 기준이다. 가치는 사물, 아이디어, 행동 등에 대한 정서가 가득한 생각으로 행동을 안내하지만 꼭 그래야 하는 것은 아니다."[12] 휴잇은 가치라는 용어를 동사로 정의한다. "가치를 평가하는 행위는 가치 판단을 내리고, 감정을 표현하거나 일련의 원칙을 습득 또는 고수하는 행위를 의미한다."[13]

---

11. 같은 책, 74.
12. Milton Rokeach, William Huitt, *Values: Educational Psychology Interactive website*에 인용 (Valdosta, GA: Valdosta State University, accessed December 9, 2004); http://www.chiron.valdosta.edu/whuitt/col/affsys/values.html에서 구할 수 있음.
13. 같은 책.

그러므로 우리는 가치와 행동에 이름을 붙여야 한다고 믿는다. 우리는 학생들에게 매우 구체적인 정의와 분명한 행동 양식을 가지도록 독려했다. 그런 후 우리는 그들 각각을 변화시키는 데 무엇이 필요하다고 생각하는지 물었다.

한 학생은 가치에 대해 이렇게 묘사했다. "미국인 특유의 문제로, 바빠야 한다는 압박감, 더 빨라야 한다는 스트레스." 우리는 그녀에게 바쁨, 서두름, 그리고 스트레스와 연관된 가치에 이름을 붙여보라고 요청했다. 논의 끝에 그녀는 이렇게 말했다. "나는 생산성을 중시합니다. 그리고 바쁜 것과 생산적인 것이 같다고 여겼죠. 하지만 일주일에 60시간씩 일하는 바쁜 삶이 곧 생산적인 삶은 아니었어요. 그저 피곤할 뿐이었죠."

다른 학생은 공동 문화와 연관된 가치 갈등에서 온 경험을 나누었다. "나는 인간은 평등해야 한다고 믿어요. 하지만 내 감정을 명확히 드러내선 안 된다는 강한 문화적 가치관이 있죠. 그래서 난 내 가치관을 위해 싸우지도, 목소리를 높이지도 않는 것으로 비난 받고 있습니다. 중국 문화에서 온 가치관과 미국인 친구들이 저에게 기대하는 행동 사이에 갈등이 있습니다."

우리는 엘 로버트 콜스 L. Robert Kohls 의 『외국에서 살아남기: 해외에서 일하면서 살고 싶은 미국인들을 위하여』 Survival Kit for Overseas Living: For

Americans Planning to Live and Work Abroad [14]라는 책을 이용해 가치의 차이에 대해 토론해 보았다. 우리는 학생들에게 다음 세 가지를 해보라고 요청했다.

1. 각 가치마다 행동 양식을 찾아보라. (예를 들어, 나는 개인주의와 사생활 보호를 중시한다. 그래서 나만의 공간이 필요하다.)
2. 콜스의 목록에 나오는 가치 중에 당신과 함께 일하는 사람들의 가치와 다른 점이 있으면 말해 보라. (예를 들어, 개인주의와 사생활 보호 대 공동체 의식과 공유 공간.)
3. 당신의 가치를 이해한다면 어떤 행동으로 이어질지 묘사해 보라. (예를 들어, "공동체 의식"을 중시하는 고객은 사적인 공간에 두지 않기로 한다.)

우리는 멕시코 출신으로 요양원에서 다섯 명과 함께 방을 쓰고 있는 한 연로한 친척을 방문한 적이 있다. 우리는 이렇게 말했다. "혼자 방을 쓸 수 없다니, 너무하지 않나요?" 그러자 그녀는 이렇게 대답했다. "나 혼자 방에 있지 않아도 된다니, 너무 멋지지 않니?"

"미국적" 가치의 핵심은 사람들이 선택권을 가져야 한다는 점이

---

14. L. Robert Kohls, *Survival Kit for Overseas Living: For Americans Planning to Live and Work Abroad* (Yarmouth, MA: Nicholas Brealey Intercultural, 2001).

다. 그러나 우리가 수업에서나 현장에서 만난 많은 사람들은 자신에게 정말 선택권이 있다고 믿지 않고 있었다. 그것은 그들에게 주된 핵심 가치가 아니며, 그들 경험과도 맞지 않다. 콜스가 정의한 또다른 "미국적" 가치들에 대해서도 이의를 제기해 볼 수 있다. 예를 들어 평등은 자주 언급되는 가치이지만 실제 행동에서 언제나 이 가치를 반영하는 것은 아니다.

신뢰라는 가치는 관계에 있어서 중요한 변수다. 사람들은 자신의 가치들이 용납받지 못할까 두려워하며, 이 두려움은 무엇을, 누구와 공유하기로 선택하는가에 영향을 준다. 사람들이 신뢰하기 시작하고, 적어도 자신의 가치 중 일부라도 공동 문화 가운데 공유된다는 것을 깨달을 때 편견과 선입견은 줄어든다.

한 젊은 여성이 수업 중에 자신의 주된 공동 문화에서는 그녀에게 아름다워야 하며, 지나치게 똑똑해서는 안 되고, 자신과 비슷한 사람들과 어울릴 것을 요구했다고 나눴다. 그녀는 또한 이 공동 문화를 수업 중에 나누는 게 불안했다는 사실도 나눴다. 교실 안에 있는 사람들이 자신을 부정적으로 판단할 것 같았기 때문이었다. 몇몇 사람들은 그녀가 (공유된 가치를) 나눠주어 고맙게 생각하고 있으며, 그녀가 "똑똑해" 보인다고 말해 주었다. 그들은 또한 그들이 "그녀와 비슷한 사람들"이 아니기에, 그녀가 벌써 공동 문화 기준 가운데 두 가지를 어긴 셈이라고 말했다. 그녀는 사람들에게서 지지를 받았을 뿐만 아니라, 자기와 비슷하지 않은 사람들 또한 신뢰하는 법을 배웠고, 더 나아가 이 특정 공동 문화의 명령을 계속해서 따를 것인지 고민하게 되었다.

### 영성지도자들을 위한 수퍼비전에 적용하기

적어도 서너 가지 주요 공동 문화가 지닌 핵심 가치들을 파악하는 것은 수퍼바이저들이 영성지도자들과 함께 사용하는 데 매우 도움이 되는 훈련이다. 이 과정은 지도자들이 자신의 영성 형성 과정을 통찰할 뿐만 아니라 가능한 내적 갈등을 이해할 기회를 제공해 준다. 이 활동에는 언제, 어떻게 특정 가치들을 우선시하게 되었는지 발견하는 것도 포함된다. 이런 활동은 또한 지도자들이 회기 동안 피지도자와의 의사소통이 그리 만족스럽지 않다고 느껴지는 때에 대한 통찰도 제공해 줄 수 있다. 이는 또한 피지도자에게 이 도구를 가르쳐보라고 지도자에게 제안할 훌륭한 기회가 될 것이다.

### 3단계: 우리의 공동 문화에 있는 억압과 특권의 문제 이해하기

미국에 사는 백인 어린이라면 누구나 이런 경험을 해보았을 것이다. 어린 시절 버스를 타고 있는데 한 흑인 남성이 버스로 올라선다. 무의식적으로 어머니는 우리를 자기 쪽으로 좀더 끌어당긴다. 우리는 왜 이런 신호가 주어진 건지 이해하지 못하기에, 흑인에 대한 다른 유사한 메시지들과 더불어, 이런 신호는 우리가 남은 생애 동안 흑인에 대한 공포로 꼼짝 못하게 만든다.[15]

홀트 Holdt가 묘사한 것은 억압의 기원이다. 위의 사례에서 억압은 자녀를 보호하려는 어머니의 미묘한 움직임을 통해 아이에게 전해진다. 물론 말로 표현하지는 않더라도 "공포로 꼼짝 못하게 만든다." 어머니는 압제자이며, 아이는 억압을 받고, "어떤 흑인 남성" 역시 억압을 받는다. 우리의 가설은 이렇다. 우리는 어떤 면에서 모두 억압을 받고 있으며 또한 억압을 하고 있다. 이 점을 이해할 때 우리는 연합할 수 있다. 더 이상 "나와 너의 싸움"은 없다. 우리 모두가 (자신도 모르는 사이) 압제자로 살아왔고 다른 면에서 억압받아왔다.

억압과 특권은 둘 다 모든 공동 문화에 존재한다. 당신의 공동 문화를 이해하는 것은, 당신이 어떻게 억압을 받았고 특권을 누렸는지 이해하는 것이다. 당신 자신을 이해하기 위해 당신은 어떻게 압제자로 살아왔는지, 당신의 특권을 어떻게 사용했는지 이해해야 한다. 학생들과 함께 페기 매킨토시 Peggy McIntosh가 쓴 "백인의 특권: 보이지 않는 배낭 풀기" White Privilege: Unpacking the Invisible Knapsack라는 글을 읽고 토론한 적이 있다. 매킨토시는 이렇게 주장한다. "남성들이 남성의 특권을

---

15. Jacob Holdt, *Frequent Questions on Oppression-With Answers From Jacob Holdt*, American Pictures website(1997).

인식하지 못하도록 배우는 것처럼, 백인들은 백인의 특권을 인식하지 못하도록 조심스럽게 배운다."[16]

우리의 경험상, 백인들은, 특히 백인 남성들은 누군가 알려주지 않는 이상 그들의 특권을 잘 인지하지 못한다. 보통 모든 공동 문화의 여성들과 비주류 공동 문화의 사람들은 백인의 특권에 매우 익숙하며, 그들은 그들 자신의 공동 문화 내에 존재하는 특권에도 또한 민감하다. 이 같은 점은 억압과 관련해서도 동일하다. 우리는 매킨토시가 주장하듯 백인과 남성들이 "조심스럽게 배웠다"는 증거를 찾기 어려웠다. 그보다 우리는 백인 남성들이 자신이 그동안 특권을 누려왔고 압제자로 살아왔음을 알고는 특히 놀라고 당혹스러워 한다는 점을 발견했다. 그들은 대개 공동 문화의 근원을 찾는 데 어려움을 느낀다. 공공연한 억압을 경험했던 사람들에게는 이런 충격이 없다. 우리 학생들은 이 문제와 씨름하며 때론 죄책감과 수치심을 경험하기도 했다.

우리는 결코 억압과 특권의 양과 질을 평가하기를 원하지 않는다. 노예로 평생을 보내는 것에 비하면 군대에서 6년을 보내는 건 아무렇지 않게 넘길 수도 있을 것이다. 우리는 이런 개념은 결코 비교될 수 없다고 믿는다. 그것은 오직 한 사람의 경험 안에서 인식되어야

---

16. Peggy MacIntosh, "White Privilege: Unpacking the Invisible Knapsack," *Peace and Freedom* (July/August, 1989): 10-12.

한다. 그러나 이런 인식은 다른 이들의 억압과 특권을 확인하고 이해하는 것으로 이어질 수 있다. 학생들과 이런 작업을 할 때 질문들을 숙고할 충분한 시간과 공간을 제공하는 것이 무엇보다 중요하다.

조심스럽게 우리는 학생들에게 그들이 어떻게 억압당했는지 묘사해 보도록 요청했다. 학생들의 대답에는 다음과 같은 것들이 있었다.

- "난 군대에서 6년 동안 억압 받았습니다."
- "아버지가 나를 성적으로 학대했어요."
- "나는 가톨릭 교회에서는 결혼할 수 없습니다."
- "사람들이 나를 쳐다보는 건, 비만한 데다 게으른 사람이라고 여기기 때문이에요."
- "부모님은 나의 파트너나 우리 아이들을 만나려 하지 않을 거예요."

엘리자베스 퀴블러-로스 Elizabeth Kubler-Ross 는 굶주리며 전후 유럽을 방황하던 이야기를 해준다. 그녀는 한 덩이 빵을 들고 있는 한 아이를 보았고, 빵을 얻기 위해서라면 저 아이를 죽일 수도 있겠다고 생각했다. 그런 후 그녀는 자신의 히틀러를 만났음을 깨달았다. 우리는 학생들에게 "각자의 히틀러를 만나라"고, 즉 자신이 어떤 면에서 압제자로 살았는지 돌아보라고 요청했다. 학생들은 대개 이 질문에 대답하기를 꺼렸으나, 어쩔 수 없이 내놓은 대답은 이러했다.

- "나는 5년 동안 동생에게 말을 걸지 않았어요."
- "동료가 부당한 대우를 받을 때 나는 항의하지 않았어요."
- "그동안 나는 뚱뚱한 사람들은 모두 자제력이 부족하다고 생각해 왔어요."
- "나는 내 아이들에게 완벽하길 기대했어요."
- "나는 남자들 사이에 끼고 싶어서 일부러 여성에 대한 상스런 농담을 내뱉곤 했습니다."

우리는 또 질문했다. "당신은 어떤 특권을 누렸습니까?" 그러자 다음과 같은 대답을 들을 수 있었다.

- "피부색이 밝은 아프리카계 미국인으로, 나는 좀더 나은 대우를 받았습니다."
- "일본인 남성으로서, 나는 일본인 여성들보다 더 특혜를 누렸습니다."
- "남자들은 날 대신해 문을 열고 기다려줬어요."
- "나는 내가 원하는 곳 어디서든 살 수 있고 어디로든 여행할 수 있습니다."
- "나는 남편과 자녀 사진을 공유하면서도 걱정하지 않을 수 있습니다."
- "내가 미美에 대한 특정 기준에 부합한다는 이유로, 나는 가게

나 식당에서 좀더 대접을 받고 다른 사람들보다 더 많은 관심을 받았습니다."
- "나는 내가 원하는 곳 어디든 아파트를 빌릴 수 있어요."

"당신은 당신의 특권을 어떻게 남용했습니까?"라고 질문했을 때, 학생들은 약간의 저항감을 내비치며 다음과 같은 대답을 했다.

- "나는 내 외모를 이용해 남성들을 조종해 왔어요."
- "나는 내 '소수자 지위'를 이용해 꼭 얻지 않아도 되는 학위를 얻었습니다."
- "나는 내 지위를 이용해 강요한 적이 있습니다."
- "나는 소득세를 신고할 때 세무전문가의 도움으로 속인 적이 있습니다."
- "나는 내 새 차를 과시했습니다."
- "나는 우리 대가족의 여성들이, 남자라는 이유로 나를 먼저 대접하도록 내버려두었습니다."

우리는 또한 학생들에게 그들의 억압과 특권을 발생시킨 공동 문화들을 파악해 보도록 요청했다. 이 질문들에 대한 논의는 많은 이들에게 꽤 어려웠지만, 논의가 끝난 후 한 학생이 이렇게 말했다. "지금껏 백인으로 살았기에 나는 억압과 특권에 대해 탐색하지 않아도 되었죠. 이것은 나에게 이점인 동시에 불리한 점이기도 합니다."

## 영성지도자들을 위한 수퍼비전에 적용하기

억압과 특권이라는 주제는 수퍼바이저가 영성지도자들에게 거론하기 쉽지 않을 수 있다. 우리는 공동 문화 지도로 돌아가 어떤 공동 문화에서 억압을 경험했고, 특권을 경험했는지 질문할 것을 추천한다. 그 다음으로는 이렇게 질문해 볼 수 있겠다. 그것을 어떻게 알게 되었나요? 이 공동 문화의 일원으로서 당신의 특권을 인식할 때 어떤 느낌이 들었나요? 이런 억압이 당신에게 미친 영향은 무엇인가요? 이런 주제는 신학적 성찰로 이어질 수 있다. 수퍼바이저들은 다음 회기까지 신학적 성찰을 해오도록 제안할 수 있다.

## 4단계: 문화 정체성 계발

일단 학생들이 그들의 공동 문화를 정의 내리고, 그들의 가치와 행동들을 파악했으며, 억압과 특권에 대해 토론했다면, 다음 단계는 정체성 계발 과정에 대해 생각해 보는 것이다. 정체성 문제는 복잡하다. 그리고 자신이 참여하고 있는 다양한 공동 문화에 대한 이해를 통해 정체성 계발을 인식할 때 이는 타인에 대한 더 깊은 인식과 공감으로 이어진다. 우리는 학생들에게 다음과 같은 질문을 던졌다.

- 당신이 처음으로 어떤 문화의 일원인 것을 인식한 때는 언제인가? 그 문화와 관련된 기억은 무엇인가? 어떤 방식으로 당신은 그 공동 문화에 참여하고 있는가?
- 당신의 공동 문화는 당신이 세상을 보는 방식에 각각 어떤 영향을 미쳤는가?
- 당신의 각각의 공동 문화에는 어떤 행동 수칙이 있는가?
- 당신의 공동 문화 가운데 가치와 행동 모두를 포함해 어떤 부분을 바꾸고 싶은가?
- 사람들이 당신의 공동 문화에 갖고 있는 편견은 무엇인가?
- 당신과 공동 문화를 많은 부분 공유한 사람은 누구이며, 또는 거의 공유하지 않은 사람은 누구인가?
- 당신을 압도하고 있는 공동 문화는 무엇인가? 어떤 역동 때문에 그 문화가 압도하게 되었는가?
- 당신은 당신이 참여하고 있는 공동 문화의 가치와 행동을 어디서 배웠는가?

우리는 다수자 집단과 소수자 집단 사이에 개인의 문화 정체성 계발 과정이 어떤 점에서 다르고 어떤 점에서 비슷한지 학생들이 이해하도록 도우면서 (앳킨슨, 모튼, 그리고 수의 모델과 같은[17]) 다양한 문화 정체성 계발 모델을 제시했다.

우리는 학생들에게 한 가지 계발 모델을 골라 적어도 자신의 공동 문화 중 두 가지를 추적해 보라고 요청했다. 이 활동에 대한 논의 가운데 우리는 문화 정체성 계발 과정의 만남, 갈등, 불화 양상을 강조했다. 왜냐하면 이는 때로 정체성 인식으로 나아가는 단계이기 때문이다. 예를 들어, 한 학생이 남자 형제만 있는 집에 유일한 딸이라는 사실로 자기 어머니의 공동 문화와 마주치고 갈등했던 경험을 나눴는데, 이 갈등은 한여름에도 어머니가 자신에게 블라우스를 입도록 강요하면서 최고조에 이르렀다. 그 후에야 그녀는 자신이 여성이라는 사실과 관련된 많은 암시들을 인식하기 시작했다고 한다.

또 다른 예는 클레오의 친구의 경험인데, 그의 주된 공동 문화 정체성은 남서부 출신의 라틴 아메리카계 남성이라는 것이었다. 그는 자신이 동성애자임을 밝혔을 때 다른 지역에서 살고 있었다. 얼마 동안 그는 그 지역 동성애자 문화에 푹 빠져 그 공동 문화의 규범에 따라 옷을 입고 행동했다. 그러나 시간이 지난 후 그는 적어도 그 지역의 동성애자 공동 문화가 진정한 자기와는 어울리지 않음을 깨닫고,

---

17. Donald R. Atkinson, George Morten, and Derald Wing Sue, *Counseling American Minorities: A Cross-Cultural Perspective*, 3판 (Dubuque, IA:Wm. C. Brown Publishers, 1989).

자기 고향으로 돌아가 라틴 아메리카계 예술, 음악, 관습, 종교에 대한 연구에 심취했다. 결국 그는 한 가지 특정 공동 문화를 선택한 셈이다. 그는 두 가지 공동 문화와 관련한 핵심 가치를 놓고 중대한 내적 충돌을 경험했고 고향으로 돌아감으로써 그 충돌을 해결하기로 결심했다. 그는 하나의 공동 문화를 거부하지도, 그 문화를 고수하는 사람들을 판단하지도 않았다. 그는 그저 다른 문화, 즉 좀더 "집처럼" 편하게 느끼는 문화에 집중하기로 선택했을 뿐이다.

내적 가치 충돌 때문에 공동 문화를 거절하는 문제는 학생들이 인종 차별주의 가족이나 공동체 출신이라든가, 가난한 환경에서 자랐음을 나눌 때 수면 위로 떠오른다. 그들은 흔히 이렇게 말한다. "난 그렇지 않거든요." 학생들이 정체성 발달 과정을 이해하도록 돕는 것은, 그들이 자신이 알아온 사람들을 포함해 한 문화 전체를 거부하는 것 같은 죄책감이나 수치심을 해결하는 데 유용하다. 일단 가치관이 정립되고 나면, 한 문화 전체를 거부하지 않고도 특정 가치와 행동 양식을 변화시킬 수 있음을 보다 쉽게 깨달을 수 있다.

**영성지도자들을 위한 수퍼비전에 적용하기**

우리는 앞서 열거한 질문들이 수퍼바이저들과 영성지도자들이 함께 생각해 봐야 할 중요한 질문들이라고 믿는다. 물론 이 모든 질문들을 한 번에 다 다룰 필요는 없다. 몇 번의 회기에 걸쳐 다룰 수 있다. 이 질문들은 또한 영성 발달과도 밀접한 관계가 있다. 지도자가 처음으로 하나님의 존재를 인식하게 된 것은 언제인가? 이런 인식은 특정 공동 문화와 관계가 있는가? 신적 존재를 알고 인식하는 데 어떤 공동 문화가 영향을 끼쳤는가?

만약 영성지도자가 소수자 집단 일원이라면, 수퍼바이저는 앳킨슨을 포함한 여러 저자의 문화 정체성 모델과 관련된 질문을, 특히 "자아를 향한 태도"[18]의 견지에서 하는 것이 좋다. 지도자는 "자기 비하" self-depreciating 와 "자아도취" self-appreciating 사이의 단계들을 경험했는가? 자기에 대한 이런 이미지는 하나님에 대해 갖고 있는 이미지와 어떤 관계가 있는가?

수퍼바이저들이 지도자들과 함께 이 부분의 자료를 사용할 방법은 무궁무진하다. 그러나 수퍼바이저들을 위한 첫 단계는 이 자료를 사용하기 전에 스스로에게 적용해 보는 것이다.

### 5단계: 통합과 성찰

공동 문화 지도를 만들고 가치와 행동 양식을 파악하고 특권과 억압 문제를 밝히고 정체성 발달을 탐색해 본 후, 마지막 단계는 이

---

18. 같은 책.

런 경험을 성찰해 보는 것이다. 우리가 학생들에게 성찰을 위해 던진 첫 번째 질문은 우리 모두 아직 배워야 할 것이 남아 있고, 이 과정은 평생에 걸쳐 이루어져야 함을 인정하고 있다.

다음은 우리가 성찰과 일지 기록을 위해 제기했던 질문 중 일부이다.

- 공동 문화와 관련된 지식과 경험 중 당신이 더 알고 싶거나 바꾸고 싶거나 이해되지 않는 부분이 있는지 성찰해 보라.
- 공동 문화에 대한 더 깊은 이해가 다른 이들과의 관계에 어떤 변화를 가져왔는가?
- 다른 이들과의 관계에 변화되지 못한 부분은 무엇인가?
- 당신 자신과 공동 문화에 대해 깨달은 점을 바탕으로 앞으로 어떤 행동을 할 계획인가?
- 앞으로 당신의 행동을 어떻게 평가하겠는가?

더 나아가 우리는 특정 사건이나 주제에 대한 신학적 성찰을 위해 사용할 과정을 개발했다. 이 과정에는 다음과 같은 추가적인 질문들이 포함되어 있다.

- 이 경험에 대한 나의 이해에 도움 또는 방해가 될 공동 문화는 무엇이라고 생각하는가?

- 다른 사람들의 공동 문화에 대해 나는 무엇을 알고/이해하고 있는가? 이런 것들을 어떻게 알게 되었는가? 어떤 점을 더 알고 싶은가?
- 나에겐 내가 속한 공동 문화에 기반한 어떤 가정들이 있는가?
- 이 상황에서 내가 발견할 수 있는 공동 문화는 무엇인가? 그 문화는 축복인가? 아니면 도전해야 할 과제인가?
- 이 경험에서 하나님은 어디 계시는가? 하나님께서는 내가 어떤 면에서 성장하도록 부르고 계시는가?
- 이 상황을 극복하려면 무엇을 해야 하는가?
- 이 결과 나는 어떻게 달라질 수 있을까?

학생들이 통찰을 더 잘 통합하고 새로운 행동으로 나가도록 돕는 다른 활동들은 다음과 같다.

- 공동 문화를 상징적으로 나타내는 콜라주 만들기
- 문화 정체성에 초점을 두고 가족, 친구들과 인터뷰하기
- 문화적 융합에 참여하기

우리는 또한 실천과 학습 계획을 짜도록 요청했고, 학생들이 그들의 계획을 평가해 보길 기대했다.

## 영성지도자들을 위한 수퍼비전에 적용하기

신학적 성찰은 영성지도자의 훈련에 있어 핵심 부분이다. 수퍼바이저들은 하나님 임재 경험의 문화적 측면을 강조하기 위한 도구로 이 장에 소개된 신학적 성찰 과정을 나누어도 좋다. 각 활동들을 다음 회기까지 숙제로 낼 수 있다.

많은 사람들이 문화를 그들의 결정 내리기, 행동, 태도, 믿음, 의례, 그리고 사고의 중요한 부분으로 여기지 않기 때문에, 지도자들이 이 과정에 저항할 수도 있다. 그러나 이런 활동은 하나님에 대한 더 깊은 지식을 포함해 더 깊은 자기 이해와 인식으로 이끌어줄 것이다.

### 공동 문화 개념의 사용 가치

이 장에 묘사된 과정을 통해 자신에겐 문화가 없다고 믿었던 학생들은 자신의 공동 문화를 파악했으며, 그렇게 함으로써 그들의 삶은 더 풍성해졌고 다른 이들과 상호작용하는 방법에도 변화가 있었다. 자신의 공동 문화를 파악하고 정체성의 중요성을 성찰함으로써 학생들은 자기 자신과 다른 이들을 향한 행동과 태도에 대한 통찰을 얻었다. 또한 그들은 그들의 관계에서 힘을 실어줄 차이를 다루는 또 다른 도구를 얻었다. 학생들이 억압과 특권의 역학을 이해하기 시작했을 때 적대 집단 패러다임이 사라졌다. 성찰과 행동을 통해 학생들은 새로운 지식, 인식, 이해를 통합해 갔으며, 이는 변화된 태도, 신념, 행동으로 이어졌다. 학생들이 이런 차원의 변화와 변형을 이루는 게 가능하다면, 영성 지도자와 피지도자, 수퍼바이저들에게도 기대해 볼 수 있을 것이다.

배리와 코널리는 "수퍼비전의 주된 목적은 영성지도자가 영성지도자로서 개인적으로 성장하는 것"이며, 지도자들이 수퍼비전을 받으려 할 때 그들은 더 나은 사람이 되기 위해 도움을 요청하는 것이라고 보았다.[19] 만약 수퍼바이저들이 지도자들을 도와, 그들의 공동 문화 렌즈를 통해 하나님을 어떻게 경험하고 알아왔는지 인식하게 할 수 있다면, 지도자들은 더 나은 사람이 되어가는 여정에 자기 자신과 다른 사람들을 새롭게 이해하고 공감할 수 있을 것이다.

한 사람의 공동 문화 및 그것과 연관된 가치와 행동을 기꺼이 탐색하려 하는 데는 용기가 필요하다. 이런 탐색의 여정을 착수하고 나면 온갖 종류의 신념과 태도, 가치들을 발견하게 될 것이다. 우리가 자랑스럽게 이런 주장을 하는 것은, 그런 발견이 우리가 "더 나은 사람"이 되는 여정에 나서도록 도우며, 하나님과 더 깊은 관계를 발전시키게 해주기 때문이다. 일반적으로 우리가 불편하고 수치스럽게 느끼는 신념, 태도, 가치들도 존재한다. 그러나 우리가 용기 있게 그

---

19. Barry와 Connolly, *Practice of Spiritual Direction*, 177, 178. 『영적 지도의 실제』(분도출판사)

문화의 기원을 탐색하고 화해할 때 하나님과 더 친밀감을 느끼게 될 것이다. 이것이야말로 수퍼바이저들이 지도자들을 도와 자신의 공동 문화에서 "어두운" 면을 더 탐색하도록 해야 할 이유이다. 배리와 코널리는 다음과 같이 말했다.

> 각 사람은 다른 이들과의 관계를 통해 성장하고 변화하며, 성장의 정도는 관계의 질과 깊이에 달렸음을 기억하는 것이 현명하다. 영성 지도자로서의 성장은 피상적이어서는 안 된다. 지도자들이 하나님과 다른 사람들을 가장 친밀하게 만나는 마음 중심에 뿌리를 두어야 한다. 그들의 마음은 개방적이고 분별해야 하며, 믿음과 소망과 사랑이 분명히 실재하는 가운데 인간으로 성장해야 한다. 이런 방식으로 발전하기 위해 그들은 하나님과, 또한 수퍼바이저와 깊이 관계를 맺어야 한다. 그들은 자기 마음과 생각, 믿음, 소망 그리고 사랑의 강점과 약점을 수퍼바이저에게 노출시키는 위험을 감수해야 한다.[20]

우리는 이 장에서 제공한 개념과 도구들이 이 과정에 있는 영성 지도자들과 수퍼바이저들에게 도움이 되길 바란다.

---

20. 같은 책, 179.

# 10장
## 장애인들을 위한 영성지도

수잔 S. 필립스

"네가 듣기를 좋아하면 배우는 것이 많겠고 귀를 기울일 줄 알면 현자가 되리라"(집회서 6:33).

영성지도자들은 "모든 성도와 함께 그리스도의 사랑이 얼마나 넓고 길고 높고 깊은지 알아 하나님의 모든 충만하신 것으로 충만하게"(엡 3:18-19)[1] 되길 갈망하는 사람들에게 귀 기울여주는 동반자들이다. 영성지도자로서 우리는 하나님의 드넓은 세상의 여러 차원을 탐색하는 사람들과 동반하다가 때로 익숙하지 않은 곳과 마주치기

---

1. 성경 본문을 저자가 풀어쓴 것임.

도 한다. 우리가 동반하는 각 사람은 독특한 존재이며 하나님과의 관계를 즐거워한다. 영성지도자들은 바로 이 관계를 알고 존중해 주길 원한다.

영성지도자들을 위한 수퍼바이저의 역할은, 수퍼바이지가 영성지도자로 잘 형성되어가도록, 그리고 지도자와 피지도자의 동반 관계가 잘 이루어지도록, 기술과 동정심과 기도로 돌보는 것이다. 우리가 마음과 생각, 영혼과 몸에 대해 점점 알아갈 때 그 역할은 더욱 심오하게 우리를 빚어갈 것이다. 한 분석심리학 정신의학자는 이렇게 썼다. "수퍼바이저로서 나는 수퍼바이지와의 관계로부터, 그리고 환자와 그들과의 관계로부터 배우고 있음을 인정한다."[2] 수퍼바이지 역시 수퍼바이저뿐만 아니라 피지도자와의 관계에서도 배우고 있다. 이들 각각의 관계는 인격과 인격 사이의 커다란 거리를 이어주며, 우리가 보다 멀리까지 나아가게 해줄 것이다.

기독교는 세상에서 비정상으로 여겨지는 사람들, 즉 가난한 사람, 사별한 사람, 병든 사람, 나이 든 사람, 소외된 사람, 외국인, 그리고 고통 받는 사람들에게 특별한 관심을 쏟는다. 예수는 이 모든 범주에 속한 각 사람들에게 관심을 쏟았으며, 그들과 대화를 나누고 그

---

2. James Astor, "Some Reflections on Empathy and Reciprocity in the Use of Countertransference between Supervisor and Supervisee," *Journal of Analytical Psychology* 45(2000) 중에서: 368.

들에게 역사적 중요성을 부여했다. 성경에서 우리는 헤롯보다는 바디매오와 사마리아 여인 같은 사람들에게서 더 많은 이야기를 듣는다. 눈먼 자와 소외된 이방 여인은 긍휼어린 관심의 대상일 뿐만 아니라, 윤리적이고 영적인 대리인이다. 예수는 그들에게 무엇을 원하는지 묻고 그에 맞게 반응한다. 기독교는 넓고 길고 높고 깊은 하나님의 사랑의 수용성이 이 모든 이들을 감싸고 있다고, 그 사랑은 "최대", "최소", "평균" 등으로 판단하는 인간의 평가와 아무 상관이 없다고 주장한다. 역사적 인물들로서, 우물가의 여인과 바디매오는 제자들만큼이나 우리에게 귀한 가르침을 주고 있다.

비정상 범주에 속한 사람들은, 고대에나 고전 문학에서도 온전한 사람 취급을 받지 못했다. 그들에 대한 예수의 태도는 가히 혁명적이었다. 이 장에서는 특히 신체적 능력이라는 측면에서 다른 조건을 지닌 사람들을 향한 예수의 태도를 살펴보고, 영성지도에서 그런 태도를 어떻게 지녀야 할지 성찰해 보려 한다. 또한 영성지도자가 남들과 다른 능력을 갖고 있는 사람과 사역하면서 어떻게 형성되고 배울 수 있는지도 살펴보겠다. 우리는 영성지도자로서 돌보는 태도를 고찰하고 인식할 수 있을까? 특히 신체적으로 정상에서 벗어난 피지도자들을 향해 어떻게 기독교적 사랑을 나타낼 수 있을까?

"정상"이란 사회적 단어이다. 예전에 사람들은 불운, 죽음, 고통, 피해 등과 같은 정상적 현실을, 돌봄이나 치료 같은 윤리적 기술의 도움 없이 맞이해야 했다. 누군가에게 찾아온 불운이 선천적이든 환경적이든 간에 사람들은 그들을 비정상 범주에 넣고, 귀머거리, 절뚝발이, 맹인, 벙어리 등으로 여겼다. 이 짧은 단어 목록이 우리 귀에 너무나 가혹하고도 불변하며 사회적으로 고립시키는 조건으로 들리는 만큼, 그들이 경험한 현실 또한 그러했다. 오늘날 우리는 고통affliction 보다는 "도전"challenge이라는 말을 사용하며, "비"dis- 라는 접두사를 넣는 쪽을 선호하는데, 이는 편의성, 기능, 그리고 능력 등의 달성 가능한 상태를 잠시 잃어버렸음을 의미한다.

### 현대 사회의 풍경

서방세계에 사는 우리는 계몽주의 합리성과 인간중심주의의 상속자들이다. 선천적 기형과 고통에 대해 추상적이고 이론적인 질문을 던지던 성향이 약화된 것은, 반갑지 않은 상황을 모두 기술적으로 해결하는 데 계속 성공해 왔기 때문이다. 오늘날 위생 관리, 영양, 치료제, 기술, 교육, 그리고 인권 등에서의 진보로 성경에 기록된 많은 고통들을 피하거나 바로잡을 수 있게 되었다.

우리는 세상을 이해하는 놀라운 능력들을 계발시켰고, 정부, 상업, 그리고 사회생활의 합리적 조직을 만들었으며, 우리 자신의 행복을 위해 자연을 이용했다. 우리가 특히 이해할 수도, 통제할 수도 없는 상황에 고통 받는 것은 이상한 일이 아니다. 우리는 질병, 재해, 장애, 그리고 죽음을 우리 통제 아래 있는 일탈로 여기곤 한다. 이와 비숫하게 우리는 성공, 건강, 장수를 개인적 성취로 여긴다.

다양한 질병에 대한 치료책 개발은 우리 사회에 대단한 유익을 주었다. 물론 불완전하기는 하지만, 환자들을 치료하고 장애인들을 돕는 제도가 발전되었고, 공공 서비스에 대한 권리가 마련되고 확대되어 왔다. 이는 약자와 장애인들이 그들의 집에서만 머물도록 쫓겨나거나 격리되는 다른 사회적 상황과는 대조된다. 언어학적으로도 "불구"라는 단어 대신, "장애", "기능 손상", "신체적 도전 과제" 등의 용어로 대체하려 노력해 왔다. 나의 어머니는 이 범주 안에 속해 있으며, 평생 동안 자신에게 붙어있던 꼬리표가 어떻게 변해 왔는지 열거하기를 좋아하신다. 비록 이 용어들이 어색할 수 있지만, 그 용어들은 남들과 다른 표를 지니고 사는 사람들의 인간됨을 강조하기 위해 우리 사회가 헌신해 왔음을 보여주고 있다.

이성, 과학, 그리고 민주주의 입법 등을 통해 차이를 다루는 문제에 있어 많은 발전이 있었으나, 치료를 지향하다보니 돌봄의 중요성이 빛을 잃고 말았다. 영성지도 실습은 돌봄의 영역에 자리해 있다. 영성지도는 담론, 훈련, 그리고 분별의 공동체 속에서 윤리적, 신학적 성찰로 인도하는 창조적이고 상상력이 발휘되는 기술을 포함하는 실습이다. 영성지도는 섬김의 기술이지, 고치고 분류하고 객관화하고 관리하고 상품화하거나 규격화하는 기술이 아니다. 영성지도는 하나님 나라에 대한 믿음을 가진 채 사람들의 세계 속으로 들어가 그들을 섬기는 특별한 방식이다.

탈근대 postmodernity의 한 가지 특징은 사람들이 직접 경험을 통해 얻은 지식의 가치를 알게 되었다는 것이다. 우리는 우리 문화 출신이 다른 문화로 가서 연구한 내용을 학습하기 보다는, 다른 문화로부터 온 사람들에게서 그들 문화에 대한 이야기를 듣길 원한다. 우리는 이야기 속에 내재된 지식을 소중히 여기게 되었으며, 그 지식이 분리된 이론화와 분석 작업을 통해 얻은 지식만큼이나, 아니 때론 더 소중하다는 것을 배웠다. 지식은 상대의 관점을 존중하는 방식으로 이해된다. 예수가 바디매오에게 "네게 무엇을 하여 주기를 원하느냐?" 하고 물었던 것처럼, 우리 역시 다른 사람의 열망을 다 안다는 듯 주제넘게 굴지 않고 다른 목소리를 내도록 귀 기울여주길 원한다.

나는 관계와 독서를 통해 알게 된 장애인들로부터 배웠다. 비록 나는 비장애인이지만, 나이가 들다보니 시력과 청력, 기동성 약화가 어떤 것인지 좀 더 이해하게 되었다. 나는 장애인 어머니의 딸이자, 청각 장애를 가진 아들의 어머니다. 그들은 이루 말로 표현할 수 없는 많은 것을 가르쳐주었다. 또한 나는 낸시 메어즈 Nancy Mairs, 앤드레 더뷰스 Andre Dubus, 해리엇 맥브라이드 존슨 Harriet McBryde Johnson, 레이놀즈 프라이스 Reynolds Price, 크리스토퍼 리브 Christopher Reeve, 장-도미니크 보비 Jean-Dominique Bauby 등을 포함해 자기 삶을 드러내 정상 범주에서 벗어난 신체 조건을 갖고 산다는 것이 무엇을 의미하는지 깨닫게 해준 많은 작가들에게서 배웠다.

이들은 하나님 사랑의 넓이, 길이, 높이, 그리고 깊이에 대한 나의 감각을 확장시켰고, 내 마음을 넓혀주었으며, 나 자신의 인간성에 빛을 비춰주었다. 영성지도자로서 내가 나와 다른 사람들, 특히 장애를 가졌거나 나이 또는 질병으로 몸이 쇠약해진 사람들과 사역할 때 이들에게서 지혜를 얻을 수 있었다. 다른 이들의 독특한 목소리를 인식해 봄으로써 경청하는 자들의 수퍼바이저로서 내 사역에 도움을 얻을 수 있었다.

### 창문을 통해 들여다보기

모든 종류의 돌봄은 나 자신이 아닌 다른 무엇 또는 누군가에게 다가가는 것을 수반한다. 영성지도의 경우, 우리는 피지도자, 그리고 그의 영적 건강과 풍요를 돌본다. 우리는 기독교 이야기의 빛 안에서, 살아계신 말씀이 우리와 우리 관계를 형성하시길 기대하며 그렇게 사역한다. 우리는 예수 그리스도를 통해 계시되고 성령을 통해 분명해진 하나님의 얼굴 앞에서 다른 이들을 바라본다. 남들을 돌보는 우리의 성향과 행동 뒤에 동기를 부여해 주는 힘은 바로 우리 영성이다. 우리는 모든 관계 속에서 이 영성을 표현한다.

돌봄은 관계적이다. 돌보는 행동은 의도될 뿐만 아니라, 돌봄을 받는 쪽에서 경험되는 것이다. 그러므로 돌봄의 질은 돌보는 사람이 돌봄을 받는 사람과 얼마나 조화를 이루어내느냐에 달려 있다. 차이를 넘어 조화를 이루는 것은 하나의 도전이다. 망원경과 라디오를 통해 알 수 있듯, 관찰자와 관찰 대상의 거리가 멀수록, 방해거리가 많을수록, 수신 상태를 더 자주 조정해야 한다. 지도자와는 달리 몸이 아프거나 마비 상태이거나 죽어가거나 소외되어 있거나 슬픔에 빠졌거나 절망하고 있거나 재정적 어려움에 있거나 다른 여러 고통 가운데 있는 피지도자와 사역하는 영성지도자들을 향한 부르심이 여기에 있다. 수퍼바이저에 대한 부르심은 그런 조화를 돕고 격려하는 데 있다.

수퍼비전 관계는 그 자체로 관계적이고 돌보는 것이며 고유하다. 이 관계는 지도 관계와 유사하나 영성지도자로서 수퍼바이지가 돌보는 사역을 잘 해내도록 하는 데 그 목적이 있다. 그 목적을 위해 수퍼비전 공간에는 수퍼바이지 사역을 들여다보는 창문이 있어야 한다.

다음의 시나리오를 상상해 보자. 수퍼바이지/지도자가 피지도자의 세계로 들어가 그 안에 피지도자가 지도자의 돌봄을 경험할 수 있는, 안전한 경청의 공간을 만든다. 그런 후 지도자는 수퍼바이저인 내가 마련한 안전한 경청의 공간에 찾아오고, 우리는 함께 창문을 통해 지도자가 다녀온 영성지도 공간을 들여다본다. 가능한 만큼 나는 그 세계와 그 안에 살고 있는 피지도자를 이해하려 노력한다. 그러나 나의 이해는, 지도자가 만들고 유지하는 창문을 통해 들여다보고, 그 창문이 어떻게 만들어지고 유지되는지, 지도자는 그것과 어떤 관계가 있는지 감지하는 범위 내에서 이루어진다. 나는 하나님의 사랑과 진리의 빛이 우리를 비추실 것을, 우리가 함께 그 사랑에 기대어 창문을 통해 가능한 모든 것을 볼 수 있음을 믿는다. 지도자는 중요한 특징과 순간들을 짚어주어 나를 돕는다. 창문을 통해 내가 관찰한 내용과 더불어 내가 대화로 끌어오는 경험은 지도자의 인상, 기억, 소망을 명료화하도록 돕는다.

    나의 수퍼바이저가 나와 함께 창문을 통해 들여다보던 때가 기억난다. 한 피지도자와는, 영성지도 문의를 위해 마련한 자동응답기 너머로 (내 귀에는) 이상하게 들리던 목소리를 통해 처음 알게 되었다. 그 목소리를 듣자마자, 뇌졸중이나 중풍을 앓은 후 이와 비슷한 말투를 갖게 된 사람들과의 경험이 생생하게 떠올랐다. 나는 이 문제를 두고 기도했다. 몇 달 후, 나는 수퍼바이저와 함께 이 관계의 발전과 지도를 돌아보았다. 관계 초기에는 피지도자의 말을 이해하는 데 어려움을 겪었고 그로 인해 매우 당혹스러웠던 기억이 났다. 무지로 인해 몇 차례 저지른 실수도 떠올랐다. 장애가 있음을 잊어버리는 바람에 필요한 도움을 주지 못했던 순간들, 지나치게 도움을 베푸는 바람에 상대방의 행동에 방해가 되었던 순간들이 있었다. 피지도자와 나 사이에 존재하는 실존적 거리는 극명했고, 우리의 신체적 능력이 서로 달랐던 만큼이나 삶의 경험도 달랐기에 나는 배워야 할 것이 많았다.

    점차 나는 이 낯선 풍경 안에서 초점을 맞추고 구별할 수 있게 되었다. 나의 수퍼바이저와 내가 이 피지도자와의 사역을 평가할 때,

그녀는 내가 다른 이의 세계에 어떻게 접근하고 발을 들여놓았는지, 내가 어떤 선물과 짐을 갖고 갔는지, 언제 하나님께 의식적으로 의지했고 언제 그러지 못했는지, 어떤 영민함과 예리함을 갖고 이 영역을 가로질렀는지 보게 해주었다. 내가 비로소 마음을 놓고 경청하며 나다워지기 시작했을 때 느낀 안도감을 털어놓자, 나의 수퍼바이저는 미소를 지어보였다. 이 무렵 나의 피지도자는 나에게 도움이 되는 행동과 그렇지 않은 행동은 무엇인지 이야기해 주었고, 이를 통해 나는 진정한 환대를 제공할 수 있었다.

## 장애인과 함께 하는 영성지도에 나타나는 돌봄의 요소들

열망, 용기 그리고 희망은 한데 어우러져 다른 사람이 살아가는 세계의 문턱을 넘어가도록 도와준다. 그 세계로 들어갈 때마다 우리는 영성지도라는 기술을 실습하면서 그리스도의 사랑의 자세를 취하게 해달라고 기도해야 한다. 수퍼바이지가 영성지도 관계에 대해 이야기할 때 수퍼바이저가 찾아봐야 할 요소들이 있다.

### 주의 집중

다른 사람을 향한 돌봄의 자세에 있어 근본적인 요소 하나는 바로 주의 집중 Attention이다. 철학자 시몬느 베이유 Simone Weil 는 주의를 집중하는 능력은 인간 상호작용에 필수적이며, 그 능력이 없을 때 윤리적으로 실패한다고 믿었다. 나치 독일의 무자비성에 간담이 서늘해진 그녀는 어릴 때 집중 능력을 길러야 한다는 점을 다음과 같이 강조했다.

> 집중은 자기 생각을 유예하고, 대상이 침투할 수 있도록 자리를 비워주는 것이다. 머릿속에 자기가 구사해야 하는 다양한 지식들을 붙잡아, 이 생각의 범위 내에 있으나 더 낮은 수준에 있어 직접 닿지 않도록 해야 한다.…무엇보다도 생각은 공백 상태에서 아무것도 일부러 찾지 않고 기다리되, 노골적인 진실을 드러내며 침투하는 대상들을 언제든 받아들일 준비가 되어 있어야 한다.…하나님의 사랑이 본질상 집중하듯, 하나님의 사랑과 같아야 함을 아는 이웃에 대한 우리의 사랑 또한 이 본질로 만들어진다.[3]

영성지도에서 우리는 성령의 임재에 대한 개방성을 이야기한다. 다른 사람에게 주목할 때 우리는 기꺼이 받아들이려는 마음으로 다음에 무엇이 찾아올지 신뢰하며 기다린다. 우리의 모든 "다양한 지식"을 동원해 충만한 자아를 갖고 조우의 현장으로 나아가, 상대방

---

3. Simone Weil, "Reflections on the Right Use of School Studies", *The Simone Weil Reader* 중에서, George A. Panichas 편 (New York: David McKay Company, 1977), 49, 51.

을 충분히 받아들일 만한 공간을 만든다. 우리는 고치고, 이론화하고, 무언가 하려는 욕구를 내려놓고 상대방 곁에 있어줄 수 있다. 우리는 방 안에 있는 두 사람 모두 오직 하나님 안에서 "살며 기동하며 존재"(행 17:28)한다는 믿음 안에서 상대방을 받아들인다. 이런 자세를 취할 때 우리는 나와 다른 사람을 두려움이나 편견 없이 받아들일 수 있다.

심각한 장애를 갖게 된 어떤 사람이 "새로운 삶"으로 들어가는 것에 관한 글을 썼다. 존경받는 저자이자 영문학 교수인 레이놀즈 프라이스는 중년의 나이에 하반신이 마비되었고 척추암으로 인한 만성적 고통에 시달려야 했다. 그는 자서전, 『완전히 새로운 삶』A Whole New Life에서 자신에게 최고의 동반자들은 그가 기존의 삶을 떠나 새로운 삶으로 들어가는 게 어떤 의미인지 곁에서 함께 인식해 준 사람들이라고 썼다. 예를 들어 그의 상태가 더 나빠진 것 같던 어느 날 그는 사촌동생 마샤와 함께 있었다. 그는 그 날에 대해 이렇게 썼다. "그날 오후 내 침대 옆에 서 있던 그녀의 얼굴에 진지했던 표정이 떠오른다. 그녀는 이렇게 말했다. '우린 여기서 무슨 일이 일어나고 있는지 몰라, 그치? 그래도 우린 잘 이겨내고 있어. 내가 얼마나 걸리든 오빠 곁에 줄곧 함께 있어줄게."[4] 마샤처럼 영성지도를 제공하는 우

---

4. Reynolds Price, *A Whole New Life* (New York: Plume, 1982), 79.

리도 맞닥뜨린 현실이 무엇이든 돌보아주려고 노력해야 한다. 그러려면 마샤가 사촌 레이놀즈에게 제공했던 정직하고 헌신적인 태도를 지녀야 한다.

수퍼바이지들은 종종 그들이 두려움이 없어 보여야 하며, 구체적인 도움을 제공해야 한다는 생각에 사로잡힌다. 자기 의무에 대한 이 같은 과장된 부담감은 지도자와 피지도자 사이를 멀게 하며, 피지도자가 자기와 하나님께 집중하는 데 방해가 된다. 심리치료사들의 한 수퍼바이저는 이렇게 썼다. "수퍼바이저로서 내 경험상 많은 심리치료사들이 환자의 어려움에 지나치게 공감한 나머지 환자를 위해 자신이 하는 일이 부족하다거나 자신이 잘못된 일을 하고 있다는 걱정에 빠진다."[5] 마샤는 그런 실수를 저지르지 않았다. 그녀는 레이놀즈의 경험에 집중하면서도 자신의 무지에 정직했다. 예수가 겟세마네에서 제자들에게 부탁하신 것 또한 그 이상도 그 이하도 아닌, 함께 있어주는 것이었다.

프랑스 잡지 〈엘르〉Elle의 편집자인 장-도미니크 보비는 심각한 뇌졸중 후 락트-인 증후군locked-in syndrome으로 온 몸이 마비되고 말았다. 그는 그 후 일 년이 채 못 되어 사십대 중반의 나이로 생을 마감했는데, 죽기 전 그는 책을 받아 적게 했다. 그가 유일하게 의지적으로 움

---

5. Diane Shainberg, "Teaching Therapists How to Be with Their Clients," *Awakening the Heart* 중에서, John Welwood 편 (Boston: Shambala, 1983), 164.

직일 수 있던 눈꺼풀의 깜빡임만으로 전보를 보낸 것이다. 그 역시 새로운 삶에 주목했다.

프라이스와 보비는 그들의 삶에서 급격한 변화를 경험했다. 그들은 사람들이 자신의 새로운 삶으로 들어와 자신을 알아가도록 초청했다. 그들의 회고록을 통해 그 초청은 친구 관계를 넘어서까지 확대되었다. 보비는 다른 사람들이 자신을 가리켜 "식물인간"이라고 하는 소리를 듣고 자신을 아는 사람들에게 편지를 받아 적게 하기 시작했다. 그는 자신을 가리켜 "식물인간"이라고 부른 사람에게 이런 편지를 남겼다. "당신의 말투를 듣자하니, 앞으로 나는 채소가게에 놓여 있어야 할 뿐 더 이상 인간 대접을 받을 수 없겠다는 생각이 들었습니다."[6] 힘겹게 마친 한 편지에서 그는 자신이 다이빙벨에 갇혀 있다고 비유하며 이렇게 썼다. "이제 모든 이들이 나와 함께 다이빙벨에 올라설 수 있음을 이해할 것입니다. 때론 이 다이빙벨이 날 미지의 세계로 데려가지만 말입니다."[7]

모든 사람은 독특한 삶을 산다. 어떤 이들은 대부분의 사람들과 타고난 신체 조건이 다른 탓에 눈에 띄게 다른 삶을 산다. 해리엇 맥브라이드 존슨은 선천성 근위축 장애를 가진 장애인 인권 변호사로

---

6. Jean-Dominique Bauby, *The Diving Bell and the Butterfly* (New York: Vintage, 1997), 83. 『잠수종과 나비』(동문선).
7. 같은 책.

서 다른 이들이 그녀의 경험을 거의 이해하지 못한다고 썼다. 그녀는 휠체어를 사용하는데 "사람들은 (그녀가) 세상을 어떻게 활보하고 다니는지 기본적인 이해조차 없었다."[8]

어떤 사람들은 인생에서 이전의 삶을 떠나 새로운 삶으로 들어가는 것 같은 극단적인 변화를 경험한다. 레이놀즈 프라이스가 주장하듯, 이전의 삶이든 새로운 삶이든 모든 삶은 완전하다. 그렇기에 "겉으로 보기에 새로운" 삶을 살게 된 사람들은 그들이 뒤로 한 삶과의 연속성을 경험한다. 크리스토퍼 리브가 사지 마비가 되어 꼼짝 못하게 still 되었을 때에도 그의 아내는 그의 자기됨은 여전히 still 변하지 않았다고 확신했다. 그는 자신의 회고록에 "여전히 나" Still Me 라는 제목을 붙였다.[9] 다른 사람과 동반하는 사람들은, 그가 맞닥뜨린 현실이 무엇이든 그 곁에 있으면서 성령의 움직임에, 물론 전과는 새로운 형태의 움직임에 깨어 있어야 한다.

사람들과 시간을 보낼 때, 우리는 신체적, 역사적, 그리고 사회적 상황에서 핵심에 있는 성찰하는 영혼인 "나"를 알게 된다. 이는 상대방이 살다가 정상이 아닌 조건을 갖게 되었든 나면서부터 그랬든, 그

---

8. Harriet McBryde Johnson, "Stairway to Justice: An Unguarded Civil Rights Landmark," *The New York Times Magazine*, May 30, 2004, 11.

9. Christopher Reeve, *Still Me* (New York: Ballantine, 1999). 『절망을 이겨낸 슈퍼맨의 고백』(문예당).

리고 그 신체적 차이가 눈에 보이든 보이지 않든 상관없다. 내 아들 앤드류는 태어난 첫 해에 청력을 잃었다. 나에게 그 경험은 큰 상실이자 슬픔이었다. 그러나 앤드류는 상실감을 경험하지 않았다. 그 아이는 때로 기회도, 장애물도, 기쁨도, 불만족도 제공하는 남다른 조건을 경험했으며, 나는 이를 보고 이해하려 노력했다.

앤드류는 청각장애인으로서 자신이 한 경험을 내가 이해하도록 가르쳐주었다. 어린 소년이었을 때 그 아이는 우리가 대화를 하려면 내가 끊임없이 그에게 집중해야 한다고 가르쳐주었다. 수화를 해야 했기에 내 두 손은 자유로워야 했고, 아이가 내 표정을 읽어야 하기에 나는 아이 쪽으로 몸을 돌려야 했다. 많은 순간 앤드류는 내 손에 있는 물건들을 내려놓고, 나를 자기 앞에 앉히고는 내 얼굴을 움직여 자기를 보게 했다. 이는 우리가 진정한 대화를 나눌 유일한 방법이었다. 멈추어 몸을 돌리는 것은 집중을 향한 중요한 움직임이었다. 때로 내가 하던 여러 일을 내려놓고 누군가에게 주목해야 할 때, 나는 내 얼굴을 움직이던 조그마한 손길이 떠오른다.

수퍼바이저로서 나는 수퍼바이지/영성지도자가 피지도자를 동반하는 것에 주목한다. 수퍼바이지는 피지도자가 세상을 어떻게 경험하는지 이해하고 있음을 말해 주고 있는가? 장애에 대해 말할 때 그것을 하나님과 다른 사람과의 삶과 연관시켜 이해하고 있는가? 수퍼바이지는 상대의 장애에 의해 촉발된 개인적 감정과 신학적 관심을, 상대의 감정과 관심과 구분할 수 있는가? 피지도자가 새로운 삶의 완전성에 대해 탐색함에 따라, 수퍼바이지의 그 삶에 대한 인식이 확장되고 있는가? 이 관계에서 개인 대 개인의 편안함이 있는가?

시편 기자는 하나님께서 우리 고통에 증인이 되시고 우리의 "발을 넓은 곳에"(시 31:8) 세워주신다고 확신시켜 준다. 수퍼바이저로서 우리는, 다이빙벨 안에 있는 자들, 즉 새로운 인생, 들리지 않는 문화, 장애가 있는 곳, 독특한 영역에 있는 자들과 동반하는 수퍼바이지를 돌볼 때 그 넓은 곳에 발을 디디고 서 있는가?

### 유창성

다른 사람을 깊이 알아갈 때는 언제든지 우리의 것과는 다른 뉘앙스의 언어를 이해하는 법을 배운다. 특정 단어, 어조, 몸짓, 그리고 속도 등이 무엇을 의미하는지 배운다. 유창해지는 데는 시간이 필요하다. 집중력과 시간은 의사소통이 편안하고 우아하게 흐르도록, 즉 유창한 상태에 이르도록 도와준다.

신체적 장애가 있는 사람과 영성지도를 할 때 특히 두드러지는 유창성 fluency 문제는 바로 은유의 문제이다. 질병과 장애에 대한 정확한 비기술적 단어들이 부족한 게 현실이다. 버지니아 울프 Virginia Woolf 는 이렇게 주장했다. "영어는 햄릿의 생각과 리어의 비극을 표현하는 데는 유용하지만, 몸이 떨리는 추위와 두통을 표현하기엔 마땅한 단어가 없다."¹⁰ 언어학적 기근 현상의 결과, 신체적 경험으로 알게 된 사실은 주로 은유로만 전달된다.

장-도미니크 보비는 자신이 다이빙벨에 갇혀 있다고 썼다. 그는 또한 상상의 나비에 대해서도 언급했는데, 그것을 통해 날아올라 여행할 수 있다고 했다. 은유는 추상적 개념을 보다 구체적 개념과 연결시켜 준다. 보편적인 은유들은 우리의 육체에 참고 표시를 달아주므로 신체적 장애에 대한 대화에 있어 매우 중요하다.

기호학 전문가 움베르토 에코 Umberto Eco는 모든 언어를 통틀어 가장 초보적인 보편 언어의 특징은 우리 신체와 관련이 있다고 주장한다. 모든 문화가 본질의 개념을 인식한 것도(예를 들어, "사과는 빨갛다"), 정체성 개념을 인식한 것도 아니었다(예를 들어, "a=a"). 그러나 에코가 말하길, 모든 인간과 모든 언어는 인간의 구현 human embodiment에 대해 인식한다. 우리는 일어서고, 앉고, 기댄다. 우리는 좌로나 우로 움직이고, 가만히 서 있고, 걷고, 깨어나고, 자고, 사지를 움직여 만지고, 차고, 잡는 것이 무엇인지 이해한다." 우리는 또한 인식과 기억, 감정, 언어 등도 구체화해 왔다. 인간의 몸은 숨을 쉬고, 자라고, 눈물 흘리

---

10. Virginia Woolf, "Illness," *The Body in the Library: A Literary Anthology of Modern Medicine* 중에서, Iain Bamforth 편 (London: Verso, 2003), 193.

11. Umberto Eco, "When the Other Appears on the Scene," *Five Moral Pieces*, Alastair McEwen 역 (New York: Harcourt, 1997), 20-24.

고, 다치고, 피 흘리고, 낫고, 죽는다. "정상적으로" 공유되는 이 경험들은 언어와 문화를 구성하고 있다.

우리와는 다른 신체적 경험을 하고 있는 사람에게 주목할 때, 우리는 우리의 문화와 언어가 지니고 있는 한계를 넘어서 주의를 기울여야만 한다. 정신분석가들의 수퍼바이저 한 분과 이 부분을 논의할 때 그는 "상대방이 이해할 수 있는 언어로 말하라"[12]는 것이 정신분석의 지침 중 하나라고 말해 주었다. 성경에서 성령의 임재에 대한 표지 중 하나가 "우리가 우리 각 사람이 난 곳 방언으로 듣게 되는 것"(행 2:8)이었음을 기억하라. 하나님께서는 장벽을 허물고, 언어적, 신체적, 문화적 거리에 다리를 놓고, 우리 어휘를 뛰어넘는 신체적 경험이 목소리를 내도록 해주신다.

우리는 수퍼바이지들에게, 특히 신체적 장애가 있는 사람에게 영성지도를 해주는 사람들에게, 이 유창성이 자라길 기대한다. 영성지도 가운데 우리와 수퍼바이지들의 언어적 이해가 증대될 때 은유적 어휘 또한 확장된다. 여기에는 윤리적이고 신학적인 차원이 수반된다. 에코가 지적했듯, 구체화된 언어는 "윤리의 토대이다. 다른 무엇보다 우리는 다른 이들의 신체적 권리를 존중해야 하는데, 이 권리에

---

12. 코란에 나오는 구절을 바꿔 표현했으며("우리는 사자를 보낼 때 그 민족 언어를 가르치지 않고는 보내지 않았는데, 이는 분명하게 전달하기 위해서였다." 아브라함 14:4.) Janis Baeuerlen 교수와의 사적 대화에서 언급된 내용이다.

는 말하고 생각할 권리도 포함된다."[13] 자기 신체의 존엄성과 권리에 대한 경험을 다른 이들에게 확장할 때 우리는 윤리적으로 성장하며, 우리의 윤리적 이해는 신체적 은유들로 가득하게 된다.

신체성 corporeality 을 담은 윤리적 은유는 성경에 많이 등장한다. 이스라엘 민족은 "듣고", "보고", "바른 길로 걸으라"는 명령을 받았다. 예수는 윤리적 가르침에 신체적 이미지를 자주 사용했다. "맹인이 맹인을 인도할 수 있느냐?"(눅 6:39) "너희 눈은 봄으로, 너희 귀는 들음으로 복이 있도다"(마 13:16). "나를 따르는 자는 어둠에 다니지 아니하고"(요 8:12).

가톨릭 저자인 낸시 메어즈는, 장애에 대해 그리고 다발성 경화증을 앓은 경험에 대해 자주 글을 썼는데, 우리의 언어는 "신체적 힘을 어느 정도까지 도덕적 역량과 동일시하는지 보여준다"[14]고 지적한다. 그녀는 이와 관련된 윤리적 은유 몇 가지를 소개한다. "네 두 발로 서라"라는 말은 "독립하라"는 의미다. "두 눈을 바짝 뜨고 있으라"는 말은 "경계를 늦추지 말라"는 말이다. "다른 이의 눈을 똑바로 바라보라"는 "정직하라"를 의미한다. 건강한 몸이 윤리적으로 강직함을 가리키는 말로 사용된 만큼, 장애가 있거나 병든 몸은 도덕적 타락

---

13. Eco, "When the Other Appears," 22.

14. *Nancy Mairs, Waist-High in the World: A Life among the Nondisabled* (Boston: Beacon, 1996), 56-57.

을 가리킨다. (예를 들어, 윤리적 의미에서 누군가를 가리켜 "눈멀었다"거나 "삐뚤어졌다"거나 "병들었다"고 표현하는 경우에서 알 수 있다.) 신체는 언어, 은유, 윤리, 그리고 영성에 영향을 미친다.

영성지도자들의 수퍼바이저로서, 나는 수퍼바이지가 다른 사람의 언어를 이해하려고 노력하길 기대한다. 특히 피지도자가 장애가 있는 경우, 나는 지도자가 상대방의 신체를 실제적으로, 그리고 은유적으로 이해하기 위해 어떤 방법으로 노력하는지 살핀다. 장벽이 파괴되고 다리가 세워질 때 놀라움이 있다. 한 시각장애인이 "당신을 보니 반가워요"라고 말한다고 하자. 이를 들은 지도자는 실제로 피지도자를 보고 있는 상황이지만, 같은 말로 반응하기를 주저한다. 이렇게 주저하는 것은 지도자가 시각장애인과 시각적 언어를 사용하는 것을 조심스러워하고 있음을 보여준다. 이와 비슷하게, 언어 능력이 심각하게 손상된 한 여성이 제 목소리를 찾아 지도자가 묘사하는 데 사용했던 것과 같은 은유적 이해를 전달할 때 그 지도자는 경탄한다.

수퍼바이저는 또한 피지도자가 신체적 차이를 경험할 때 느끼는 감정들을 지도자에게 털어놓고 있는지, 지도자는 그 감정을 잘 다뤄줄 수 있는지 살펴본다. 휠체어에 앉은 채 생활하는 한 피지도자가 하나님과 함께 어떻게 "걸어야" 하는지 문자 그대로 해석하는 시편 1편 설교를 듣는 게 얼마나 고통스러웠는지 나누었다고 하자. 지도자는 그 이야기를 회상하며 마음이 아파 눈물을 흘릴 수 있다. 또 다른 지도자는 말기 암으로 고생하는 피지도자가 우리 몸은 성령의 전이라는 구절에 분노하는 것을 보고 도움을 주기 위해 노력했음을 이야기한다. 피지도자들의 감정에 더 깊이 공감하는 것은 지도자가 그를 더 잘 알게 되었음을 보여준다. 언어와 은유의 뉘앙스에 주목한다는 것은 피지도자가 하나님과 자기 자신에게 사용하는 언어에 대한 유창성에서 성장했음에 대한 증거이다. 지도자가 언어와 은유의 뉘앙스를 알아차린다는 것은, 그가 하나님과 자기 자신에게 사용하는 피지도자의 언어를 유창하게 이해하게 되었음을 말해 준다.

북아메리카의 유대교 회당에서 히브리어로 "들으라"는 뜻인 "쉐마"Shema는 청각장애인들을 위한 수화로 "주의를 기울이라"로 통역된다. 그 수화는 귀를 가리키지는 않지만, 시각에 대한 신체적 은유를 전달한다. 그것은 양손바닥을 편 채 머리의 양쪽에 대고, 손목을 앞으로 굽히고, 모든 손가락을 시선이 향하는 방향으로 뻗는 동작으로 이루어진다. 수퍼바이저로서 우리는 주목할 방향을 안내한다. 우리는 피지도자의 삶에서 하나님의 미묘한 움직임에, 특히 지도자와 피지도자 사이의 상호작용에 초점을 맞춘다. 그렇게 하면서 우리는 지도자와 피지도자의 관계의 독특한 언어에 귀 기울인다. 지도자는 조금씩 성장하는 피지도자의 믿음의 언어에 유창해지고, 우리는 지도자와 피지도자 관계의 독특한 언어에 귀 기울인다.

### 책임감

치유$^{cure}$와 돌봄$^{care}$은 동일한 라틴어 어원 curo, curare에서 나왔다. 이 단어는 치유하다, 돌보다, 다른 사람을 위해 고난을 받다, 다른 사람의 불안과 고민을 위해 헌신하다, 치료해서 건강하게 만들다 등을 뜻한다.[15] 결국 치유와 돌봄이라는 단어는 갈라졌으며, 전자는 질병, 질환, 장애 등을 근절하기 위한 노력에 초점을 두고, 후자는 상대방에 대한 연민을 가지고 돕는 윤리적 기술과 관계에 초점을 두게 되었으나, 두 단어 모두 일종의 책임감을 내포하고 있다.

영성지도에서, 우리는 연민을 지니고 다른 사람을 돕고 하나님의 은혜로 온전함을 회복하는 데 관심을 기울인다. 우리는 하나님과 상대방 앞에서 우리가 훈련해 온 돌보는 기술에 의지해 가능한 이 부르심에 반응할 책임이 있다. 철학자 에마뉘엘 레비나스$^{emmanuel\ levinas}$는 초월성에 대한 우리 경험은 다른 이들을 향한 부르심 속에 함축되어 있다고 말한다. 사실 "무한한 분에 대한 개념은 타인에 대한 내 책임 속에서 발견된다."[16] 하나님과 우리의 관계는 다른 이들에 대한 우리의 반응을 형성하고, 하나님과 우리의 친밀함은 다른 이들과 우리의

---

15. Edmund D. Pellegrino 그리고 David C. Thomasma, *Helping and Healing: Religious Commitment in Health Care* (Washington D.C.: Georgetown University Press, 1997), 27.

16. Emmanuel Levinas, "Beyond Intentionality," *Philosophy in France Today* 중에서, Alan Montefiore 편 (Cambridge: Cambridge University Press, 1983), 113.

책임감 있는 관계에 영향을 받는다.

사랑하는 마음을 품고 다른 사람의 경험 속으로 들어가는 것은 하나님의 부르심에 책임감 있게 행동하는 것이다. 보비는 기꺼이 "다이빙벨"에 들어가는 사람들에게 갈채를 보내며 이렇게 썼다. "십자가가 우리 어깨를 고통스럽게 짓누를 때 다른 이의 존재는 우리 짐을 조금이나마 덜어준다."[17] 이는 분명 영성지도자의 부르심이며, 수퍼바이저는 그 수퍼바이지/영성지도자가 진 짐을 덜어주며 곁에 서 있어야 한다. 영성지도자가 속한 공동체는 피지도자를 향한 책임감을 지지해 준다. 수퍼바이저는 때로 그 공동체의 최전방에 선 대표로서, 능숙한 후견인이자 지지자, 또한 보다 넓은 돌봄의 공동체 속 자원들과의 연결점 역할을 한다.

모든 경우에, 지도자들은 피지도자에게 필요한 서비스를 제공할 의료 종사자들에게 피지도자를 위탁할 직업적 책임이 있다. 심리학자나 의사에게 위탁하는 데 익숙한 것과 마찬가지다. 장애가 있는 피지도자들에겐 다른 여러 자원이 필요할 수 있다. 수퍼바이저는 수퍼바이지와 사역하면서 장애가 있는 피지도자에게 적절한 서비스가 무엇인지 찾아볼 수 있다. 수퍼바이지들 중에는 영성지도의 순수성에 대해 과장된 이상을 가지고 있어 타인의 필요에 대한 인간적 책

---

17. Bauby, *Diving Bell*, 110. 『잠수종과 나비』(동문선 역간).

임감은 제한해야 한다고 생각하는 이들도 있다. 휠체어에서 생활하는 피지도자에게 그런 사람들을 위한 예배 모임을 운영하는 교회를 소개하는 것은 자연스러운 행동이지, 성찰적 지도를 방해하는 행위가 아니다.

돌봄 분야 종사자 사이에는 활동 대체 activity replacement 를 돌봄의 한 형태로 보는 데 대한 논의가 있다. 예를 들어 간호사가 옷을 갈아입는 환자를 돕는다든가, 난독증이 있거나 글을 아직 떼지 못한 아이가 하는 이야기를 교사가 받아 적는 것이다. 두 가지 경우 한 쪽이 하지 못하는 일을 다른 한쪽이 해주는 것으로 돌봄이 이루어진다. 신체적 장애가 있는 피지도자와의 영성지도에서 활동 대체는, 피지도자가 지도자를 찾아오는 게 아니라 지도자가 피지도자의 집에 방문하는 식으로 이루어질 수 있다.

수퍼비전에서는 피지도자의 집을 방문하는 의미에 대해 대화해 볼 수도 있다. 피지도자의 집을 방문하겠다는 제안이 관계에서 검증된 피지도자의 경험에 대한 이해에서 나온 것인가? 아니면 수퍼바이지 편에서의 일방적인 결정이었는가? 일단 시험적으로 해보자고 제안했는가, 아니면 피지도자 편에서 강요했는가? 그것이 논의를 통한 것이거나 제안에 따른 것이 아닌가? 그렇다면 이유는 무엇인가? 수퍼바이지가 제안하기로 결정하고 그 제안이 받아들여졌다면, 이런 방문은 이 관계에 어떤 영향을 미칠 것인가?

이와 관련된 수퍼비전 주제로는, 다른 사람의 공간에서 환대의 자세를 유지하는 것, 상대방을 존중하며 생색내지 않는 것, 낯선 환경에서 산만해지는 것을 최소화하는 것, 그리고 다른 가족이 들어올 때도 관상적 자세를 유지하는 것 등이 있다. 피지도자의 집에서 영성지도자는 집에 온 손님이자 동시에 영성지도라는 거룩한 공간의 주인이다. 수퍼바이저는 수퍼바이지가 손님이자 주인으로 머무는 것에 대해 성찰해 보도록 도울 수 있다. 일단 어색함만 극복하고 나면, 찾아가는 지도자로서의 경험이 해방감을 줄 것이다. 우리가 어디에 있든 하나님께서 임재하심을 확신하긴 하지만, 우리에겐 하나님을 경험하기에 보다 편안한 장소가 있기 마련이다. 우리가 공들여 마련한 "성전"이나 지도를 위한 공간을 넘어 이 기술을 실습할 때 하나님의 임재를 감지하는 능력은 확장될 것이다. 방문을 받는 피지도자에겐, 자신의 일상과 물리적 환경 속에서 하나님의 임재를 확신하게 되는 계기가 될 것이다.

지도자에게 피지도자의 특별한 필요와 선물에 반응하도록 요청하는 다양한 방법들을 예상하고 열거하기란 불가능하다. 수퍼바이저는 지도자가 각 상황에 맞게 적절히 반응하고 돌볼 수 있도록 강구해야 한다.

### 동정심

동정심 Compassion 은 돌봄의 자세에서 필수적이다. 동정심이 없는 관계는 돌봄의 관계라 할 수 없다. 그러나 동정심을 경험하는 것은 단순히 어떤 감정이 일어나길 기대하는 문제만은 아니다. 심리치료사들이 기본적인 기술로 공감을 배우는 것처럼, 영성지도자들은 동정적인 태도를 유지하는 능력을 발달시킬 수 있다.[18] 동정심은 훈련에 의해 습득되고 형성되는 지혜이다.

기독교의 미덕을 가리켜 습득되고 개발할 수 있는 기술이라고 주장하는 것은 모순이 아니다. 예수는 우리에게 "서로 사랑하라"고 가르쳤다. 이는 "행복하라"는 것처럼 어떤 감정을 가지라고 요구하는 것이 아니다. 그것은 윤리적 미덕을 배양하고 그에 걸맞게 행동하라는 부르심이다. 성품 윤리에 대한 위대한 해석가, 아리스토텔레스는 『니코마코스 윤리학』Nicomachean Ethics에서 다음과 같이 썼다.

> 덕은 감정과 행위와 관련되어 있다. 감정과 행위에는 과잉과 부족, 그리고 중용이 있는데 예를 들어 두려움, 확신, 식욕, 분노, 연민, 쾌락과 고통은 지나치게 많게, 또는 지나치게 적게 느낄 수 있으며 두 경

---

18. 예를 들어, 20세기 중반 주류 심리분석가들 사이에 일어난 "관계 정신분석학"으로의 이동은 하인즈 코헛(Heinz Kohut)에 의해 촉발되었다. 그는 공감이 하나의 치료 방법으로, 사람들이 훈련을 통해 배양할 수 있다고 보았다. 공감하는 관계는 많은 심리치료 이론의 중심이며, 많은 전문과정 훈련이 이 공감 능력 향상에 초점을 맞추고 있다. 코헛의 사후에 출판된 『정신분석은 어떻게 치료하는가』(How Does Analysis Cure?, Arnold Goldberg와 Paul Stepansky 편, 한국심리치료연구소 역간) (Chicago: University of Chicago, 1984), 특히 9장, "정신분석 치료에서 공감이 담당하는 역할(The Role of Empathy in Psychoanalytic Cure)"을 보라.

우 모두 좋지 않다. 그러나 그런 감정을 올바른 때에, 올바른 대상과 관련해, 올바른 사람을 향해, 올바른 동기를 가지고, 올바른 방법으로 느끼는 것은 중용이자 최선이며 이것이 바로 덕의 특징이다.[19]

피지도자에게 반응하고 보살피며 맞춰가는 열정과 행동이야말로 수퍼바이저가 수퍼바이지에게서 보길 희망하고 격려해야 한다.

한 장애가 있는 피지도자가 나에게 이렇게 말한 적이 있다. "당신은 내가 선의에서 나온 동정심을 품고 간섭할 대상이 된다고 생각할지도 모르겠습니다. 내가 공공 장소에 있을 때면, 가끔씩 낯선 사람들이 나에게 와서 내 상태가 어떤지 물어요. 기독교인들이 그 중에서 가장 적극적이라 불쾌하기까지 합니다. 나에게 기도해 줄지 물어보는 사람도 있거든요. 그럼 전 대답하죠. '아뇨, 괜찮습니다.'" 나를 뚫어지게 바라보며 그는 이렇게 덧붙였다. "난 평생 동안 이런 상황을 겪어왔답니다."

눈에 띄는 장애를 가진 사람들은, 자신들이 돌보고 있다고 여기는 사람들에게서 청하지도 않은 언짢은 관심의 희생이 된다. 아무리 돌보려는 의도를 가졌더라도, (아리스토텔레스가 아닌) 우리가 장애를 가진 사람들과 거리를 둔 채로 그 장애를 병으로 인식하고 다가가려

---

19. Richard McKeon, 2권, 6장 (Chicago: The University of Chicago Press, 1973), 1106b/15-24.

는 것처럼 보인다면, 그들에게 그것은 연민pity으로 느껴진다.[20] 이런 접촉은 받는 쪽을 위한 것이라기보다는 행동을 실행한 쪽을 위한 것이다. 『스크루테이프의 편지』에서 C. S. 루이스는 이런 사람을 두고 "그녀는 다른 사람들을 위해 살아가는 그런 부류의 여자였다. 그런 헌신을 받는 입장에 있는 사람들은 마치 쫓기는 듯한 표정을 하고 있기 때문에 언제라도 쉽게 알아볼 수 있다."[21]

거리에서 기도해 주겠다면서 접근해 오는 사람들에 대해 나에게 이야기한 후, 나의 피지도자는 이렇게 말했다. "내가 낯선 사람들이 날 위해 기도하도록 허락한 경우는 그들이 매우 나이든 어르신들이었을 때뿐이었습니다."

"그때도 물론 당신은 불쾌했을 테지만, 어르신들에 대한 동정심 때문에 당신을 위해 기도하게 허락한 건가요?"

"맞아요"라고 그는 말했다. 나는 그 만남을 머릿속에 그려볼 수 있었다. 휠체어에 앉아 있는 그가 노인에게 기도하도록 허락하는 장면이 그려졌다. 그리고 나는 낯선 사람에 대한 그의 자상함에 감동했다. 그들은 기도할 때 그가 어떤 생각을 하고 무엇을 느꼈을지 모를 것이다. 난 그가 그 숱한 만남 속에서 얼마나 외로웠을지 생각하게

---

20. 동정심의 왜곡으로서 연민에 대한 현대적 비판에 대해서는 Hannah Arendt의 *On Revolution* (New York: Penguin, 1991)을 보라. 『혁명론』(한길사 역간).
21. C. S. Lewis, *The Screwtape Letter* (New York: Macmillan, 1961), 123.

되었다.

심리학자 리만 C.^Lyman C.와 아델 원^Adele Wynne은 친밀함이란 신뢰에서 나온 자기 개방과 소통된 공감이 조합된 것이라고 했다.[22] 나의 피지도자는 나를 신뢰하고 자기를 개방했으며 나는 내가 그의 감정과 소통하면서, 올바른 동기에서 나온, 올바른 방법으로 표현된, 지나치지도 모자라지도 않은 올바른 정도의 동정심을 가졌기를 바란다. (아리스토텔레스가 제안하고 예수가 예를 보여주었던 것처럼.) 그의 자상함에 대한 내 마음의 반응으로 동정심이 생겨났지만, 그 반응은 그와 내가 함께 해온 신중하고도 꾸준한 사역에 의해 형성되었다. 그 사역은 내가 그를 한 인격으로 알고 그의 언어를 배우며 그가 살아온 삶을 이해하게 해주었다.

이 영성지도의 경험을 수퍼비전에 가져갔을 때, 나는 수퍼바이저가 이 회기에서 일어난 일을 들여다보게 해주는 창문을 내가 들고 있도록 도와주었음을 느꼈다. 창문을 들고 있도록 수퍼바이저가 도와준 덕분에 나는 보다 편안해졌다. 나는 내가 영성지도 동안 기필코 마음을 맞춰야 한다는 필사적인 노력에 따른 부담감으로 긴장했었음을 느꼈다. 내 눈에 힘이 들어가고 이마의 근육이 팽팽해졌으며 몸을 잔뜩 구부리고 있던 것도 깨달았다. 수퍼바이저과 함께, 나는

---

22. Lyman C.와 Adele Wynne, "The Quest for Intimacy," *Journal for Marital and Family Therapy* 12, no. 4 (October 1986): 383-394.

내 피지도자의 경험에 대한 반응으로 눈물을 흘리며 앉아 있었다. 달갑지 않은 관심을 경험한 데 대한 동정의 눈물, 그리고 그의 자상함에 대한 존경의 눈물이었다.

나의 수퍼바이저는 주의를 집중하여, 그 회기 동안 내 마음에 일어난 것을 더 깊이 느끼도록 도와주었다. 그녀의 얼굴에서 느껴지는 긴장감을 보며, 나는 내 피지도자의 이야기가 불러일으킨, 나의 어린 시절 고통에 대해서도 인식하게 되었다. 선의를 품은 낯선 이들이 장애인 어머니에게 자꾸 말을 걸던 기억이 떠올랐기 때문이다. 나는 어머니가 다른 이들의 반갑지 않은 관심에서 야기된 고통, 그리고 다르다는 것이 낙인으로 인식된 데서 비롯된 고통으로 괴로워하는 것을 지켜보았다. 어머니에 대한 기억은 나의 피지도자가 무엇을 경험하고 어떻게 반응했을지에 대한 공감 능력을 증폭시켰다.

동정심은 "느끼다" 또는 "함께 고통을 겪다"라는 의미의 라틴어 단어에서 왔다. 나의 수퍼바이저가 내 말에 귀를 기울여줄 때, 나는 나의 어머니, 나의 피지도자, 나의 수퍼바이저, 그리고 내가, 모든 이들에겐 익숙하지 않은 어떤 고통을 인지하는 데 함께 참여했음을 느꼈다. 성경에 나오듯, 하나님의 부드러운 긍휼을 통해 "돋는 해가 위로부터 우리에게 임하여 어둠과 죽음의 그늘에 앉은 자에게 비치고 우리 발을 평강의 길로 인도하"실 것이다(눅 1:78-79). 생각에 잠긴 채 조용히 앉아 나는 그 빛과 평강을 느꼈다. 나의 수퍼바이저는 내가 돋는 해가 떠오르는 곳에 머물도록 도와주었다.

장-도미니크 보비는 자신의 의사소통 체계 발달을 도와줄 언어치료사가 그를 찾아왔을 때를 이렇게 묘사했다. "보이지도 않고 영원히 가둘 것만 같던 다이빙벨이 덜 억압적으로 보이기 시작했다."[23] 배고픈 군중들, 길에 있던 나환자, 나인 성의 과부, 십자가에 매달린 강도 등을 예수께서 바라보고 알았던 방식 그대로, 그 치료사도 보비를 그렇게 대했다. 그것은 비난을 일삼고 통제에 대한 착각을 부르는 신정론 대신, 상대를 돌보고 함께 느끼고 함께 고통 받는 방식이다. 진정한 관심과 주목은 비움을 수반한다. 우리는 다른 사람 곁에 머물며 오직 우리 자신 그리고 우리가 받은 은혜를 제공하며, 상대방과 그가 받는 은혜를 기꺼이 보려 한다.

소아과의사 W. 토마스 보이스 W. Thomas Boyce는, 이런 방식의 시각에 대해 쓴 글에서 "너무나 잘 눈에 띄는 연약함을 지니고 우리에게 다가오는" 환자들과 내담자들을 향한 우리의 고도로 발달된 시각과 그리스도의 시각을 대조시켰다. 그가 말하길, 그리스도의 시각은 "우리 환자들이 우리에게 가져오는 모든 경이, 소망, 그리고 인간성을 잃지 않고 볼 수 있는 구원하는 시각"[24]이다. 눈에 띄는 연약함뿐만

---

23. Bauby, Diving Bell, 40. 『잠수종과 나비』(동문선 역간).
24. W. Thomas Boyce, "Beyond the Clinical Gaze," The Crisis of Care: Affirming and Restoring Caring Practices in the Helping Professions 중에서, Susan S. Phillips와 Patricia Benner 편 (Washington D.C.: Georgetown University Press, 1994), 148.

아니라 생생히 살아 있는 영혼까지 완전한 한 인격을 보는 것이야말로 우리의 임무이자 축복이다.

### 기독교인의 동정심 제공하기

　기독교인의 동정심은 그리스도의 수난에서 나온다. 수퍼바이저들은 영성지도자들이 "사람들과 같이 되신"(빌 2:7) 예수를 닮아가도록 돕는다. 그분은 때때로 배고픔, 헐벗음, 가난, 질병, 그리고 옥에 갇힘으로 고통을 받으나 언제나 하나님께 사랑받고 돌봄 받을 가치가 있는 우리처럼 인간이 되셨다. 우리의 인간적 한계, 능력, 고통, 기쁨, 유한성, 그리도 초월성을 인식할 때 우리는 우리가 돌보는 사람들이 지니고 있는 인간됨을 인식할 수 있다. 부활하신 그리스도가 못자국 난 손을 내밀어 우리 손을 잡으실 때, 우리는 우리가 섬기는 사람들의 손을 잡아주고, 그들은 또한 다른 사람들의 손을 잡아줄 것이다.
　이런 이해는 장애인의 영성지도자들에게 수퍼비전을 해줄 때 필수적이다. 예수가 강조한 하나님 사랑과 이웃 사랑의 흔들림 없는 연합은 나와 다른 누군가를 소외시키거나 낙인찍거나 괴롭히려는 어떤 충동도 부인하게 만든다. 예수는 다른 사람 안에서 하나님의 형상을 보도록, 그리고 결국 사랑하도록 우리를 부르신다. 예수의 삶과 수난이 주는 선물은 "세상 도처에 자리한 피해자들을 향한 염려가 자라는 것이다. 그리하여 오늘날 특정 민족 집단이나 여성, 장애인,

노약자에 대한 부당한 괴롭힘은 빛 앞에 드러나게 되어 있다."²⁵ 영성 지도자들은 그 빛 안에 서 있다. 그 빛은 우리와는 다른 사람들 곁에 우리가 서 있도록 도와줄 것이다. 그 빛은 장애인의 영성지도를 담당하는 수퍼바이저와 지도자들이 함께 들여다보는 창문을 통해 비쳐 들어온다.

---

25. Rene Girard, "Satan," *The Rene Girard Reader* 중에서, James G. Williams 편 (New York: Crossroad, 1996), 208.

# 부록 A
# 관상적 성찰 양식

피지도자의 별칭: 에드
대화 날짜: 12/3/04
피지도자 회기: #16

영성지도자: 캐리
수퍼비전 방문 회기: #15
수퍼비전 날짜: 12/20/04

1. 기도하고 성찰하는 분위기에서 현재 만나고 있는 피지도자들에 대해 생각해 보라. 수퍼바이저와 함께 성찰해 보면 도움이 될 것 같은 영성지도 관계를 선택하라. 그리고 특별히 살펴보고 싶은 한 회기를 결정하라.

2. 단어나 문장을 사용해, 피지도자의 상황과 성격을 간단하게 묘사해 보라. 특별히 살펴보고 싶은 회기를 이해하는 데 도움이 될 만

한 항목들을 소개하라. 예를 들어, 기혼, 남성, 목사, 45세, 3명의 십대 자녀, 최근 수술, 외향적, 열정적, 활동적 같은 내용이다.

피지도자는 항상 바쁘다. 내 생각에는 일중독으로 보인다. 그는 삼십대 중반, 미혼, 그리고 이직 과정에 있다. 그는 어린 시절 요구가 많았던 부모 때문에 그리 행복하지 않았다. 그는 매우 명석하며 자기 성찰을 잘 한다. 그에게 직장 문제가 갈등 요소 중 하나이다. 그는 갈등이 있을 때 자신의 것을 주장할 수 있다.

3. 영성지도 대화 가운데 피지도자에 대해 특별히 인상적이라고 느낀 부분은 무엇인가?

그는 자신의 개인적 고통을 알아차리기는 하나 치유에 어려움을 겪고 있다. 나는, 하나님의 사랑을 깊이 받아들이기를 어려워하는 그의 문제가 또한 나의 문제일 수 있다는 생각에 놀랐다.

4. 영성지도 대화 가운데 자신에 대해 특별히 인상적이라고 느낀 부분은 무엇인가?

"이것이 내 문제인가?"라는 생각이 머리를 가득 채웠지만, 나는 그가 매우 고통스러운 처지에 있었기 때문에 그와 함께 머무르려 애썼다.

5. 영성지도 회기 가운데 성령의 선물, 열매 또는 움직임이라고 느껴진 부분은 무엇인가? 예를 들어, 생명, 자유, 기쁨, 긍휼, 고통 안에서의 연대, 정의, 하나님 앞에서 향상된 자기 정체성, 진리 안에 서는 능력, 초대, 위로, 새롭게 들려온 말씀 등이 있다.

그가 자신이 문제의 한 부분이었음을 깨닫는 능력에 있어 자유해지고 성장하고 있음을 느꼈다. 그가 삶에서 매우 고통스러운 짐을 지고서도 버틸 수 있는 힘이 있다는 데 존경심이 들었다. 그는 자신을 향한 하나님의 사랑을 지식적으로 표현할 수는 있지만, 그 이상으로 나아가지 못하는 것 같다. 그가 자신을 향한 하나님의 사랑을 이해하지 못하는 것 같아 매우 슬펐다.

6. 대화의 핵심 부분:

수퍼바이저와 토론하고 싶은 영성지도 대화의 한 부분을 선택하라. 대화록을 기억나는 대로, 네 칸 양식으로 2페이지 정도 작성하라. 왼쪽 칸에는 대화를 기입한다. 당신의 내면에 뭔가 일어나고 있다고 느낀 지점이 있다면, 대화 옆 공간에 그 느낌을 적는다. 다음 칸에, 당신이 했던 생각을 추가한다. 마지막 칸에, 당신이나 피지도자의 신체적 움직임을 관찰한 내용을 추가한다. 이 CRF(관상적 성찰 양식)은 영성지도 회기 도중에 당신 안에서 일어났던 것을 다룬다. 예를 들어, "내적 움직임", 느낌, 이미지, 육체적 감각, 욕구, "내적 감각", 확신, 신앙, 자기 이해, 또는 자기 지각 등이 있다.

7. 문제: (초점 질문)

영성지도자로서 당신의 경험과 관련해 수퍼비전 회기에 가져온 문제는 무엇인가? 그리고 그 문제를 가져온 이유는 무엇인가? 당신이 가져온 문제는 바로 당신 자신에 관한 것이다. 그것은 당신의 내적 움직임과 관계되어 있다. 그리고 이 문제가 바로 수퍼비전 회기의 중심에 있다. 부디 이것을 관상적으로 성찰하는 데 시간을 보내도록 하라. 그리고 기도로 나아가라.

하나님의 무조건적 사랑을 받아들이기를 내가 힘들어하는 것이 피지도자에게 방해가 될까? 나의 분노 또한 문제가 될까?

8. 수퍼비전 시간 마무리:

당신의 수퍼바이저와 수퍼비전 과정에서 새롭게 인식한 점에 대해 나누라(그리고 아래에 기록하라). 그것은 이 피지도자와의 다음 회기에 도움이 될 수 있다.

자문이 필요한 질문이 있는가? 그것은 무엇인가? 자문을 위한 질문들은 다음과 같은 것들이 있다. "피지도자가 자신의 경험에 더 머무르도록 도와주려면 어떻게 해야 할까?" 또는 "나는 이 사람이 상담을 받도록 위탁해야 한다는 생각이 들었다.…그렇게 하려면 어떻게 해야 할까?"

[이 양식은 샌프란시스코 신학대학원의 영성지도자 양성 프로그램의 강사들에 의해 개발되었다. 이 양식은 기독교 영성 프로그램 디렉터의 명시적인 동의 아래 전문적인 필요에 따라 사용할 수 있다.]

Director, Program in Christian Spirituality
San Francisco Theological Seminary
105 Seminary Road
San Anselmo, CA 94960
dasd@sfts.edu
(415) 451-2838

# 부록 B
## 관상적 성찰 양식을 위한 대화록 예시

| | |
|---|---|
| 지도자: 캐리 | 피지도자: 에드 |
| 수퍼비전 방문 횟수: #15 | 영성지도 날짜: 12/03/04 |
| 수퍼비전 방문 날짜: 12/20/04 | 영성지도 회기: #16 |

\* "E"는 에드(Ed), 피지도자. "C"는 캐리(Carrie), 영성지도자

| 대화 | 지도자의 느낌 | 지도자의 생각 | 신체 반응/지도자 | 신체 반응/피지도자 |
|---|---|---|---|---|
| * E1: 오늘 정말 힘들었어요. 직장 동료에게 폭발했어요. | 피곤하지만 집중이 되고 열린 마음 | | 몸이 편안하다. | 얼굴이 붉어졌다. |
| * C1: 무슨 일인지 이야기해 줄 수 있어요? | 기대감 | | | |

| 대화 | 지도자의 느낌 | 지도자의 생각 | 신체 반응/ 지도자 | 신체반응/ 피지도자 |
|---|---|---|---|---|
| E2: 그동안 이 사람하고 문제가 있어 왔는데 마침내 폭발한 거예요. 나는 그에게 내가 느낀 것을 말하고 그도 나에게 이야기했어요. 어찌 보면 잘된 거예요. 우리 관계에서 막힌 것을 풀어줄 것이라고 생각해요. 내일 그를 만나 이야기할 것이 기대가 돼요. (침묵 … 에드가 운다) | 그로 인해 슬픔 | | | 눈에 눈물 |
| C2: (화장지를 건네고 기다린다. … 조심스럽게 물어본다.) 이 일을 기억하니까 지금 어떤가요? | | | 안아주는 느낌 | |
| E3: 갑자기 슬퍼지네요. 마치 하나님께서 뭔가 더 나에게 말씀하시려는 것 같아요. | | | | |
| C3: 뭔가 더 있다고요? | | | | 몸을 구부려 조용히 운다. |
| E4: 하나님이 고통스럽더라도 이 직장을 떠날 수는 없다고 말씀하시는 것 같아요. 내게 있는 이 문제를 극복하기 전까지는요. 내가 어렸을 때, 아버지는 늘 나를 괴롭히셨고, 나는 완벽해야 한다고 느꼈어요. 그래서 J.가 화를 내면 나의 신뢰성에 대한 인신공격처럼 느껴져요. | 감동, 슬픔 | 완벽함, 그런 상황 | | 얼굴이 붉다. |
| C4: 당신은 화가 나 있지만, 고통스러운 직장에 계속 머물러 있으라고 하나님이 말씀하신 것처럼 느끼는 군요. 평생에 걸친 고통과 분노를 넘어설 기회가 있기 때문이죠. | 그의 끈기에 감동 | | | |

| 대화 | 지도자의 느낌 | 지도자의 생각 | 신체 반응/ 지도자 | 신체반응/ 피지도자 |
|---|---|---|---|---|
| E5: 네, 이곳을 극복하고 싶어요. 나는 항상 화를 내고 싶지는 않아요. 내가 그렇게 화를 내고 그렇게 높은 기대를 갖고 있을 때는, 사랑받는다고 느끼기 힘들죠, 심지어 하나님에게서도요. | | | 가슴이 먹먹한 느낌이다. 사랑받지 못하며 분노를 느낄 때 꽉 막힌 느낌이 든다. | |
| C5: 화가 많이 나고, 자기 자신에 대해 그런 높은 기대를 갖고 있을 때는 사랑을 느끼기 힘들지요.<br><br>E6: 하나님이 나를 사랑하신다는 것을 나는 알아요. 그리고 이 모든 분노를 다루는 것이 옳다는 것도 알아요. 그렇지만 그 사랑이 느껴지지 않아요.<br><br>C6: 당신은 화가 나 있을 때도 하나님의 사랑을 느끼기 원하는군요. | | 이 사람아, 나도 이런 문제가 있어요. (그에게 주의를 집중하고 내 문제는 나중에 다룰 수 있기를 기도한다.) | 몸이 가벼워진다. | |
| E7: 네, 그렇지만 나는 하나님의 사랑을 받아들이지 못해 나를 깎아내리거나, 좌절할 때가 많아요.<br><br>C7: 화가 나 있는 중에도 하나님의 사랑을 경험한다는 것은 어떤 것일까요? | | 내가 화가 많이 났을 때가 생각난다. | | |
| E8: 화가 나 있으면서 하나님의 사랑을 동시에 느낀다는 것은. 음 … 나는 이런 경험을 한 적 있어요. … 분노와 하나님 사랑을 함께 느끼는 경험 … (침묵). 개념상으로는 꽤 모순이네요, 그렇지요? | 이 잠재적인 새로운 깨달음에 흥분됨. | | | |

| 대화 | 지도자의 느낌 | 지도자의 생각 | 신체 반응/ 지도자 | 신체반응/ 피지도자 |
|---|---|---|---|---|
| C8: 그렇지요. 그런데 선물이기도 하지요. 당신의 분노와 하나님의 사랑, 이것들을 함께 안다는 것 말이에요! (5분 정도 침묵이 흘렀다) | 평화로움 | | 부드러운 안정감 | |
| E9: 이것 참 놀랍네요! 밝은 빛의 안개가 나에게 내려오는 것처럼 느껴져요. … 지금은 그것이 내 직장 동료에게도 내려오고 있어요. 하나님의 팔이 나를 감싸는 것처럼 느껴져요. … 음 … 하나님께서 내가 화가 나 있든지 아니든지 상관없이 나를 매우 잘 돌보신다는 것을 기억할 필요가 있을 때는, 이 "안개"를 사용할 수 있겠구나 라는 생각이 드네요. | | 하나님께서 그와 그의 동료를 위해 거기 계심을 기억하라. | 나에게서 꽉 막힌 느낌이 사라졌다. | 굽혀졌던 몸이 펴진 것 같다. |
| C9: 당신 몸 전체가 똑바로 펴지고 열린 자세로 바뀌었네요. 당신이 들어올 때는 등을 구부리고 있는 것 같았거든요.<br><br>E10: 맞아요. 이제 내가 화났을 때 나에게 도움이 될 자료가 생겼네요. 나는 하나님의 사랑의 안개를 기억하고 그것이 나를 둘러싸고 있는 것을 볼 수 있어요. | | 우리를 돕기 위해 개입하신 하나님의 사랑과 성령께 감사하는 마음 | | |

이 대화의 예를 전문적인 필요가 있는 곳에 사용하려면, 기독교 영성 프로그램 디렉터의 동의를 받아야 한다 ●San Francisco Theological Seminary ●105 Seminary Road ●San Anselmo, CA 94960 ●dasd@sfts.edu ●(415) 451-2838

## 부록 C
## 관상적 성찰 양식에 관하여

관상적 성찰 양식 CONTEMPLATIVE REFLECTION FORM, CRF 는 영성지도자가 특정한 영성지도 회기 또는 관계를 주의 깊게 성찰하도록 안내하는 기능을 한다. 이것은 수퍼비전 대화를 위한 적절한 배경 정보를 제공하고, 그 대화가 특정 이슈에 초점을 맞추는 데 도움이 되도록 고안되었다. 이것은 영성지도자와 수퍼바이저가 나누는 대화를 통해, 지도자가 더 성장하고 발전하도록 돕기 위한 도구이다. 이 CRF는 수퍼비전 대화의 출발점이다.

1. 회기 선택하기:

지도자는 기도하는 분위기에서, 하나님의 임재를 의식적으로 성찰하면서 피지도자와 지도 회기에 대한 자신의 경험을 생각해 본다.

2. 피지도자 묘사:

지도자는 피지도자의 상황과 성격을 간단히 묘사해 본다. 이를 통해 영성지도자는 피지도자라는 사람을 떠올리게 되고, 수퍼바이저는 피지도자에 대한 일반적이고 도움이 될 정보를 얻는 기회가 된다.

3. 피지도자:

피지도자에 대해, 그리고 특정 지도 회기에 인상적이었던 부분에 대해 질문한다. 지도자가 피지도자로부터 알게 된 많은 것들이 있을 것이다. 예를 들면, 피지도자가 가진 하나님에 대한 개념 또는 이미지, 피지도자가 표현한 격한 감정들, 피지도자의 신체적 언어에서 일어난 변화, 피지도자의 자기표현에서 결여된 경험의 차원들, 피지도자가 말로 표현하거나 언급하지 않은 삶의 영역 등이다.

4. 영성지도자:

이 특정 지도 대화에서 지도자 자신에 대해 알게 된 점을 다루어 본다. 예를 들어, 자신의 매우 격한 감정, 피지도자를 경청하는 데 방해가 되는 요인들, 새로운 인식이나 하나님에 대한 깊은 경험으로 이어진 정서적 반응들, 피지도자나 그의 이야기에 대해 자신이 생각하는 점, 강한 신체적 감각, 자신이 알게 되었거나 놓친 점 등이다.

5. 관상적 경청/성령의 움직임:

영성지도자는 피지도자가 해당 회기 동안 하나님의 임재에 대한 경험으로 더 깊이, 더 강하게 이끌려 들어가는 것을 인식했는지 질문을 받는다. (지도자는 영성지도 대화에서 하나님의 임재 또는 성령의 움직임을 감지했는가? 지도자는 영성지도 대화에서 일어난 변화나 변혁의 순간을 인식했는가?)

6. 대화의 한 부분 선택하기:

위의 시각에서 영성지도자는 자신의 수퍼바이저와 토론하고 싶은 대화의 한 부분을 선택하여 기록한다. 대화 부분을 왼쪽 칸에 기록한다. 자기 생각은 "생각" 칸에, 감정은 "감정" 칸에 기록한다. "몸"이라고 되어 있는 칸에는 자신의 신체적 감각들을 적는다. 마지막 칸에는, 피지도자의 신체적 움직임이나 반응들을 적는다.

7. 초점 맞추기:

지도자는 수퍼바이저와 함께 초점을 맞추고 싶은 영역을 주의 깊게 성찰해 본다. 그리고 이것이 수퍼비전 회기의 중심을 이룬다. 초점 영역은 지도자 자신에 관한 것이어야 한다. 지도자는 영성지도 회기 가운데 자신의 내면에 무슨 일이든 일어난 한 부분을 선택해 수퍼비전을 위해 기록한다. 영성지도자는 대화록 양식의 가운데 칸들에다 특히 자신의 내적 움직임들을 기록한다. 예를 들면 이렇다. "피지도자가 자기 어머니의 죽음에 관해 이야기할 때, 나는 대화의 주제를 바꾸었습니다. 내 가슴이 두근거리는 것을 느꼈어요." "나는 이 사람의 근본주의적 신학 때문에 힘들었습니다." "피지도자가 예수의 따스한 포옹에 관해 말할 때, 나는 하나님의 따스한 포옹을 정말 경험하고 싶었습니다. 나는 이 생각에 사로잡혀 대화의 실마리를 놓쳤어요." 이 예를 통해 알게 되었겠지만, 초점 영역은 지도자의 내면에서 일어난 것과 관련되어 있어야 한다.

8. (만약 있다면) 자문이 필요한 질문:
영성지도자는 이 영성지도 회기의 결과로 생길 수 있는 자문이 필요한 질문들을 기록한다.

9. 수퍼비전 회기를 마무리할 때, 영성지도자는 수퍼비전을 통해 무엇을 배웠는지, 그리고 다르게 시도해 볼 점은 없는지 수퍼바이저와 토론한다. 그런 후 영성지도자는 수퍼비전 양식에 수퍼비전의 결과로 얻게 된 새롭게 인식한 것들을 적는다.

[이 양식은 샌프란시스코 신학대학원의 영성지도자 양성 프로그램 강사들에 의해 개발되었다. 이 양식은 기독교 영성 프로그램 디렉터의 문서화된 동의와 함께 전문적인 필요에 따라 사용할 수 있다.]

Director, Program in Christian Spirituality

San Francisco Theological Seminary

105 Seminary Road

San Anselmo, CA 94960

dasd@sfts.edu

(415) 451-2838

부록 D
## "주어진 것과 선물로서의 성"에 대한 성찰 질문

아래 질문들의 목적은, 독자가 성 sexuality 의 선천적인 측면과 선물로서의 측면 모두에 주의를 기울이며, 에로틱함에 대한 자신의 반응이 영성지도 사역에 어떤 도움 또는 방해가 되는지 주의를 기울이도록 돕는 데 있다. 수퍼바이저들은 영성지도자들과 작업할 때 이 질문들을 적절히 사용할 수 있다.

**주의 집중 시작하기**

당신은 무엇에, 또는 누구에게 당신 자신이, 특히 당신의 육체적 자아가 끌린다고 느끼는가?

당신의 현재 피지도자들 중 누구에게 가장 매력을 느끼는가? 그 이유는 무엇인가?

자신의 몸에 대해 얼마나 편안하게 느끼는가? 당신의 신체에서 마음에 드는 부분은 어디인가? 마음에 들지 않는 부분은 어디인가?

어느 장소에서, 또는 어떤 상황에서 신체적인 즐거움을 느끼는가?

어느 장소에서, 또는 어떤 상황에서 신체적인 불편함이나 고통을 느끼는가?

당신의 성생활은 어떠했는가? 성관계를 나누는 사이이든 아니든, 당신이 마음, 정신, 영혼, 그리고 신체의 친밀한 욕구들을 나눈 사람들은 누구인가? 이들과 관계를 맺는 가운데, 언제 어디서 하나님과 가장 가깝다고 느꼈는가? 또는 하나님으로부터 가장 멀어졌다고 느꼈는가?

당신은 학대를 경험한 적이 있는가? 당신은 다른 사람을 학대한 적이 있는가?

### 에로틱함에 이름 붙이기

6장에서 나는 나만의 용어 사전을 소개했다. 나는 영성, 에로틱함, 성, 친밀함, 영성지도에 적합한 이름을 붙이거나 차용 또는 적용했다. 당신은 각 개념에 어떤 이름 또는 정의를 붙여주고 싶은가? 그리고 이 개념 사이의 관계를 어떻게 묘사하고 싶은가?

## 주어진 것으로서의 성에 주의집중하기

"남성" 또는 "여성"이 된다는 것의 의미를 누가 당신에게 가르쳐주었는가? 그들은 당신에게 무엇을 어떻게 가르쳐주었는가?

여성 또는 남성으로 태어나 행복한 점은 무엇인가?

여성 또는 남성이라 싫은 점은 무엇인가?

율라노프 부부는 그들의 책, 『기도의 심리학』 Primary Speech에서 기도와 관련된 성의 여러 측면들을 열거한다. 이 목록 가운데 당신이 기도해 본 주제가 있는가? 있다면 어떤 주제인가? 당신의 피지도자들 중에 이 주제에 대한 이야기를 꺼낸 사람이 있는가? 또는 이 문제를 가지고 기도해 달라고 요청한 적이 있는가? 당신은 어떻게 반응했는가?

당신이 피지도자들로부터 듣고 싶지 않은 주제는 무엇인가? 그 이유는 무엇인가?

## 성이라는 선물에 주의집중하기

아가서를 반복해 읽어보라. 현대어 번역본을 이용해도 좋다.

당신이 아가서에 등장하는 여성 또는 남성의 영성지도자라고 상상해 보라. 그들이 서로를 향한 욕구를 표현할 때 당신은 어떻게 반응하겠는가?

당신이 사랑하는 사람을 위해 실천했던 특별한 행동, 또는 어리석은 행동은 무엇이었는가?

예수가 다른 사람과 육체적/성적 친밀함을 경험했든 하지 않았든 간에, 당신은 예수가 성적인 존재라고 생각하는 것이 쉬운가, 어려운가? 우리의 인간성 가운데 예수가 성육신하지 않은 측면이 있다고 생각하는가?

다른 사람에게 성적으로 반응하는 방법들 가운데, 그리스도의 영을 체화하거나 반영하지 않은 방법들이 있는가?

### 영성지도 안에서 성이라는 선물에 주의집중하기

당신은 자신이 하나님이 열망하시는 대상임을 경험한 적이 있는가? 하나님은 어떻게 이것을 알게 하셨는가? 이 경험을 누군가에게 묘사한 적이 있는가? 이에 대해 영성지도자에게 말한 적이 있는가?

당신은 하나님이 당신과 더 깊은 관계로 이끌거나 초청하시는 데 저항한 적이 있는가? 당신은 (영성지도자를 포함해) 누군가에게 이 저항감에 대해 이야기한 적이 있는가?

당신은 하나님을 어떤 이미지로 생각하는 경향이 있는가? 남성, 여성, 또 다른 이미지? 성령이 당신을 인간의 손으로 안으려 한다면, 그는 친구일까? 부모일까? 연인일까?

영성지도 시간에 이야기한 적은 없지만, 당신의 삶에서 중요한 관계들이 있는가? 어떤 관계인가? 그 이유는 무엇인가?

당신의 피지도자가 자신에게 정말 중요한 무언가를 말하려 할 때, 당신 안에는 그것을 알려주는 내적 신호들이 있는가? 이 신호들은 대체로 신뢰할 만한가?

당신의 영성지도자는 당신이 욕구들을 "말로 명료하게 표현하도록" 어떤 도움을 주는가? 당신의 영성지도자가 당신을 경청하고 지지해 줄 때, 당신은 어떤 감정을 느끼는가?

당신은 당신의 피지도자들 중 누군가에게 끌리는 것을 느낀 적이 있는가? 당신은 자신이 흥분되는 것에 어떻게 반응했는가?

당신의 피지도자가 지닌 갈망이나 욕구가 당신 자신의 갈망이나 욕구를 일깨운 적이 있었는가? 당신은 상대방에 공감하는 진동을 느껴본 적이 있는가? 당신은 피지도자와 하나님과의 관계를 질투해 본 적이 있는가? 그때 피지도자는 누구였고 어떤 상황이었는가?

### 문제들에 주의집중하기

당신이 영성지도자로 섬기고 싶지 않은 사람, 또는 그룹이 있는가? 누구인가? 그 이유는? 이런 한계로부터 알 수 있는 사실은 무엇인가?

당신이 영성지도자와 나눌 수 없다고 느끼는, 그러나 나누고 싶은 중요한 점이 있는가? 당신의 영성지도자로부터 오는 어떤 신호들이 당신을 침묵하게 하는가?

　당신은 영성지도자에게 개인적으로 대단히 중요한 문제에 대해 이야기했다가 무시당한 적이 있는가? 만약 그랬다면, 어떤 느낌이 들었는가?

　당신의 현재와 과거 피지도자들의 이름을 떠올려보라. 당신의 수퍼바이저와 한 번도 토론해 본 적이 없는 피지도자가 있는가? 당신의 수퍼바이저와 여러 번 토론한 적이 있는 피지도자가 있는가? 그 이유는 무엇인가?

　당신이 인식하는 한도 안에서, 영성지도자의 실제를 왜곡했던 적이 있는가? 어떤 식으로? 그 또는 그녀는 어떻게 반응했는가?

　당신은 어떻게 전이를 알아차리는가? 피지도자가 영성지도자인 당신을 "왜곡"한다고 느낀 적이 있는가? 피지도자는 당신을 당신 자신이 아닌 어떤 존재로 기대했는가? 이것에 대해 당신의 수퍼바이저와 이야기해 보았는가?

　당신이 가장 최근에 역전이 countertransference 의 함정에 빠진 것은 언제인가? 당신은 그것을 어떻게 알아차렸는가? 그리고 어떻게 했는가?

　당신은 피지도자를 신체적으로 접촉한 적이 있는가? 언제? 어떻게? 당신의 피지도자들 가운데 이런 접촉이 적절하지 않다고 생각하는 사람이 있는가? 그 이유는 무엇인가?

저자 소개

마리아 타투 보웬 Maria Tottu Bowen 은 캘리포니아 주 버클리 시에 있는 GTU Graduate Theological Union 에서 기독교 영성으로 박사 학위를 받고 샌프란시스코대학교에서 적용 영성 Applied Spirituality 으로 석사 학위를 받았다. 샌프란시스코신학교의 영성지도 프로그램을 포함해, 로마 가톨릭과 개신교에서 강의, 저술, 사역 등을 해왔다. 또한 평신도, 신학생, 목회자, 수도회원들을 위해 1985년부터 영성지도자로 사역해 왔으며, 1996년부터는 영성지도자들을 위해 수퍼비전을 해왔다. 더 자세한 정보는 그녀의 웹사이트를 방문해 보라. www.mariatattubowen.com.

메리 로즈 범퍼스 Mary Rose Bumpus 는 신시내티 지역 공동체의 자비의 성모 수녀회 소속이다. 그녀는 25년 동안 영성지도자로 사역해 왔으며 1995년부터 영성지도자들을 위해 수퍼비전을 해왔다. 현재 시애틀대학교의 신학 및 목회 대학원에서 기독교영성 조교수로 사역하고 있다. 범퍼스는 샌프란시스코신학교의 영성지도 기술 과정 프로그램 디렉터로도 사역했으며, 성경적 영성 분야에서 글을 쓰고 가르치고 있다.

조셉 드리스킬 Joseph D. Driskill 은 PSR Pacific School of Religion 에서 영성 부교수이자 디사이플스신학교 재단의 학장으로 사역하다가 은퇴했다. 그는 또한 로이드센터 Lloyd Center 의 스태프로서 영성지도를 담당했다. 그의 연구 주제는 영성지도와 목회적 돌봄의 접점에 대한 것이다. 드리스킬은 미국과 캐나다의 크리스천 처치와 캐나다 연합교회에서 중요한 사역을 담당했다. 미주리, 켄터키, 그리고 서스캐처원 주에서 목회를 했으며, 캠퍼스 사역자로 12년 동안 일했다. 그가 출판한 자료들은 다음과 같다. 『개신교 영성수련: 신학, 역사, 그리고 실습』 Protestant Spiritual Exercises: Theology, History, and Practice, Morehouse, 1999, 카렌 라바크즈 Karen Labacqz 와 함께 쓴 『윤리와 영적 돌봄』 Ethics and Spiritual Care, Abingdon, 2000, 『종교적 사회적 의식: 간학문적 탐색』 Religious and Social Ritual: Interdisciplinary Explorations, SUNY, 1996, 『고요한 경청: 영성지도의 새 지평』 Still Listening: New Horizons in Spiritual Direction, Morehouse, 2000.

사무엘 해밀턴-푸어 Samuel Hamilton-Poore 는 장로교 목사이면서 영성지도자이다. 아이오와 주 메이슨 시에서 아내와 자녀들과 함께 살고 있다. 듀크신학교에서 목회학 석사 학위를 받았으며 샌프란시스코신학교에서 영성지도 기술 과정에서 학위를 받았다. 1996년부터 영성지도 분야에서 사역을 해왔다.

허치 헤이니 Hutch Haney 는 시애틀대학교 교육대학원의 상담과 학교심리학 학과장이다. 상담가 교육자로 사역하는 것 외에, 신학 석사 학위가 있고 시애틀대학교 신학과 목회대학원에서 다문화 목회 수퍼비전을 가르쳐왔다. 『기초 상담 반응』 Basic Counseling Responses 과 『그룹에서의 기초 상담 반응』 Basic Counseling Responses in Groups, Brooks/Cole-Wadsworth, 1998/2000 의 공동저자이며 사회 정의 교육에 관한 곧 출간될 책에 클레오 몰리나 Cleo Molina 와 함께 한 장을 썼다.

레베카 브래드번 랭거 Rebecca Bradburn Langer 는 20년 이상 영성지도 분야에서 사역해 온 장로교 목회자이다. 샌프란시스코 신학교의 영성지도 기술 과정 프로그램에서 지난 3년간 수퍼비전 코디네이터로 섬겨왔다. 그 전에는 전국적으로 영성수련을 인도했으며 펜실베니아의 교회와 영성센터에서 사역했다. 그녀는 캘리포니아 주 벌링게임 시에 있는 머시 센터 Mercy Center 에서 수퍼비전 훈련을 받았으며, 특별히 시각 예술과 영성의 만남에 관심이 있다. 그녀는 아내이자 어머니이며 할머니이다.

엘리자베스 리버트 Elizabeth Liebert 는 샌프란시스코신학교의 영성생활 분야 교수이며, 캘리포니아 주 버클리 시의 GTU에서 박사과정 교수로 있다. 오랫동안 영성지도자와 수퍼바이저로 사역을 해왔으며 『영적 분별의 길』 The Way of Discernment, 좋은씨앗 역간 의 저자이자, 『다시 보는 영신수련: 여성을 자유롭게 하는 가능성을 발견하기』 The Spiritual Exercises Reclaimed: Uncovering Liberating Possibilities for Women 와 『시편과 함께 하는 영성수련』 Retreat with the Psalms, (Paulist Press, 2001) 의 공동저자이다.

클로틸드(클레오) 몰리나 CLOTILDE MOLINA 는 평생 학습자, 교육자 그리고 컨설턴트이다. 그녀의 주 관심사는 다양성과 리더십 분야이다. 이중언어를 사용하는 남 캘리포니아의 주미 멕시코 가정에서 자란 후에 전혀 다른 문화 출신의 사람과 결혼했으며, 차이를 이해하고 서술하는 데 열정을 갖고 있다. 그녀는 교육 리더십에서 박사학위를, 시애틀대학교 신학과 목회 대학원의 변형 영성 transforming spirituality 분야에서 석사 후 수료증을, 워싱턴대학교 교육심리학과 이중언어 교육 분야에서 학사 및 석사 학위를 취득했다. 그녀는 다문화적이고 상호연관된 세상이라는 상황에서 개인과 공동체의 발전을 용이하게 하는 일에 관심을 쏟아 왔다.

제임스 니프시<sup>James Neafsey</sup>는 오랫동안 영성지도자, 수퍼바이저, 영성수련 지도자, 기독교영성 강사로 사역해 왔다. 그는 벌링게임 시의 머시 센터와 데이비스 시의 영성형성을 위한 생명의 빵 센터<sup>the Bread of Life Center for Spiritual Formation</sup> 프로그램을 포함해 북캘리포니아의 여러 영성지도자 양성 프로그램에서 스태프로 사역해 왔다. 또한 산타클라라대학교 목회 사역 대학원 프로그램에서 겸임교수로 영성 과목을 가르치고 있다.

수잔 S. 필립스<sup>Susan S. Phillips</sup>는 캘리포니아 주 버클리 시에서 영성지도자이자 수퍼바이저로 사역하고 있다. 그녀는 GTU 소속 학교인 뉴칼리지 버클리의 실행 디렉터로서 제자도를 위한 평생 교육과 크리스천 형성 사역을 하고 있다. 또한 사회학자로서 미국과 캐나다의 여러 신학교에서 돌봄 사역과 영성에 관한 강의를 하고 있다.